国家文化产业资金支持媒体融合重大项目

21世纪新概念教材：
“换代型”系列 · 高等职业教育旅游管理类专业教材新系

前厅客房服务与管理

第8版

杨凡 孟庆杰 唐飞 主编

东北财经大学出版社 Dongbei University of Finance & Economics Press 大连

图书在版编目（CIP）数据

前厅客房服务与管理 / 杨凡，孟庆杰，唐飞主编. —8版. —大连：东北财经大学出版社，2025.1. —（“换代型”系列·高等职业教育旅游管理类专业教材新系）. —ISBN 978-7-5654-5475-2

Ⅰ. F719.2

中国国家版本馆CIP数据核字第20240W3P77号

东北财经大学出版社出版

（大连市黑石礁尖山街217号　邮政编码　116025）

网　　址：http://www.dufep.cn

读者信箱：dufep@dufe.edu.cn

大连天骄彩色印刷有限公司印刷　东北财经大学出版社发行

幅面尺寸：185mm×260mm　　字数：374千字　　印张：17.25

2025年1月第8版　　2025年1月第1次印刷

责任编辑：许景行　石建华　　责任校对：雪　园

封面设计：原　皓　　版式设计：原　皓

定价：45.00元

教学支持　售后服务　　联系电话：（0411）84710309

如有印装质量问题，请联系营销部：（0411）84710711

总序："换代型系列"中的"新系"教材建设

"21世纪新概念教材：'换代型'系列"中的"高等职业教育旅游管理类专业教材新系"，是反映当代世界职业教育改革发展趋势，通过"博采众长"而"避其所短"产生的一种新型职业教育教材建设模式。该系列自初创至今，经历了砥砺奋进的不断优化过程。

一、中国旅游管理教育历史回眸

在我国，旅游管理教育已经走过了20多年的历程。20多年，对于人生而言，可以说已经走近成熟了。然而，对于一个学科的发展来说，这么短的时间恐怕只能够孕育学科的胚芽。万幸的是，这20多年不同于历史进程中的一般20多年。由于我们坚持了改革开放的政策，我们的视野由此而得到扩展，我们的信心由此而得到强化，我们的步伐也由此而得以加快。所以，虽然只有20多年，但在中国的教育园地和学科家族中，旅游管理经过有效的分化与发展，已经形成了学科体系的基本雏形。如今，旅游管理类专业将中等职业教育作为起点，并设有高职高专、普通本科和研究生教育（包括硕士和博士研究生教育）。这样完整的教育层次，展示了旅游管理学科发展的历程和成果，同时也提出了学科建设中的一些迫切需要解决和面对的问题，其中最重要的一点，就是如何在不同的教育层次和不同的教育类型上对教育目标和教学模式进行准确定位。当旅游管理高等教育领域中开始出现职业教育这种新的教育类型时，这一点就显得尤为突出了。

我国改革开放后得以重建的高等教育体系向来注重的是学科教育，一直没有给高等职业教育以足够的重视。困扰教育家们的问题似乎不是学科教育和职业教育的关系问题，而是在学科教育体系中如何区别普通专科教育与本科、研究生教育的层次和定位问题。20多年的教育实践证明，人们在这三个层次上所做出的定位努力没有得到应有的效果。相反，在几乎所有的专业领域，都或多或少地存在着一种倾向，即专科教育仅仅是本科教育的简单压缩，而研究生教育仅仅是本科教育的有限延伸。这种状况导致了人才培养的低效率，也由于人才规格的错位而造成了人才使用上的浪费，甚至引起社会用人单位与教育机构之间在这个问题上的矛盾。

正是由于存在这种带有普遍性的问题以及解决这种问题的动力，我国高等教育近年来的改革在这方面才有了比较大的突破：高等普通专科教育向高等职业教育转轨。这种转轨使高等职业教育在一定程度上提高了层次，引起了社会的重视，从而成为高等教育体系中的重要类型。高等职业教育的登堂入室，创造了一种有效的社会氛围，也反过来促使普通专科教育不得不重新审视自己所一贯坚持的教育思想和教学模式，正视自己所面临的问题，并抓住历史的机遇。换言之，普通专科改弦更张的内力和外力都已经具备了。这种转型，是一种全方位的转换，而不是局部的调整。它涉及培养目标的重新定位、教学模式的重新选择和教学条件的有效变更。从培养目标上看，高等职业教育将更加突出人才规格的专业技能性和岗位指向性；从教学模式上看，要着力体现专业设置的职业性、教学内容的实用性和教学过程的养成性；而从教学条件上看，则必须实现教学主体的双元化（即产业部门和教育部门的有效合作）、教师队伍的“双师身份”，并拥有完备的实训手段。只有在以上几个层面实现全面转型，高等职业教育才能培养出合格的人才。在这方面，德国的双元制教学模式、加拿大的以能力培养为中心的CBE教学模式、澳大利亚的TAFE职业教育模式以及国际劳工组织的MES（职业技能模块组合）教学模式，都有值得我们借鉴的东西。

然而，比较发达国家的高等职业教育实践，我国的高等职业教育近年来并没有完全摆脱传统的学科教育模式的束缚，有的专业领域的高等职业教育与原来的普通专科教育相比，可谓换汤不换药。目前的旅游管理类专业高等职业教育在很大程度上就是这样一种情况。中国在旅游管理类专业实行高等职业教育是在全国职业教育工作会议召开后，是与其他一些专业同时步入职业教育领域的。由于中国旅游管理类专业的普通高等教育20多年来所追寻的教育模式也一直是学科教育的模式，由于人们对旅游管理类高等职业教育的性质认识不清，由于整个社会还不能建立起对旅游高等职业教育的有效支持机制，由于转型后的普通专科院校在实施职业教育时缺乏相应的软件和硬件条件，甚至由于一部分高等职业教育机构的办学动机错位等，脱胎于这种背景的职业教育，就自然难以脱离学科教育的定式，难免出现教育的低效率状况。其结果是导致这样一种局面：当前的旅游管理类专业的高等职业教育不过是由一些“新生的”或“转型的”教育机构承办的传统的学科教育的翻版。这种翻版在教师的知识背景、教学设计的结构安排、教材的选择和使用以及实验室建设等方面都有所体现。这种教育模式的后果，不仅仅是教育资源的浪费和学生受教育机会的丧失，而且是旅游产业发展机会的丧失。

要解决这个问题，实际上是一个系统性的工程，非一朝一夕之功所能奏效。高等职业教育思想的改变，教师的培养，尤其是全社会职业教育体制和机制的构建及完善，都需要一个过程。但是，这里也有可以马上做起的工作，那就是教材的建设。

二、教材建设：从“高等专科”到“高等职业”

教材是教育实施过程的重要载体之一。尽管教材建设也同样需要有成果的积累，但在一定情况下，教材建设的先进性、前瞻性和科学性是可以实现的。尤其是第二次世界大战以后发达国家在旅游教育领域所积累的经验，如职业教育和普通学科教育间的差别以及实现这种差别教育的制度性建设，在职业教育领域已经取得的多方面成果，在职业教育的人才规格、培养目标、教育特色等方面形成的认识，在教材建设中所探索出的先进经验等，这些都可以成为今天我国旅游管理类高等职业教育发展的基本参照和经验宝库。东北财经大学出版社推出的这套旅游管理类专业高等职业教育教材，正是在这种认识和思想主导下完成的一个大动作。这套教材的问世，其意义将不仅仅局限在高职教学过程本身，还会产生巨大的牵动和示范效应，将对旅游管理类专业高等职业教育的健康发展产生积极的推动作用。

这套“高等职业教育旅游管理类专业教材新系”，是在原“高等专科旅游管理专业系列教材”的基础上不断优化改版形成的。原专科教材由于定位准确、风格明显、作者队伍精干，已得到全国各大专院校的普遍认可。而为了适应蓬勃兴起的高等职业教育的需要，改版教材无论在指导思想上还是在内容的组织上，都做了彻底的调整。改版教材的相继编写，充分体现了全体编者对旅游管理类高等职业教育规律和特征的认识，对旅游管理类专业高等职业教育的规格、层次、教育对象的特点的把握，对职业教育与普通学科教育的区别的理解，以及对发达国家职业教育的借鉴。同时，这套教材也体现了我国高校教师在感受20世纪90年代世界范围内兴起的以满足旅游者个性化需求为导向的"新旅游"这一时代脉搏之后所做出的积极反应，从而使这套教材有了更超前的视野。这种独特而新颖的教材编写思路，最终还通过在教材形式建设上颇具匠心的处理而进一步得以体现，使这套教材成为一种能打破传统学科教学模式、适合高职教育的目标和学生特点，同时反映教材编写样式之世界潮流的全新的"换代型"教材。凡此种种，都足以说明这是一套有特殊贡献的高质量教材。坦率地说，这套教材的问世，应该是目前旅游管理类专业高等职业教育领域的一件幸事。

三、与时俱进中的模式转换

习近平总书记在党的二十大报告中指出："教育、科技、人才是全面建设社会主义现代化国家的基础性、战略性支撑""教育是国之大计、党之大计。培养什么人、怎样培养人、为谁培养人是教育的根本问题。"这是以习近平同志为核心的党中央对新时代教育事业的总体战略部署，也是新时期中国高等职业教育课程与教材建设的指导思想。

本系列教材在研究和落实新时期国家关于高等职业教育定位相关文件精神与要求的基础上，在以下方面沿着"21世纪新概念教材：'换代型'系列"的方向不断前行：

1. 人才培养目标定位

以新时期"就业-创业"、"与生涯对接"和"人才竞争"为导向，借鉴发达国家高等职业教育关于"职业教育与学术教育有机结合"的课改经验，"克服高职各类专业的同质化倾向"，将高等职业教育旅游管理类专业人才培养目标由"教高〔2006〕16号"（培养"面向生产、建设、服务和管理第一线高素质技能型专门人才"），经过"教职成〔2011〕9号"、"教高〔2012〕4号"和"国发〔2014〕19号"等文件的一般定位（培养"高端技能型人才"、"应用技术型人才"乃至"技术技能型人才"），提升到"职业知识"、"职业能力"与"职业道德"并重的"高等复合应用型"人才培养目标上来；同时，对照《国家中长期教育改革和发展规划纲要（2010—2020年）》中关于"创新人才培养模式""着重培育学生的主动精神和创造性思维"等新时期教育要求，将"问题思维"和"创新意识"培养纳入新版教材的人才赋型机制中。

2. 优化结构布局

以"'职业知识'、'职业能力'和'课程思政[①]'"为"职业学力"的三大基本内涵，以"健全职业人格"为整合框架；各章"基本训练"的基本题型与体现"基本内涵"的"学习目标"，以及穿插"同步思考"、"同步案例"、"同步业务"、"课程思政"和"教学互动"等诸多功能性专栏的教学内容相互呼应。

---

① "课程思政"系由本系列教材先前各版"职业道德与企业伦理"专栏和章后"善恶研判"题型升级而来；相比先前各版，其思想政治教育内容外延更广、内涵更深。

3. 着眼“双证沟通”与“互补”

在把国家职业资格标准融入专业课程内容与标准的同时，一方面着眼于高等职业学历教育与职业培训的重要区别，强化了对学生“职业学力”的全面建构，另一方面通过同步反映行业领域、国内外高职教育教学及课程改革新发展、新标准、新成果，弥补国家职业资格标准的相对滞后性。

4. 兼顾各种教学方法

将“学导式教学法”、“案例教学法”、“问题教学法”、“讨论教学法”、“项目教学法”及“工作导向教学法”等诸多先进教学方法具体运用于专业课程各种教学活动、功能性专栏和课后训练的教材设计中。

5. 应对“知识流变”

联合国教科文组织的研究表明：进入21世纪，不少学科知识更新周期已缩短至2～3年，处于知识结构表层的应用类学科知识尤其如此。这意味着学生在高职院校学到的知识的相当一部分在毕业后已经过时。为应对日益加速的“知识流变性”，本套教材自2012年起将“自主学习”视为与“实训操练”同等重要的能力训练：在奇数各章“学习目标”的“职业能力”中用“自主学习”子目标替换先前各版“实训操练”述项，并相应调整了其章后“基本训练”中“能力题”的子题型。

6. 落实“分层教学”

自2016年起，研究落实《教育部办公厅关于建立职业院校教学工作诊断与改进制度的通知》（教职成厅〔2015〕2号）中提出的“分层教学”要求，即在案例教学和实践教学中通过“教学环节‘多元化’”和“组建‘学习团队’”等途径，落实“分层教学”要求。

7. 融合纸质教材与二维码数字资源

自2018年起，阶段性落实教育部关于“进一步推进职业教育信息化发展”、“推广……移动学习等信息化教学模式”（教职成〔2017〕4号）和“推进教育教学与信息技术深度融合”（《教育部高等教育司2018年工作要点》）等文件精神，增加二维码教学资源，解决传统教材所缺少的“互联网+”移动学习，即纸质教材与二维码数字资源融合的问题。

8. 落实“三教”改革

自2020年起，全面落实《国家职业教育改革实施方案》（国发〔2019〕4号）、《教育部 财政部关于实施中国特色高水平高职学校和专业建设计划的意见》（教职成〔2019〕5号）、《职业院校教材管理办法》（教材〔2019〕3号）和《职业教育提质培优行动计划（2020—2023年）》（教职成〔2020〕7号）等文件要求与精神，重点落实“三教”改革中的“教材、教法”改革，以及“在立德树人根本任务方面，进一步创新思想政治教育模式，将社会主义核心价值观融入专业课教材”的要求。

9. 党的二十大精神进教材

自2022年起，加快推进党的二十大精神进教材、进课堂、进头脑，将研究和落实“立德树人，培养德技并修的大国工匠和高素质技能人才”的“人才强国战略”作为新时期教材改革的根本任务。

四、阶段性成果

"21世纪新概念教材：'换代型'系列·高等职业教育旅游管理类专业教材新系"自20世纪90年代末全套推出以来，到2023年，绝大部分已修订至第七版，其中2种已推出第八版，每种教材平均印刷30余次。其中，8种入选"普通高等教育'十一五'国家级规划教材"，2种分别入选"教育部普通高等教育精品教材"和"中国旅游协会旅游优秀教材"，4种入选"'十二五'职业教育国家规划教材"，5种入选"'十三五'职业教育国家规划教材"，3种入选"'十四五'职业教育国家规划教材"，深受广大高职院校师生的欢迎与喜爱。

五、结语

教材改革与创新是一项系统工程，旨在培养"高等复合应用型人才"的高等职业教育旅游管理类专业教材的改革与创新更是如此。我们试图在深入调查研究、系统总结国内外教材建设先进经验的基础上与时俱进，不断推出具有我国高等职业教育特色、优化配套的旅游管理类专业的新型教材。

期待广大专家、学者和读者们继续给我们以关怀与支持，使本系列教材通过阶段性修订，与我国新时期高等职业教育旅游管理类专业教学及课程改革发展始终保持同步。

"高等职业教育旅游管理类专业教材新系"项目组

1999年12月初稿

2023年6月修订

第八版前言

“前厅客房服务与管理”是高等职业教育旅游管理类专业核心课程之一。课程学习目标在于使学生系统掌握现代饭店前厅、客房服务与管理的基本知识和操作规范，培养其爱岗敬业精神、动手能力和管理素质。编写本书的目的，就是提供一部适合这一目标，同时具备完整内容与体系的专业教材。

本次修订在保持第七版基本框架和内容的基础上，根据“十四五”职业教育国家规划教材建设工作的要求和东北财经大学出版社对本套教材第八版的设计要求作了调整，其中包括：

1. 同步提升了高等职业教育旅游管理类专业的“技术技能型”人才培养目标定位。根据“十四五”职业教育国家规划教材建设工作的要求，明确了本书的指导思想：以习近平新时代中国特色社会主义思想为指导，根据《国家职业教育改革实施方案》要求，结合现代饭店行业发展实际，教材内容的修订融会贯通数字化理念和行业发展新热点，体现了新业态、新技术和行业新动向。教材突出了产教融合的特点，具有较强的职业性和实践性，将党的二十大精神和家国情怀、理想信念、创新意识、爱岗敬业、沟通能力和团队精神等思政元素融入教材编写中，教材体例符合职业教育理实一体化，“做中学、学中做”的职业教育特色和理念，教材可视化立体化资源丰富。

2. 注重培养学生“工匠精神”、服务意识、诚实守信、廉洁自律、积极向上的职业精神和职业素养，深化学生爱国、敬业、诚信、友善的价值准则，践行社会主义核心价值观。

3. 本书结合饭店行业发展的新形势和新特点，对内容重新进行整合，以使流程清晰，案例生动，贴近工作实际，突出实用性，兼顾“工学结合型”教育所要求的“双证沟通”与“互补”功能，注重实践能力的培养。

4. 扩展和优化教材赋型机制，将学生“职业学力”的基本内涵由先前的“职业知识”和“职业能力”两者并重，扩展到以社会主义核心价值观为引领，“职业知识”“职业能力”“课程思政”三者并重。

5. 更新失去时效性的专栏、案例，以及陈旧过时的教学内容，同步反映“知识经济”“数字经济”“服务经济”“体验经济”“共享经济”叠加背景下的国家产业和行业新发展，以及与5G、人工智能、生物技术、大数据、云计算、物联网和智能移动终端App等新技术融合的前厅客房服务与管理业务。此外，为利用成熟的网络技术开展教学，新版增补了与纸质教材教学内容互补、数量适当的二维码教学资源。

6. 第八版教材同步更新了与主教材配套的网络教学资源包，内含PPT教学课件和各章“基本训练”的“参考答案与提示”。使用本教材的教师可登录东北财经大学出版社网站（www.dufep.cn）查询和下载这些教学资源。

7. 更新了书后“参考文献”，增补了近3年出版的主要参考书目。

本书第八版由杨凡（锡林郭勒职业学院经济管理系）、孟庆杰、唐飞（东北财经大学工商管理学院旅游与酒店管理系）任主编，三位作者均是从事本门课程教学多年并有一定实战经验的专业课教师。各章正文部分的编写分工如下：第1、2、5、6章由孟庆杰编写，第3、4、8、12章由杨凡编写，第7、9、10、11章由唐飞编写。本次修订工作由杨凡担任，本书的二维码资源、图片资源由锡林郭勒职业学院经济管理系张进负责整理。其中：视频类资源已取得其原制作者的使用授权，文本类资源中引自他人作品的，皆为经过提炼整理的观点引征。最后由杨凡总纂定稿。

我们在本书的编写和修订过程中，参阅了专家学者的大量相关文献和网络资料，并得到了饭店业朋友们的热情帮助，在此一并表示诚挚的感谢！

衷心感谢高职院校同仁们多年来对本教材的一贯支持和帮助！

衷心感谢东北财经大学出版社许景行编审多年来付出的心血，以及在每次修订中对作者的耐心指导！

还要特别感谢大连职业技术学院旅游与酒店管理学院宋华清教授给予的友情支持！本次教材修订中的视频资源均由宋华清教授提供。本次教材修订还特别邀请行业专家谢彦君教授和教研专家内蒙古农业大学职业技术学院旅游管理系姜海涛教授参与质量把关，在此一并感谢！

由于编者水平有限，修订后的书中难免有不妥和疏漏之处，敬请读者批评指正。

编　者

2024年10月

目 录

前厅篇

前厅篇

第1章 前厅部概述

● 学习目标

通过本章学习，应该达到以下目标：

职业知识：学习和把握现代饭店前厅的概念及其在饭店中的功能与地位，前厅部的组织机构设置与主要管理岗位的职责，前厅环境，前厅部人员的素质要求以及“延伸阅读”等理论与实务知识；能用其指导本章“同步思考”、“教学互动”和“基本训练”的“知识训练”中各题型的认知活动，正确解答其相关问题。

职业能力：点评“前厅是饭店形象的代表”，训练专业理解力与评价力；运用“前厅部概述”的职业知识分析相关案例，训练对“前厅部概述”特定情境下当事者行为的“多元表征”专业能力和“与人交流”的通用能力；参加“自主学习－I”的训练，通过收集、整理与综合关于“前厅部人员素质要求”的前沿知识，依照“文献综述格式、范文及书写规范要求”，撰写、讨论与交流《“前厅部人员素质要求”最新文献综述》，培养前厅部概述中“自主学习”、“团队协作”和“与人交流”的通用能力。

课程思政：结合“前厅部概述”教学内容，依照相关规范或标准，对“课程思政1-1”、“课程思政1-2”和章后“课程思政－I”中的企业及其从业人员行为进行思政研判，贯彻数字化、智能化发展理念，培养创新服务精神，提高前厅部人员规范化、个性化服务质量。

学习微平台

思维导图1-1

引例：要的就是这种感觉

背景与情境：某天，王小姐和她的朋友们乘坐的出租车在国际大酒店大堂门口刚刚停下来，面带微笑的门童就立刻迎上前去，躬身拉门问候道："欢迎光临！"王小姐和她的朋友们谈笑风生地走下了出租车，当门童正准备关车门时，忽然发现前座上遗留了一部手机，于是扭头对正准备进酒店的王小姐说："小姐，您是否遗忘了手机？"王小姐一听，停止了说笑，忙说："哎呀，是我的手机，谢谢！谢谢！"门童将手机递还给王小姐，同时附了一张小纸条，小纸条上写着这辆出租车的车牌号，然后门童迅速引领客人进入了酒店大堂。

王小姐来到前厅接待处，接待员礼貌地问候道："你们好，欢迎光临国际大酒店，请问有没有预订？"王小姐说："我们早在10天前已经预订了一个三人间。"接待员随即请王小姐出示证件，并熟练地查阅预订记录，立即为客人填写了入住登记表上的相关内容，并请王小姐预付押金并签名，最后说："小姐，你们住在1501房，这是你们的房卡与钥匙，祝你们入住愉快。"在王小姐办理入住登记手续时，行李员始终恭立在他们身后，为客人看护行李箱。

行李员带着客人刚来到房间所在楼层，客房服务员便迅速走了过来，笑容可掬地躬身说："你们好，欢迎光临，请出示房卡""请这边走"，服务员来到1501房门口敲门并报："Housekeeping、Housekeeping、Housekeeping"，王小姐诧异地说："不是没有人吗？""这是我们的服务规范。"客房服务员打开门后，开始介绍客房设施与服务，行李员将客人的行李放到了行李架上，同时发现客人将西装脱下随手扔在了床上，便走过去将西装挂进了壁橱。客房服务员和行李员询问道："王小姐还有何需要帮助？"王小姐高兴地说："不用了，谢谢你们。""祝你们在本店居住愉快！"然后两个服务人员告辞退出。

王小姐和她的朋友们经过了一天的旅行，已经非常疲惫了。当她们躺在柔软舒适的床上，听着悠扬的音乐，欣赏着豪华的室内装潢，回忆着进入酒店的整个过程时，王小姐满意地对朋友们说："这真是星级酒店的服务啊！我们要的不就是这种感觉吗？"

资料来源　佚名．酒店服务案例心理解析［EB/OL］．［2011-05-05］．https：//www.doc88.com/p-38331885748.html.

上述案例告诉我们，顾客对服务工作的认识，同样是从感觉开始的，它激发着顾客一定的情感与消费态度，因感觉引起的人的情感变化与消费态度，是顾客最基本的消费心理现象。所以，满意的服务往往体现于细微之处。

1.1 前厅部的地位、任务与业务特点

前厅部也称客务部、前台部、大堂部，是饭店组织客源、销售客房商品、沟通和协调各部门的对客服务，并为宾客提供前厅系列服务的综合性部门。

1.1.1 前厅部在饭店中的地位

前厅部是现代多功能型饭店的重要组成部分，在饭店经营管理中有着举足轻重的

地位。前厅部的运转和管理水平，直接影响着整个饭店的经营效果和对外形象。前厅部在饭店中的重要地位，主要表现在以下几个方面：

1）前厅部是饭店业务活动的中心

前厅部是一个综合性服务部门，服务项目多，服务时间长，饭店的任何一位客人从抵店前的预订到入住，直至结账离店，都需要前厅部提供服务，前厅部是客人与饭店联系的纽带。前厅部通过客房商品的销售来带动饭店其他部门的经营活动。同时，前厅部还要及时地将客源、客情、客人需求及投诉等各种信息通报有关部门，共同协调整个饭店的对客服务工作，以确保服务工作的效率和质量。因此，前厅部通常被视为饭店的“神经中枢”，是整个饭店承上启下、联系内外、沟通左右的关键环节。无论饭店规模大小、档次如何，前厅部都是向客人提供服务的中心。

2）前厅部是饭店形象的代表

饭店前厅部的主要服务机构通常都设在客人来往最为频繁的大堂，任何客人一进店，就会对大堂的环境艺术、装饰布置、设施设备和前厅部员工的仪容仪表、服务质量、工作效率等产生深刻的“第一印象”。而这种第一印象在客人对饭店的认知中会产生非常重要的作用，它产生于瞬间，但却会长时间保留在人们的记忆中。客人入住期满离店时，也要经由大堂，前厅服务人员在为客人办理结算手续、送别客人时的工作表现等都会给客人留下“最后印象”，优质的服务将使客人对饭店产生依恋之情。客人在饭店整个居留期间，前厅要提供各种服务，客人遇到困难要找前厅寻求帮助，客人感到不满时也要找前厅投诉。在客人的心目中，前厅代表着饭店。而且，在大堂汇集的大量人流中，除住店客人外，还有许多前来就餐、开会、购物、参观游览、会客交谈的各种各样的客人。他们往往停留在大堂，对饭店的环境、设施、服务品头论足。可以说，前厅管理水平和服务水准，往往直接反映整个饭店的管理水平、服务质量和服务风格。前厅是饭店工作的“橱窗”，代表着饭店的对外形象。

教学互动 1-1

互动问题：宾客对饭店的“第一印象”和“最后印象”都产生在前厅部。

（1）为什么“第一印象”和“最后印象”对整个饭店的口碑都很重要？

（2）前厅部怎样才能给宾客留下美好的印象？

要求：

（1）教师不直接提供上述问题的答案，而引导学生结合本节教学内容就这些问题进行独立思考、自由发表见解，组织课堂讨论。

（2）教师把握好讨论节奏，对学生提出的典型见解进行点评。

3）前厅部是饭店组织客源、创造经济收入的关键部门

为宾客提供食宿是饭店的基本功能，客房是饭店出售的最主要的商品。通常在饭店的营业收入中，客房销售额要高于其他各项。据统计，目前国际上客房收入一般占饭店总营业收入的50%左右，而在我国还要高于这个比例。前厅部的有效运转是提高客房出租率、增加客房销售收入，从而提高饭店经济效益的关键因素之一。

4）前厅部是饭店管理的参谋和助手

作为饭店业务活动的中心，前厅部直接面对市场、面对客人，是饭店中最敏感的部门。前厅部能收集到有关市场变化、客人需求和整个饭店对客服务、经营管理的各种信息，并对这些信息进行认真整理和分析，每日或定期向饭店提供真实反映饭店经营管理情况的数据报表和工作报告，并向饭店管理机构提供咨询意见，作为制订和调整饭店计划和经营策略的参考依据。

1.1.2　前厅部的工作任务

前厅部的基本工作任务就是推销客房商品及饭店其他产品，协调饭店各部门向客人提供令人满意的优质服务，使饭店获得理想的经济效益和社会效益。具体来讲，前厅部主要有以下几项工作任务：

1）销售客房商品

销售客房商品是前厅部的首要任务。如前所述，客房收入是饭店经济收入的主要来源，客房商品又具有价值不可储存的特征，是一种“极易失效”的商品。因此，前厅部的全体员工必须尽力组织客源，推销客房商品，提高客房出租率，以实现客房商品价值，增加饭店经济收入。前厅部销售客房的数量和达成的平均房价水平，是衡量其工作绩效的一项重要的客观标准。

前厅部销售客房商品通常包括以下工作内容：

（1）参与饭店的市场调研和房价及促销策划的制定，配合营销部、公关部进行对外联系，开展促销活动。

（2）开展客房预订业务。

（3）接待有预订和未经预订而直接抵店的客人。

（4）为客人办理登记入住手续，确定房价并安排住房。

（5）控制客房的使用状况。

2）调度饭店业务，协调对客服务

调度饭店业务是现代饭店前厅部的一个重要功能。现代饭店是既有分工，又有协作，相互联系、互为条件的有机整体，饭店服务质量的好坏直接影响着宾客的满意程度，而宾客的满意程度是对饭店每一次具体服务所形成的一系列感受和印象的总和，在对客服务的全过程中，任何一个环节出现差错，都会影响到服务质量，影响到饭店的整体声誉。所以，现代饭店要强调统一协调的对客服务，要使分工的各个方面都能有效地运转，都能充分地发挥作用。前厅部作为饭店的“神经中枢”，承担着对饭店业务安排的调度工作和对客服务的协调工作。这主要表现在：

（1）将通过销售客房商品活动所掌握的客源市场、客房预订及到客情况及时通报其他有关部门，使各有关部门有计划地安排好各自的工作，互相配合，保证各部门的业务均衡衔接。

（2）将客人的需求及接待要求等信息传递给各有关部门，并检查、监督落实情况。

（3）将客人的投诉意见及处理意见及时反馈给有关部门，以保证饭店的服务质量。

为适应旅游市场需求，增强企业自身的竞争能力，现代饭店尤其是高档大中型饭店的业务内容越来越多，分工越来越细，前厅部的这种调度饭店业务功能也就显得更为重要。

3）提供前厅系列服务

前厅部作为对客服务的集中点，除了开展预订和接待业务、销售客房商品、协调各部门对客服务外，本身也担负着大量的直接为客人提供日常服务的工作，如行李服务、咨询服务、商务中心服务、电话总机服务、委托代办服务等。前厅部的特殊地位，使这些日常服务工作的质量、效率显得非常重要。

4）处理客人账目

位于前厅的收银处，每天负责核算和整理各营业部门收银员送来的客人消费账单，为离店客人办理结账收款事宜，确保饭店的经济利益，同时编制各种会计报表，以便及时反映饭店的营业活动状况。收银处的隶属关系因饭店而异。从业务性质来说，它一般直接归属于饭店财务部，但由于它处在接待客人的第一线，在其他方面又需接受前厅部的管理。

5）提供信息，建立客史档案

前厅部作为饭店的信息传递中心，要及时准确地将各种有关信息加以处理，向饭店的管理机构报告，作为饭店经营决策的参考依据。

前厅部还要建立住店客人（主要是重要客人、常客）的资料档案，记录客人在店逗留期间的主要情况和数据，掌握客人动态。对客史资料以及市场调研与预测、客人预订、接待情况等信息收存归类，并定期进行统计分析，便形成了以前厅为中心的收集、处理、传递及储存信息的系统，通过已掌握的大量信息来不断地改进饭店的服务工作，提高饭店的科学管理水平。

1.1.3 前厅部的业务特点

1）岗位众多，业务复杂，专业技术性强

饭店的前厅需要提供从预订、接待、咨询、行李、电话、传真、打字、复印、机场代表、车辆出租、票务、旅游、收银结账到贵重物品保管等一系列服务。各项业务都涉及较强的专业技术，其服务性质和管理方法亦各不相同。前厅部的这一特点，决定了前厅部员工需要有较广的知识面，较强的交际能力、应变能力和服务的技能技巧。

2）以出售纯劳务服务为主，对人员素质要求较高

前厅部的工作与其他部门相比的一个突出特点是以出售纯劳务服务为主，也就是说前厅部员工以向客人提供无形的服务为主。这一特点决定了必须挑选素质比较高的员工担任前厅部工作，保证服务质量和工作效率。

3）信息量大、变化快，要求高效运转

前厅部是饭店各部门中与客人接触最多的部门，在饭店经营活动中收集的信息量也最大，是饭店信息集散的中枢。由于客人的情况时刻都会发生变化，前厅部处理信息的效率决定了饭店大多数部门为客人服务的节奏。前厅部的这一特点，要求其部门员工应该具有信息观念、时间观念和价值观念，重视信息的收集、整理和传递工作，从而保证饭店日常运转的顺利进行。

4）政策性强，关系全局

饭店作为企业，除了由于自身经营、管理上的需要有许多规章制度外，还必须遵守和执行行业和国家有关的法律、法规、政策和规范。前厅部员工掌握各种政策水平的高低直接影响到整个饭店的声誉和对外形象。

课程思政1-1

数字化转型与智能化升级

背景与情境：某连锁酒店集团的管理者利用先进的信息技术手段进行数字化转型和智能化升级。他们通过引入智能化管理系统和设备来提高服务效率和质量水平；利用大数据技术对客户信息进行精准分析和挖掘，为客户提供更加个性化的服务体验；此外还积极开展线上营销推广活动，吸引更多潜在客户关注并提升品牌影响力。该连锁酒店集团因其数字化转型和智能化升级的成功实践而获得了显著的市场竞争优势和良好的业绩回报。

问题：酒店数字化包括哪些？酒店数字化的重要意义是什么？

研判提示：这一案例体现了数字化转型与智能化升级的要求。该连锁酒店集团通过引入先进的信息技术手段和管理系统来提高服务效率和质量水平并积极开展线上营销推广活动等措施，吸引了更多潜在客户关注并提升了品牌影响力，实现了从传统向现代的转型升级，增强了自身的核心竞争力。

课程思政1-2

创新引领发展

背景与情境：在某五星级酒店，管理者积极引进智能化管理系统，通过智能化设备和服务流程的优化，提高客户体验和满意度。同时，酒店注重人才培养和团队建设，鼓励员工创新思维，提升服务质量和水平。在市场竞争日趋激烈的背景下，该酒店凭借着智能化管理和创新服务赢得了良好的口碑和业绩。

问题：酒店管理创新包含什么？创新服务对酒店的影响有哪些？

研判提示：这一案例体现了党的二十大精神中的创新引领发展理念。通过智能化管理和创新服务，该酒店不断提升自身核心竞争力，满足了消费者日益增长的个性化需求。同时，酒店注重人才培养和团队建设，为员工提供了广阔的发展空间和良好的工作环境。

1.2 前厅部的组织机构与管理岗位职责

总的来说，前厅部组织机构的设置应既能保证前厅运作的质量和效率，又能方便客人，满足客人的需求。

1.2.1 前厅部组织机构模式

前厅部组织机构的具体设置，各饭店不尽相同。目前，我国因饭店的规模不同，大致有以下几种模式：

（1）饭店设客房事务部或称房务部，下设前厅、客房、洗衣和公共卫生4个部门，统一管理预订、接待、住店过程中的一切住宿业务，实行系统管理。前厅部内通常设有部门经理、主管、领班和服务员4个管理层级。这种模式一般为大型饭店所采用。

（2）前厅部作为一个与客房部并列的独立部门，直接向饭店总经理负责。前厅部内设有部门经理、领班、服务员3个管理层级。中型饭店和一些小型饭店一般采用这种模式。

（3）不单独设立前厅部，其功能由总服务台来承担，总服务台作为一个班组归属于客房部，只设领班（主管）和总台服务员2个管理层级。小型饭店一般采用这种模式。

大中型饭店的前厅部组织机构如图1-1、图1-2所示。

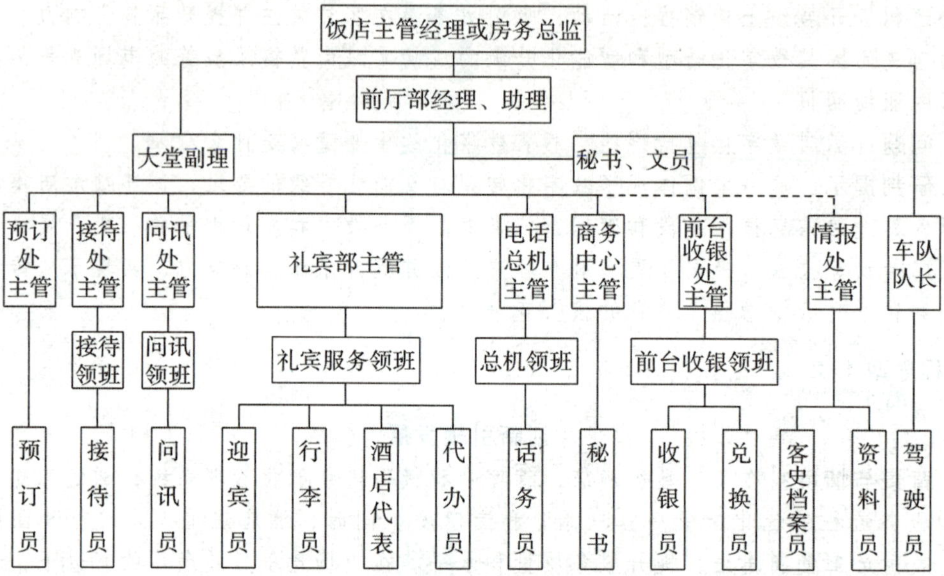

图1-1 大型饭店前厅部组织机构图

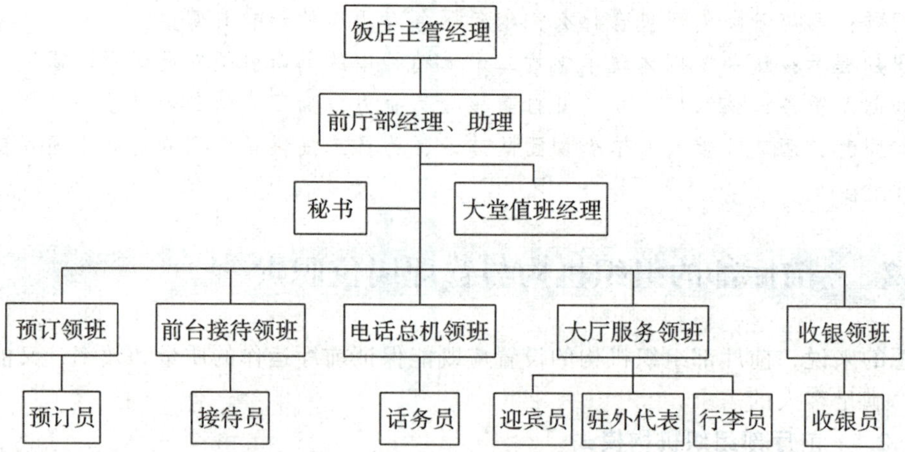

图1-2 中型饭店前厅部组织机构图

1.2.2 前厅部主要机构简介

前厅部的工作任务是通过其内部各机构分工协作共同完成的。如前所述，饭店规模不同，前厅部业务分工也不同，但一般设有以下主要机构：

1）预订处

接受、确认和调整来自各个渠道的房间预订，办理订房手续；制作预订报表，对预订进行计划、安排和管理；掌握并控制客房出租状况；负责联络客源单位；定期进行房间销售预测并向上级提供预订分析报告。

2）接待处

负责接待抵店投宿的客人，包括团体、散客、长住客、非预期到店以及无预订客人；办理宾客住店手续，分配房间；与预订处、客房部保持联系，及时掌握客房出租变化情况，准确显示房态；制作客房销售情况报表，掌握住店客人动态及信息资料等。

3）问讯处

负责回答宾客的询问，提供各种有关饭店内部和饭店外部的信息；提供收发、传达、会客等接应服务；负责保管所有客房钥匙。

4）礼宾部

负责在店口或机场、车站、码头迎送宾客；调度门前车辆，维持门前秩序；代客卸送行李，陪客进房，介绍客房设备与服务，并为客人提供行李寄存和托运服务；分送客人邮件、报纸；转送留言、物品；代办客人委托的各项事宜。

5）电话总机

负责接转饭店内外电话、长途电话，回答客人的电话询问；提供电话找人、留言服务和叫醒服务；播放背景音乐；充当饭店出现紧急情况时的指挥中心。

6）商务中心

提供信息及秘书性服务，如收发传真和复印、进行电脑文字处理等。

7）收银处

负责饭店客人所有消费的收款业务，包括客房、餐厅、酒吧、长途电话等各项服务费用；与饭店一切有宾客消费的部门的收银员和服务员联系，催收核实账单；及时催收长住客人或超过结账日期、长期拖欠的公司账款；夜间统计当日营业收益，制作报表。

8）客务关系部/大堂副理

现在，不少高档饭店在前厅设有客务关系部，其主要职责是：代表总经理负责前厅服务协调、贵宾接待、投诉处理等服务工作。在不设客务关系部的饭店，这些职责由大堂副理负责，大堂副理还负责大堂环境、大堂秩序的维护等事项。

1.2.3　前厅部主要管理岗位的职责

1）前厅部经理

前厅部经理是前厅运转的指挥者，全面负责前厅部的经营管理工作。其主要职责是：

（1）向饭店总经理或房务总监负责，贯彻执行其所下达的指令，提供有关信息，协助领导决策。

（2）根据饭店的年度计划制定前厅部的各项业务指标、规划和预算，并确保各项计划任务的完成。

（3）每天审阅有关报表，掌握客房的预订、销售情况，并直接参与预订管理及客源预测等项工作，使客房销售达到最佳状态。

（4）经常巡视检查总台及各服务岗位，确保各岗位高效运行、规范服务、大堂卫生与秩序处于良好状态。

（5）督导下属员工（特别是主管或领班）的工作，负责前厅部员工的挑选、培训、评估、调动及提升等事宜。

（6）协调、联络其他部门并进行良好的沟通，保证前厅部各项工作顺利进行。

（7）掌握每天客人的抵离数量及类别，负责迎送重要客人（VIP）并安排其住宿；亲自指挥大型活动、重要团队与客人的接待工作。

（8）批阅大堂副理处理投诉的记录和工作建议，亲自处理重要客人投诉和疑难问题。

（9）与饭店销售部门合作，保持与客源单位的经常性联系。

（10）负责本部门的安全工作以及消防工作。

2）大堂副理

大堂副理也称大堂值班经理，其工作岗位设在前厅，直属前厅部经理领导（也有不少大型饭店直属驻店总经理领导）。在不设客务关系部的饭店，大堂副理担当协调饭店对客服务，维护饭店应有的水准，代表总经理全权处理宾客投诉、宾客生命安全及财产安全等复杂事项的角色。其主要职责是：

（1）协助前厅部经理，对与大堂有关的各种事宜进行管理，并协调与大堂有关的各部门工作。

（2）代表总经理接待团队和重要宾客，筹办重要活动、重要会议。

（3）接受宾客投诉，与相关部门合作，沟通解决，并尽可能地采取措施，保证客人投诉逐步减少。

（4）负责维护前厅环境、前厅秩序，确保前厅整洁、卫生、美观、舒适，并始终保持良好的对客服务秩序。

（5）每天有计划地拜访常客和VIP客人，沟通感情，征求意见，掌握服务动态，保证服务质量。

（6）代表饭店维护、照顾住店宾客利益，在宾客利益受到损害时，与有关部门以及饭店外部有关单位联系，解决问题。

（7）处理各种突发事件，如停电、火灾、财产遗失、偷盗或损坏、客人逃账、客人伤病或死亡等。

（8）定期向前厅部经理和饭店总经理提供工作报告。

3）前台接待主管

前台接待主管具体负责组织饭店客房商品的销售和接待服务工作，保证下属各班组之间及与饭店其他部门之间的衔接和协调，以提供优质服务，提高客房销售效率。其主要工作职责是：

（1）向前厅部经理负责，对接待处进行管理。

（2）制订接待处年度工作计划，报有关部门审批。

（3）协助制定接待处的岗位责任制、操作规程和其他各项规章制度，并监督执行。

（4）阅读有关报表，了解当日房态，当日预订情况、VIP情况以及店内重大活动等事宜，亲自参与VIP等重大活动的排房和接待工作。

（5）做好下属的思想工作，帮助下属解决工作与生活中的难题，调动员工的工作积极性。

（6）对下属员工进行有效的培训和考核，提高其业务水平和素质。

（7）负责接待处的设备养护，确保设备的正常运转。

（8）协调与销售客房和接待工作相关的班组和部门之间的关系。

（9）负责接待处的安全、消防工作。

4）礼宾主管

礼宾主管具体负责指挥和督导下属员工，为客人提供高质量、高效率的迎送服务、行李运送服务和其他相应服务，确保本部门工作正常运转。其主要工作职责包括：

（1）向前厅部经理负责，对礼宾部进行管理。

（2）制订礼宾部年度工作计划，报上级部门审批。

（3）协助制定礼宾部的岗位责任制、操作规程和其他各项规章制度，并监督执行。

（4）阅读有关报表，了解当日抵离店的客人数量、旅行团队数、VIP宾客数、饭店内重大活动及接送机情况，亲自参与VIP等大型活动的迎送及相应服务。

学习微平台

图片 1-1

（5）做好下属的思想工作，调动员工的工作积极性。

（6）对下属员工进行有效的培训和考核，提高其业务水平和素质。

1.3 前厅环境

前厅，是指饭店的正门、大厅（大堂）以及楼梯、电梯和公共卫生间等，属于前厅部管辖范围。前厅是饭店建筑的重要部分，每一位客人抵达饭店时都必须经过这里，它是客人对饭店产生第一印象的重要空间。

1.3.1 前厅的分区布局

前厅是饭店的中心，是饭店中集交通、服务、休息等多种功能于一体的共享空间。所以，按功能划分，可将前厅分为正门入口处及人流线路、服务区、休息区和公共卫生间等主要区域。

1）正门入口处及人流线路

正门入口处是人来车往的重要的“交通枢纽”。其基本功能是保证饭店进出的交通畅达，为客人下车时避风遮雨。厅门外有车道和雨搭，正门前台阶旁还应设有专供残疾客人轮椅出入店的坡道，以提供方便。大门分为玻璃拉门、转门和自动门。门以双层为佳，以保持前厅开启空调后温度的稳定，节约能源，并可减少尘土刮入，保持大厅清洁。

从入口到饭店内各个目的地，便形成了人流线路。各条人流线路要经过装修或铺设条形地毯，以形成明确的人流走向，使具有动感的走线与相对平静的休息区和服务区互不影响。

2）服务区

前厅的对客服务区主要包括总服务台、大堂副理处和行李处等。

总服务台（简称总台）应设在大堂中醒目的位置。总服务台的功能有很多，其中接待、问讯、收银是总台的功能主体，其他如车（船、机）票预订、出租车呼叫、外币兑换等服务，有的饭店设在总台内，也有的饭店在总台附近另设柜台。以团体客为主要客源的饭店，在总台外另设团体接待处。

总服务台的外观形状与整个大堂的建筑密切相关，较常见的是直线形、半圆形和L形等几种形状。在材料选择上，为了经久耐用、易于清洗和显示出高雅脱俗，主要采用大理石、磨光花岗岩和硬木等。在布置上，各种标牌以及国际时钟、日历、天气预报牌和外币汇率牌等的外观选择与设计也应注意与整个大堂和谐一致。

大堂副理的办公地点应设在离总台或大门不远的某一视野开阔的安静之处。通常放置一张办公桌、一两张座椅，供办公和接待客人之用。

行李处一般设在大门内侧，行李员可第一时间看到汽车驶进通道，及时上前迎接。柜台后设行李房。小型饭店行李处不单设，与总台合一。

另外，前厅部办公室、总机室、财务室等机构，与前厅接待服务密切相关，但又不必直接与客人打交道，一般应设在总台后面联络方便但较为隐蔽之处。

同步业务 1-1

总服务台的功能有哪些？

业务解析：总服务台的功能很多，其中接待、问讯、收银三部分是总台的功能主体。

3）休息区

大厅休息区是宾客来往饭店时等候、休息或约见亲友的场所，它要求相对安静和不受干扰。休息区的主要家具是供客人休息的沙发座椅和配套茶几。沙发可根据需要围成几组方形，也可围着柱子设置，在人流进出频繁、充满动感的大厅空间中，构筑一个宁静舒适的小环境。

4）公共卫生间

饭店大厅内部或附近通常都设有供客人使用的公共卫生间。公共卫生间的设施主要有便器和洗脸盆，还要有烘手器、手纸、面巾纸、小毛巾、香皂等器具和用品。公共卫生间要宽敞干净，设施要完好，用品要齐全。高星级饭店应有残疾人专用卫生间或厕位。

从一定意义上讲，公共卫生间可以反映出饭店的档次和服务水准，是饭店的“名片”。所以，公共卫生间装饰材料的选择与大堂其他部分在规格和质地上要一致，如现代饭店的大堂一般用大理石装修，其公共卫生间也应选取同样材料装修。大堂进出人流频繁，要考虑公共卫生间的位置，既方便客人又能避开外人的视线，而且标识要明显。

1.3.2 前厅的装饰美化

前厅作为整个饭店的中心，其环境、氛围是非常重要的。前厅必须有热情迎接客人的气氛，使客人一进大堂就有一种“宾至如归”的感受，有享受高档服务、受人尊重的感觉，从而形成美好的第一印象。同时还要为前厅服务人员创造一种愉快的工作环境，使前厅的对客服务工作卓有成效。为了创造好的气氛和环境，除了人的素质外，还必须重视前厅的装饰美化。前厅是现代饭店建筑中必须进行重点装饰美化的空间。**前厅的装饰美化**是指对前厅要精心设计，努力把满足功能要求与创造环境、氛围的艺术效果结合起来，把体现民族风格、地方特色与适应国际环境艺术新潮流结合起来，并与大自然紧密联系，与饭店规模、目标市场相适应，与饭店整体建筑相协调，从而形成该饭店自己的格调、气势和氛围，这是现代饭店对客人产生形象吸引力、提高竞争力的一种独特的资本。

1）前厅的空间

前厅要有与饭店接待能力（用额定的客房间数表示）和等级相适应的大堂空间，才能给客人和工作人员提供一个宽敞的活动场所和工作环境。一般情况下，饭店的大堂公共面积（不包括任何营业区域的面积，如总服务台、商场、商务中心、大堂酒吧、咖啡厅等）可按每间客房$0.8m^2$ ~ $1.0m^2$计算。

前厅空间内的各功能区域布局总体要合理协调，客人活动区域与员工活动和饭店内部机构区域要分开，彼此互不干扰。天花板、门窗、墙面、地面装修材料与设施设备质量要同饭店的等级标准相适应。接待环境应美观大方，厅内气氛应和谐舒适，对客服务应方便安全。

2）灯光与色彩

为追求热烈的气氛，大厅一般采用高强度的华丽吊灯。客人休息处设有便于阅读和交谈的立灯或台灯，灯光略暗，形成舒适、安静和优雅的格调。而总服务台则要使用照明度偏高的灯光，创造一种适宜的工作环境。各种光色都应和谐、柔和而没有刺眼的感觉。灯具除用以照明外，其本身就是一种装饰品，所以大厅内的各种灯具必须配套，其造型应与大厅内的建筑风格呼应。

色彩是美化环境最基本的构成要素之一。色彩经人的心理和生理反应会使人产生不同的感觉。例如，红色使人产生迫近感、扩张感，令人兴奋，可以营造热情、温暖、喜庆的气氛；黄色给人以明朗、欢乐、华贵的感觉；而绿色则意味着自然和生长，使人平静等。

饭店前厅装饰美化中色彩的运用主要体现在两个方面：一是色调的确定；二是色彩的搭配。人们一进入饭店，第一印象是大厅的色调、气氛如何。因此，首先必须确定大厅的主色调，作为大厅环境色彩的主旋律，它决定着大厅环境的气氛和情调。为了给客人营造一种欢乐、热情、美观、大方、优雅的气氛，激发前厅工作人员的工作热情，前厅的色彩一般以暖色调为主，同时大胆使用陪衬色调，形成色彩的对比，营造出和谐的整体效果。

同步业务1-2

前厅的装饰美化中色彩的运用主要体现在哪些方面？

业务解析： 饭店前厅的装饰美化中色彩的运用主要体现在两个方面：一是色调的确定；二是色彩的搭配。

3）绿化

人们本能地喜爱自己赖以生存的阳光、空气和水，喜爱充满着生命力的自然界。在高速发展的现代社会，城市中大批的高层建筑拔地而起，人工造成“钢筋水泥的丛林”，阳光被阻挡，加之空气和水被污染，人与自然越来越远了，因此要求回归大自然的呼声越来越高。现代饭店设计中应尽可能在大厅内布置绿化，尤其是大城市中心的现代饭店，周围不一定有优美的花园风景，更加需要在大厅内设计花卉、树木、山石、流水等景观，使厅内洒满阳光，绿荫丛丛，流水潺潺，一派生机，给人以亲切、舒适的自然美感。绿化还可以调节大厅湿度、减少噪声、净化空气、消除人们由于长时间室内活动而产生的疲劳。

同步资料 1-1

香港半岛酒店的开放式大堂

香港半岛酒店的开放式大堂设计，使酒店的大堂从开业起就成为许多航空公司和旅行社的服务基地，也曾用作机场出港登记处。现在，其大堂已成为商务人士洽谈生意，新闻界收集信息，社会名流聚会、闲坐、聊天消磨时光的好场所。酒店大堂就如一块磁铁，将天涯海角的宾客源源不断地吸引进来，酒店一年的总营业收入中大约有25%来自经常惠顾的忠实客人。可见，其大堂设计的独特品位与其特有的经营理念、精美的饮食、细致周到的服务，以及为客人带来实际利益等，是赢得大批海内外忠诚客人的秘诀所在。

资料来源 根据相关资料整理。

1.3.3 大厅小气候与噪声、卫生控制

为保持大厅舒适的环境和气氛，使温度、湿度、通风、噪声控制、自然采光照度及空气卫生状态正常，现代饭店需要建立大厅等公共场所环境质量标准体系，运用现代科学技术手段，通过定量监测与控制，确保大厅环境的质量水平。

1）温度、湿度、通风与采光

大厅适宜温度夏季为22℃~24℃，冬季为20℃~24℃。现代饭店普遍使用了冷气装置或中央空调，使温度得到有效控制。

湿度是与温度密切相关的一种环境条件，适宜的相对湿度应控制在40%~60%的范围内。湿度越大，人们的烦躁感越强，客人和员工都会感到不快，容易产生摩擦和发生事故。

通风是为了保持室内空气新鲜。新鲜空气中约含21%的氧气，如果室内氧气含量降低到14%，就会给人体带来危害。大厅内新风量一般不低于160m^3/人·小时，优质服务质量标准以不低于200m^3/人·小时为宜。

采光可以分为自然采光和灯光照明两种。自然采光是将自然光引进室内的采光方式，自然光与外界相连接，使大堂更显生机，给人以亲切、舒适的感觉，并节省能源，利于环保。所以，饭店应尽可能采用自然光线，自然采光照度应不低于95lx。

大堂照明普遍采用暖白色光源，色温为3 000K左右可以营造亲切、温馨和友好的氛围。大堂空间主要有三部分灯光照明区域：进门及前厅区域、服务总台、客人休息区。进门及前厅部分应该采用大堂的一般照明，服务总台、客人休息区则应采用局部照明。不同的区域对照明亮度的要求也有所不同，三个区域的照明通过亮度对比，可从整体上营造出大堂的亲切气氛。进门及前厅的照度要求是在离地面1m的水平面上，设计照度要达到300lx。服务总台的照度一般取500lx的较高亮度，凸显总服务台

的重要性，把客人的视线很快引向此处，另外，它还便于提高接待员登记和结算的速度。客人休息区的照度一般在 100 lx ~200lx，照度太高，会使人心神不宁；照度太低，又会使人过于懒散。

2）环境噪声控制

一切听起来不和谐、不悦耳的声音均为噪声。噪声对环境产生污染，会影响人们休息，降低工作效率。饭店大厅的客人来往频繁、交谈不断，为了创造良好的环境和气氛，必须采取措施防止噪声。大厅内的噪声一般不得超过 50 分贝。为有效地控制噪声，大厅的天花板、墙面需使用隔音及吸音性材料；大厅内设施设备的选用和装饰美化（如瀑布、喷泉等）的设计都应注意防止噪声；对团队、会议等大批客人要尽快安置，尽快把人群从大厅疏散；员工要养成轻声说话的习惯，大厅内绝对禁止大声喧哗。另外，播放背景音乐也是防止噪声及工作单调感的有效措施，悦耳的、分贝值低的背景音乐既可以分散嘈杂的、分贝值较高的噪声所带来的不良影响，稳定人们的情绪，又可减少员工因重复性的单调工作而产生的疲劳感。背景音乐要保持在令人轻松愉快的程度，不影响宁静宜人的气氛，一般以 5~7 分贝为宜。

3）空气卫生

大厅内的空气中含有一氧化碳、二氧化碳、可吸入颗粒、细菌等空气污染物，有害人体健康，必须予以控制。我国发布的公共场所及酒店行业的相关卫生标准中对星级饭店室内空气卫生质量标准作了具体规定。

学习微平台

延伸阅读 1-1

1.4　前厅部人员素质要求

大厅的空间、设备、装饰美化等物的因素固然重要，但更为重要的是人的因素，主要是指富有生气的前厅部全体管理人员和服务人员。人的因素与物的因素相结合，才能真正形成良好的大厅环境与气氛。高素质的前厅员工是创造前厅气氛最积极的因素，代表着饭店的整体形象。

1.4.1　前厅部管理人员素质要求

1）前厅部经理素质要求

（1）知识要求

① 掌握现代饭店经营管理常识，熟悉旅游经济、旅游地理、公共关系、经济合同等知识。

② 掌握前厅各项业务标准化操作程序、客房知识，了解客人心理和推销技巧。

③ 掌握饭店财务管理知识，懂得经营统计分析。

④ 熟悉涉外纪律，了解我国及主要客源国旅游法规。

⑤ 熟练运用一门外语阅读、翻译专业文献，并能流利、准确地与外宾交流。

⑥ 具备一定的电脑管理知识。

⑦ 了解宗教常识和国内外民族习惯和礼仪要求，了解国际时事。

（2）能力要求

① 能够根据客源市场信息和历史资料预测用房情况，决定客房价格，果断接受订房协议。

② 能够合理安排前厅人员有条不紊地工作，能够处理好与有关部门的横向联系。

③ 善于在各种场合与各界人士打交道，并能够积极与外界建立业务联系。

④ 能独立起草前厅部工作报告和发展规划，能撰写与饭店管理有关的研究报告。

⑤ 遇事冷静，心理成熟，有自我控制能力。

⑥ 善于听取他人意见，能正确地评估他人的能力，能妥善处理客人的投诉。

一般要求前厅部经理具有3年以上的前厅管理工作经验。

2）大堂副理素质要求

（1）掌握现代饭店管理知识，特别是营业运转部门管理知识，熟悉旅游学、旅游地理、公共关系、旅游心理学和宗教、民俗、礼仪等方面的知识。

（2）熟悉本饭店运转体系，熟悉饭店的各项政策及管理规定，了解饭店安全、消防方面的规章制度、处理程序及应急措施。

（3）具有高度的责任心和服务意识，为人正派，热情大方，办事稳重。

（4）有较强的应变能力、组织指挥能力和是非判断能力，能独立处理较复杂的紧急问题。

（5）能处理好人际关系，善于与人交往。

（6）有较好的外语口头表达能力和文字表达能力，能流利准确地使用外语与宾客交流。

（7）具有5年以上饭店工作经验，有1~2年前台运转部门（特别是前厅）基层管理工作的经历。

（8）仪表端庄，风度气质良好。

同步案例 1-1

从交谈到贺礼

背景与情境：夏日，南京某饭店大堂，两位外国客人向大堂副理值班台走来。大堂副理小倪立即起身，面带微笑地以敬语问候，入座后两位客人忧虑地讲述起他们心中的苦闷：“我们从英国来，在这儿负责一项工程，大约要住3个月，可是离开了翻译我们就成了‘睁眼瞎’，有什么方法能让我们尽快去除这种陌生感？”小倪微笑地用英语答道：“感谢两位先生光临我店，使大厅蓬荜生辉，这座历史悠久的都市同样欢迎两位先生的到来，你们在街头散步时的英伦绅士风度也一定会博得市民的赞赏。”熟练的英语所表达的亲切的情谊，一下子拉近了彼此间的距离，气氛变得活跃起来。于是外宾更加广泛地询问了当地的生活环境、城市景观和风土人情。从长江大桥到六朝古迹，从秦淮风情到地方风味，小倪无不一一细说。外宾中一位马斯先生还兴致勃勃地谈道：“早就听说中国的生肖十分有趣，我是属马的，8月4日出生，参加过第二次世界大战，大难不死，一定是命中属相助佑。”

说者无心，听者有意，两天之后就是8月4日，谈话结束之后，小倪立即在备忘录上做记录。8月4日那天一早，小倪就买了鲜花，并代表饭店在早就预备好的生日卡上填好英语贺词，请服务员将鲜花和生日贺卡送到马斯先生的房间。马斯先生从珍贵的生日贺礼中获得了意外的惊喜，激动不已，连声答道：“谢谢，谢谢贵店对我的关心，我深深体会到这贺卡和鲜花之中隐含着许多难以用语言表达的情意。我们在南京逗留期间再也不会感到寂寞了。”

资料来源　佚名. 酒店前台案例分析［EB/OL］.［2022-06-12］. https://wenku.baidu.com/view/df06fb04f211f18583d049649b6648d7c1c708a2.html.

问题：怎样评价大堂副理小倪的做法？

分析提示：小倪对待两位客人的做法，是站在客人的立场上，全心全意为客人服务的出色范例。第一，设身处地，仔细揣摩客人的心理状态。第二，富有职业敏感性，善于抓住客人的有关信息，并提供能给客人带来惊喜的服务。这些都是大堂副理应该具备的优秀品质和职业素养。

3）主管（或领班）素质要求

前厅部各部门的主管（或领班）工作在对客服务的第一线，直接指挥、督导和控制并参与前厅服务和客房销售工作，是前厅部正常运转、保证服务质量的直接责任者。他们应具备以下素质：

（1）具有大专以上文化，比较系统地掌握旅游经济、旅游地理和主要客源国（地区）的民俗礼仪和现代饭店经营管理知识。

（2）能坚持原则，敢于负责，作风正派，办事公道，在工作中的各个方面都能起表率作用。

（3）受过严格的操作训练，精通业务，熟练掌握服务技能和技巧，并能带领全体员工共同完成客房销售和对客服务任务。

（4）有较好的外语口头表达能力和文字表达能力，能流利准确地使用外语与宾客对话。

（5）善于处理人际关系，会做思想工作，关心本班组员工的合理要求和切身利益。

（6）有处理各种突发事件的应变能力。

（7）仪表端正，气质好。

学习微平台

视频 1-1

1.4.2　前厅部服务人员素质要求

前厅部对服务人员素质要求较高，因为他们代表的是饭店的形象。以下是前厅服务人员应具备的基本素质和能力。

1）仪容仪表

良好的仪容仪表会给客人留下深刻的印象和美好的回忆。仪容是对服务人员的身体和容貌的要求，仪表是对服务人员外表仪态的要求。前厅服务人员应在工作中着装整洁、大方、美观，举止姿态端庄稳重，表情自然诚恳、和蔼可亲。对服务人员仪容仪表的主要要求标准如下：

（1）面容

① 员工应面容整洁、大方，精神饱满，给人以舒适感。

② 男性员工不留长发、小胡子和大鬓角；女性员工不留怪异发型。发型应美观大方，头发干净。

③ 上班前刷牙，上班不吃零食，牙齿清洁美观。

④ 服务时精神集中，眼睛明亮有神，不倦怠。

（2）妆容

① 上班前整理面容，女性员工化淡妆，容貌美观自然。

② 不浓妆艳抹、不轻佻，无引起客人反感的现象发生。

(3) 饰物

员工上班不佩戴贵重耳环、手镯、项链等。手表、胸针、发卡等饰物选择适当，与面容、发型、服饰相协调，美观大方。

(4) 服饰

① 员工工作服美观合体，能突出人体自然美。

② 服装要求干净、整洁、无污迹、无皱褶，线条轮廓清楚，无破损、不开线、不掉扣。

(5) 个人卫生

上班前整理个人卫生，做到整洁、干净、无异味。

(6) 服务名牌

员工名牌戴在右胸前，位置统一、端正，无乱戴或不戴现象发生。

(7) 身体

身体健康，精力充沛，有连续8小时规范化站立服务的能力。

2）礼貌修养

礼貌修养是以人的德才学识为基础的，是内在美的自然流露。前厅服务人员应有的礼貌修养具体表现为：

(1) 言谈举止

应做到用语规范、声调柔和、语气亲切、表达得体、文明优雅；站立挺直自然，不倚不靠，行走轻快，不奔跑。手势正确，动作优美、自然，符合规范。

(2) 工作作风

应做到端庄、朴实、谦逊、谨慎、勤奋、好客。

(3) 服务态度

应做到一视同仁，不卑不亢，待人热情，分寸适度，表情自然诚恳，精力旺盛，微笑服务。容貌端庄、服装整洁、举止大方有礼的前厅服务人员给人以热情好客、训练有素、可以信赖的感觉。良好的仪容仪表代表了前厅部员工对企业和工作的热爱、对客人的尊重，反映了饭店高品质的服务水准和健康向上的企业精神。

同步案例 1-2

服务员再三回答“不可以”

背景与情境：9月19日，熟客梁先生早上入住8431房，一切手续办完后，客人问前台服务员次日下午2点退房可不可以，服务员答不可以，客人又问一次，服务员又答不可以，客人再三问，服务员再三答不可以。双方争执不下而吵起来，以至于客房部经理、酒店总监出动，才让客人的怒气平息。客人在离店时对保安说：你们酒店前台的服务质量真差。

资料来源　佚名. 前台案例分析［EB/OL］.［2024-11-01］. https://wenku.baidu.com/view/36d6772be518964bcf847c9f.html.

问题：你怎样看前台服务员的服务态度？

分析提示：前台工作人员应有较高的素质，此案例中前台人员的素质有待提高。

我们在处理问题时一方面要坚持酒店的原则，另一方面要灵活应变，力求在维护酒店利益的同时，满足客人的需要。对方是熟客，可暂时稳住客人的情绪，待请示上司后再答复，不能直接拒绝客人，让客人产生一种不受尊重的感觉。

3）性格与心理素质

性格是个人对现实的稳定的态度和习惯化了的行为方式。前厅服务人员应具有外向的性格，因为他们处于饭店接待客人的最前线，需要每天与各种客人打交道，提供面对面的服务。外向性格的人感情外露，热情开朗，笑口常开，善于交际；但如果性格过于外向，言谈举止咄咄逼人，或好为人师，则极易造成对客关系紧张，无助于形成良好的气氛。

所以，一名合格的前厅服务人员除了必须有开朗的性格、乐于为客人服务的品质外，更重要的是要具有耐心、包容和合作精神，善于自我调节情绪，始终如一地保持温和、礼貌、不发火，并具有幽默感，善于站在对方立场上思考问题，容易理解对方，为别人提供台阶，能为尴尬的局面打圆场，使自己在对客服务中保持身心平衡，并提高服务过程中的随机应变能力。

4）品行道德

前厅服务人员必须具有良好的品德，正派、诚实、责任心强。前厅部的工作会涉及价格、出纳、外币兑换、饭店营业机密以及客人隐私、商业秘密等，每天都要同国内外各种客人打交道，所以前厅服务人员作风正派、为人诚实可靠、行为端正、不谋私利是很重要的。

每一位员工都应具有良好的职业道德和高度的责任感，强烈的服务意识，用积极、主动、真诚的态度和良好的纪律性为客人提供优质的服务。

5）基本技能

前厅服务人员应具备以下基本技能：

（1）语言交际能力

语言，特别是服务用语，是提供优质服务的前提条件。前厅服务人员应该有良好的语言基础。首先，应具有良好的汉语表达能力与理解能力，普通话发音标准，音质要好，音调应圆润动听；应使用优美的语言、令人愉快的声调，使服务过程显得有生气；要能够使用迎宾敬语、问候敬语、称呼敬语、电话敬语、服务敬语、道别敬语，提供敬语规范化的服务。其次，熟练地掌握一门以上外语，并在听、说、读、写几个方面，特别是口语方面，达到相当的水平，能够用英语或其他外语进行服务，并解决服务中的一些基本问题。另外，还应尽量学会一些常用的方言，如广州话、闽南话等。

（2）业务操作技能

前厅服务人员必须有很强的动手能力，反应敏捷，能够熟练、准确地按操作程序完成本职工作，为宾客提供满意周到的服务，使宾客处处感到舒适、整洁、方便、安全。要在快速敏捷、准确无误的工作过程中，不断提高自己各方面的能力，如沟通能力、应变能力、人际交往能力、推销饭店产品能力、熟记客人能力等。

（3）知识面

前厅服务人员应具备较宽的知识面和较扎实的专业知识，以便与客人交流沟通，保证优质服务。应了解主要客源国（地区）政治、经济、文化、地理、历史、宗教和民俗方面的常识；熟悉饭店的规章制度、运行情况、服务项目等，掌握本岗位的操作规范，了解本部门及本饭店其他岗位的工作常识；了解本地各景点的位置及交通情况，熟知主要景点的基本情况；略通旅游、心理、文学、音乐、体育、医疗等多方面的知识。与饭店其他部门相比较，对前厅服务人员知识面的要求也是最高的。

同步思考 1-1

前厅服务人员应具备怎样的性格和心理素质，为什么？

理解要点：前厅服务人员应具备外向的性格，因为他们需要每天与客人打交道，提供面对面的服务。外向性格的人感情外露，热情开朗，笑口常开，善于交际。前厅服务人员同时还要有耐心，有包容和合作精神，善于自我调节情绪。

本章概要

□ 内容提要

前厅部是现代饭店的关键部位，是联系宾客的“桥梁与纽带”，是饭店的“神经中枢”与“橱窗”。本章介绍了前厅部的概念、基本功能与地位，前厅部的组织机构设置与职责；阐述了前厅部的环境氛围要求和对管理人员、服务人员的基本素质的要求。通过本章的学习，学生能够对现代饭店前厅部有个基本认识。

□ 主要概念和观念

▲ 主要概念

前厅部　前厅

▲ 主要观念

前厅的装饰美化

□ 重点实务

前厅部主要管理岗位职责　前厅部人员素质要求

基本训练

□ 知识训练

▲ 复习题

1）前厅部在饭店中的地位主要表现在哪几个方面？

2）前厅部的工作任务是什么？

3）前厅部的业务特点有哪些？

4）前厅部经理的能力要求是什么？

5）大堂副理的素质要求是什么？

6）前厅部服务人员的素质要求是什么？

▲ 讨论题

1）为什么说前厅是饭店形象的代表？

2）怎样提升前厅部服务人员的素质？

□ 能力训练

▲ 理解与评价

如何理解与评价前厅是饭店形象的代表?

▲ 案例题

【训练项目】

案例分析-I。

【相关案例】

总台“食言”以后……

背景与情境: 一天下午,一位客人来到上海一家饭店总台问讯处,怒气冲冲地责问接待员:“你们为什么拒绝转交我朋友给我的东西?”当班的一位大学旅游管理专业的实习生小黄连忙查阅值班记录,未见上一班留有关于此事的记载,便对客人说:“对不起,先生,请您先把这件事的经过告诉我好吗?”客人便讲述了此事的原委。原来他几天前住过这家饭店,前两天去苏州办事,离店前预订了今天的房间,并告诉总台服务员,在他离店期间可能有朋友会将他的东西送来,希望饭店代为保管,服务员满口答应了。但这位服务员却未在值班簿上做记录。第二天当客人的朋友送来东西时,另一位当班服务员因没有见到上一班的留言交代,又见客人朋友送来的是衬衫,便拒绝接收,要求他自己亲手去交。客人知道此事后,十分恼火,认为饭店言而无信,是存心跟他过不去,于是便有了开头责问接待员小黄的场面。

小黄听了客人的陈述,对这件事的是非曲直很快就有了一个基本判断,马上对客人说:“很抱歉,先生,此事的责任在我们饭店。当时,值台服务员已经答应了您的要求,但他没有把此事在值班簿上记录留言,造成了与下一班工作的脱节。另外,下一班服务员虽然未得到上一班服务员的交代,但也应该根据实际情况,收下您朋友带来的东西,这是我们工作中的第二次过失。实在对不起,请原谅。”说到这里,小黄又把话题一转,问道:“先生,您能否告诉我,您朋友送来让寄存的东西是何物?”“唔,是衬衫。”小黄听了马上以此为题缓解矛盾:“先生,话又得说回来,那位服务员不肯收下您朋友送来的衬衫也不是没有一点道理的,因为衬衫一类物品容易被挤压而变形,为了对客人负责,我们一般是不转交的,而要求亲手送交,当然您的事既然已经答应了,就应该收下来,小心保存,再转交给您。不知眼下是否还需要我们转交,我们一定满足您的要求。”“不必啦,我已经收到朋友送来的衬衫了。”客人见小黄说得也有点道理,况且态度这么好,心情舒畅多了,也就打消了向饭店领导投诉的念头。

这件事,实习生小黄处理得很好,值得肯定,但由此暴露出的饭店前台工作脱节的问题值得重视,其导致不良后果的教训更值得吸取。饭店总台工作要避免此类事件的发生,员工应树立整体意识,各个岗位之间,上一班与下一班之间要做好协调工作(包括认真做好值班记录),相互衔接,环环相扣,从而保证饭店整体工作像一个工厂流水线那样顺利地正常运转。

资料来源　佚名. 酒店服务案例[EB/OL]. [2012-03-05]. https://wenku.baidu.com/view/18d14f55ad02de80d4d840a5.html.

问题：

1）怎样评价实习生小黄的做法？

2）怎样才能避免此类事件的发生？

【训练要求】

学生分析案例有关问题，拟出“案例分析提纲”；小组讨论，形成小组“案例分析报告”；班级交流，教师对各小组“案例分析报告”进行点评；在校园网的本课程平台上展出经过修订并附有教师点评的各组“案例分析报告”，供学生借鉴。

▲ 自主学习

【训练项目】

自主学习-I。

【训练步骤】

1）将班级同学组成若干“自主学习”训练团队，每队确定一人负责。

2）各团队根据训练项目需要进行角色分工。

3）通过校图书馆、院资料室和互联网，查阅“文献综述格式、范文及书写规范要求”和近3年关于“前厅部人员素质要求”研究的前沿学术文献资料。

4）综合和整理“前厅部人员素质要求”研究的前沿学术文献资料，依照“文献综述格式、范文及书写规范要求”，撰写《“前厅部人员素质要求”最新文献综述》。

5）在班级交流各团队的《“前厅部人员素质要求”最新文献综述》。

6）在校园网的本课程平台上展出经过修订并附有教师点评的各组《“前厅部人员素质要求”最新文献综述》，供学生相互借鉴。

□ 课程思政

【训练项目】

课程思政-I。

【相关案例】

老张终于只住一天

背景与情境：老张到南昌出差住在某酒店，第二天晚上10点，他疲惫地回到酒店，却怎么也打不开房门，便到前台询问。当班的正好是前一天帮他办理入住手续的服务员小马。小马告诉他，因为他昨天办理入住登记时说的是只住一晚，因此，过了今天中午12点，房卡就会失效，所以打不开房门。老张不满地说自己明明说的是住两晚。小马也不示弱，强调自己昨天清楚地听到是住一晚。结果为“一晚”还是“两晚”两人争执起来。

值班经理迅速到场，了解情况原委后，一方面制止小马要她别再多说话，另一方面诚恳地向老张道歉，承认是酒店不对，并主动提出房费可以打八折。在值班经理的安抚下，老张渐渐平静下来，准备拿房卡回房间休息。但是，没想到不再说话的服务员小马，很不高兴地将重新做好的房卡从台面推向老张，这使得本已消气的老张又被激怒了，任凭值班经理说尽好话，也不肯原谅，坚决要求结账退房，最后离开了饭店。

资料来源 佚名．前厅部案例分析［EB/OL］．［2024-02-02］．https：//max.book118.com/html/2024/0130/6201052125010042.shtm.

问题：

1）服务员小马错在哪儿？她应该怎样做？试就此事做出思政研判。

2）通过网络等途径收集作为思政研判的规范或标准。

3）优秀的总台员工应具备怎样的职业素养？

【训练要求】

学生研判案例提出问题，拟出“思政研判提纲”；小组讨论，形成小组“思政研判报告”；班级交流，教师对各小组“思政研判报告”进行点评；在校园网的本课程平台上展出经过修订并附有教师点评的各组“思政研判报告”，供学生借鉴。

第2章 客房预订

学习目标

通过本章的学习，应当达到以下目标：

职业知识：学习和把握客房预订的含义与任务，客房预订的渠道、方式和种类，客房预订的程序与要求，超额订房管理及订房纠纷处理的方法和技巧，以及“延伸阅读”等理论与实务知识；能用其指导本章“同步思考”、“同步业务”和“基本训练”的“知识训练”中各题型的认知活动，正确解答其相关问题。

职业能力：点评“饭店超额订房”，训练专业理解力与评价力；运用“客房预订”的职业知识研究相关案例，训练特定情境下当事者行为的“多元表征”专业能力和“与人交流”的通用能力；参加“自主学习-Ⅱ”的训练；通过“客房预订模拟实训”体验及实训课业的撰写、讨论与交流，训练相关专业技能和“团队协作”、“解决问题”的通用能力。

课程思政：结合“客房预订”教学内容，依照相关规范或标准，对“课程思政2-1”和章后“课程思政-Ⅱ”中的企业及其从业人员行为进行思政研判，培养高尚的道德情操，树立社会主义核心价值观。

学习微平台

思维导图2-1

引例：是伍先生还是吴先生

背景与情境：10月25日，一名伍先生打电话给酒店订房处，声明“我是你们酒店的一名常客，我姓伍，我想预订2618号房间2天，时间为10月29日至10月30日。”预订员小刘当即查阅了29日至30日的预订情况，表示酒店将给他预留2618房至10月29日18：00。

10月29日15：00，伍先生和他的一位朋友来到前厅，在出示证件要办入住手续时，接待员小方查阅了预订信息后说：“对不起，伍先生，您没有预订啊？”“怎么可能，我们明明在4天前就预订了。”“对不起，我已经查阅了，本酒店的2618房间已出租，入住的是一位吴先生，请问您是不是搞错了？”“不可能，我预订好的房间，你们也确认了，为什么这么不讲信誉？”接待员小方一听，赶紧核查预订才发现，原来预订员一时粗心把“伍”与“吴”录入错误，当吴先生登记入住时，小方认为这就是预订人，随手就把吴先生安排进了2618房间。接待员小方向伍先生致歉：“伍先生实在抱歉，您看这样行不行，您和您的朋友入住2619号房如何，2619房间的规格标准与2618房间完全一样。”伍先生不同意，并且很生气，认为酒店有意欺骗他们，立即向大堂副理投诉。

资料来源　佚名．案例：是伍先生还是吴先生［EB/OL］．［2012-08-14］．https：//www.doc88.com/p-397245245652.html.

上述案例告诉我们，在预订中容易发生的问题是：协调不够、房态显示错误、记录资料不全、预订员对房价变更缺乏了解等。酒店的顾客，无论是度假、公务旅行还是商务旅行，都渴望一次愉快的消费经历，这种愉快的经历是培养忠诚顾客最好的土壤。相反，如果客人这次光顾的酒店令他不愉快，必定会影响他以后的入住。而当一位常住客人熟悉并喜欢了某酒店的某间客房，在他的心里面就形成了一种固定的模式，这就是顾客消费的“心理定式”。从事服务工作，只有顺应客人的这种心理定式，服务工作才能做好。针对本案例，一般的做法是诚恳地向顾客解释原因并致歉。能够让客人具有轻松、愉快的经历的服务，才是优质的“经历型产品”。经历作为产品，似乎不像电视机、冰箱、洗衣机等物质产品那样“实在”，然而愉快的经历保存在人们的脑海里，会变成美好的回忆，所以它是世界上最经久、最耐用的产品。

2.1 客房预订的含义和任务

前厅部的首要功能是销售客房，客房预订是客房商品销售的中心环节。现代饭店是否有方便快捷的客房预订系统和程序，关系到饭店产品的经营成功与否。

2.1.1 客房预订的含义

客房预订是指在客人抵店前对饭店客房的预先约定，即客人通过电话、网络等方式与饭店联系预约客房，饭店则根据客房的可供状况，决定是否满足客人的订房要求。这种预订一经饭店确认，饭店与客人之间便达成了一种具有法律效力的预期使用客房的协议。据此，饭店有义务以预订确定的价格为客人提供所需客房。

饭店开展预订业务，可以满足旅游者希望住宿能够预先得到保证的要求；同时，饭店也能最大限度地利用客房，开拓客源，争取最大化利润。

2.1.2 客房预订的任务

饭店设有预订处，专门从事客房预订服务工作，它是调节和控制饭店客房预订和销售的中心，是服务于宾客的超前部门。预订处一般隶属于前厅部，其工作任务可概括为以下四项：

（1）接受、处理宾客的订房要求；

（2）记录、储存预订资料；

（3）检查、控制预订过程；

（4）完成宾客抵店前的各项准备工作。

课程思政2-1

生物技术酒店

背景与情境：生物技术为酒店设计提供了环保且可持续的建筑材料。例如，通过生物技术培育的微生物可以用于生产环保型建材，如生物砖和生物塑料。这些材料不仅环保，而且在性能上与传统建材相当，甚至更胜一筹。利用生物技术，酒店可以设计智能化的照明系统。通过捕捉和利用自然光，这些系统能够自动调整室内光线，提供舒适的照明环境。同时，它们还能根据客人的需求和偏好，创造出各种氛围和光线效果。

生物技术酒店通过采用先进的空气净化系统，为客人提供清新、健康的室内空气。这些系统利用微生物和酶等生物制剂，有效去除空气中的有害物质，如细菌、病毒和过敏原等。

利用生物技术，酒店可以建立智能的温控和湿度调节系统。这些系统可以根据外部环境的变化，自动调整室内温度和湿度，确保客人始终处于舒适的住宿环境中。

生物技术酒店可以为客人提供各种生物监测设备，如心率监测器、睡眠跟踪器等。这些设备可以实时监测客人的生理状态，提供个性化的健康建议和服务。

通过收集客人的生物信息（如基因数据、运动偏好等），酒店可以为客人提供定制化的健身计划。这些计划不仅符合客人的需求和偏好，而且有助于提高他们的健康水平和生活质量。

资料来源 根据相关资料整理。

问题：如何利用生物技术设备为客人服务？

研判提示：随着生物技术的不断发展和创新，生物技术酒店将在未来呈现出更加多元化和智能化的特点。生物技术酒店作为一种新型的住宿体验，正在改变我们对传统酒店的认知。利用生物技术，酒店不仅可以提供更加舒适、健康和安全的住宿环境，还可以为客人提供更加个性化和智能化的服务。在未来，随着生物技术的不断进步和创新，生物技术酒店将有望成为住宿行业的重要组成部分。

2.2 客房预订的渠道、方式和种类

客房预订是一项较为复杂和细致的工作，预订人员除认真执行服务工作标准外，还应掌握各种预订渠道、方式和种类，使预订工作得心应手。

2.2.1 客房预订的渠道

客人通过两大渠道在饭店订房，一类为直接渠道，另一类为间接渠道。直接渠道是指客人不经过中介而直接与饭店预订处联系，办理订房手续。间接渠道则是订房人由旅行社等中介机构代为办理订房手续。从饭店方面看，总是希望把自己的产品和服务直接卖给消费者，以期获得最大利润。但由于人力、财力所限，饭店必须借助中间商的力量，利用其网络、专业特长及规模等优势，来帮助推销饭店产品，扩大客源。随着预订业务的开展，预订渠道更加多样化。除客人直接订房外，饭店客房预订主要来自以下几个渠道：

1）旅行社订房

旅行社通常与饭店订有合同，负责为饭店提供客源，并按房价的一定比例收取佣金。一般来讲，旅游者通过这种渠道在异国订房的较为多见。旅行社订房可以保证饭店有一定数量的稳定客源。

2）连锁饭店或合作饭店订房

连锁饭店可以相互提供免费订房服务，这是连锁饭店在促销上具有的明显优势。为了与连锁饭店竞争，一些独立的饭店之间也开展了订房业务的合作，建立自己的预订网络，通过相互推荐的方式接受客人的订房要求。

3）航空公司订房

随着航空事业的发展，由航空公司代为订房的客人越来越多，主要包括乘客、团队客人等。

4）与饭店签订合同的单位订房

为发展业务，许多商社、大公司等与饭店订有合同，为来本公司的客人或本公司外出职员预订房间。

5）会议组织机构订房

会议组织机构在为会议客人订房时，一般还要对饭店的其他产品进行预订，主要包括会议室及会议设备、餐饮、用车等。

6）政府机关或事业单位订房

这主要包括政府机关或事业单位为其邀请的团队、贵宾、专家学者等订房。

2.2.2 客房预订的方式

预订处每天收到客人的订房要求很多，散客通过网络、电话、传真等方式直接向预订处订房，旅行社等团队则通过营销部按合约规定订房。饭店接受客人订房的方式是多种多样的。

1）网络订房

网络订房是借助现代化的计算机网络的新兴订房方式，客人通过计算机、智能手机客户端等多种方式进行客房预订。这种现代化的预订方式，具有信息量大、传递

学习微平台
延伸阅读2-1

快、可靠性强等特点。随着现代电子信息技术的不断发展和移动网民数量的迅速增长，这种预订方式被越来越多的客人所采用。

2）电话订房

客人通过电话向饭店订房，在提前预订的时间较短时，这种方式最为有效。其优点是能直接、迅速、清楚地传递双方信息，可以当场回复和确认客人的订房要求。

学习微平台
视频2-1

受理电话订房时应注意：

（1）与客人通话时要注意使用礼貌用语，语音、语调运用要恰当，口齿要清晰，语言要简明扼要。每一个订房员必须明确，预订服务虽然不是与客人面对面进行，但会使客人产生对饭店的第一印象。要做好这个工作，就必须通过电话给客人送上热情的服务。

（2）准确掌握客房预订状况，预订单、航班表等用品和资料要放置于便于使用和查找的地方，以保证预订服务工作的快速和迅捷。

（3）立即给订房人以明确的答复，绝不可让客人久等。因客满需婉拒订房要求时，应询问客人是否需要列入等候名单。

（4）通话结束前，应重复客人的订房要求，以免出错。

3）传真订房

订房人通过传真预订客房，这种预订方式具有方便、迅速、准确和正规的特点。

受理传真订房时应注意：

（1）接收或发出传真后，及时注明时间。

（2）回复要迅速准确，资料要完整。

（3）做好订房资料的保留存档工作，以备日后查对。

4）面谈订房

面谈订房是客人亲自到饭店，与订房员面对面地洽谈订房事宜。这种订房方式能使订房员有机会详尽地了解客人的需求，并当面解答客人提出的问题，有利于推销饭店产品。

与客人面谈订房事宜时应注意：

（1）仪表端庄、举止大方，讲究礼节礼貌，态度热情，语音、语调适当、婉转。

（2）把握客人心理，运用销售技巧，灵活地推销客房和饭店其他产品。必要时，还可向客人展示房间及饭店其他设施与服务，以供客人选择。

5）口头订房

口头订房是客人本人或委托当地亲友或代理机构直接到饭店总台，以口头申请的方式订房。口头订房所占的比例不是很高，这种订房的准确性较难控制。受理口头订房时应注意：

（1）向客人明确说明所订房间只保留到某一规定时间为止，逾期则自动取消；或要求客人预付定金。

（2）保持与客人的联系，以较准确地控制这类订房。

无论采用哪种方式，饭店预订人员都必须注意以下几个问题：

（1）无论是接受预订还是婉拒预订，都必须及时给客人以明确答复。一般来说，为尊重客人，客人以何种方式订房，饭店也应以同样的方式答复客人。

（2）不预先告知房号。预订员在接受预订时，不要给客人以具体房间号码的许诺。因为房间的租用情况随时都在变化，一旦客人到达时所订房间没有空出或不能使用，预先告知房号将会失信于客人。

（3）为保证整个预订工作的严密性，应尽可能地掌握客人的离店日期。如果客人没有确定房间需预订几天，饭店通常只为其预订一夜客房。

同步业务2-1

订房时，预订人员应注意什么问题？

业务解析：（1）无论是接受预订还是婉拒预订，都必须及时给客人以明确答复。（2）不预先告知房号。（3）应尽可能地掌握客人的离店日期。

2.2.3　客房预订的种类

虽然预订种类多种多样，但通常可概括为四种类型，即临时性预订、确认类预订、保证类预订和等待类预订。

1）临时性预订

临时性预订是指客人的订房日期与抵店日期接近，甚至是抵店当天的订房。这类订房一般是由总台开房员受理，并及时给通过电话或传真等方式订房的客人以明确答复。由于这种客房预订方式时间较紧，只能是口头确认。

按照国际惯例，饭店对预订房间的客人，会为其保留房间直至抵店日当天下午6时止，这个时限被称为**取消预订时限**，或称截房时间（Cut-off Date）。如果订房客人到了这个规定的时限仍未抵店，也未事先与饭店联系，该预订即被自动取消。接受此类预订时，应该注意询问客人的抵店时间和航班、车次，并提醒客人截房时间。

2）确认类预订

确认类预订是指客人提前较长时间向饭店提出订房要求，饭店以口头或书面方式给予确认，并答应为订房客人保留房间至某一事先声明的时间。如果订房客人到了规定时间仍未抵店，也未与饭店联系，饭店可将预留房间出租给未经预订而直接抵店的客人。

确认预订的方式有两种：一种是口头确认；另一种是书面确认。但比较而言，书面确认具有较多的优点：

（1）能使客人了解饭店方面是否已正确地理解了他们的订房要求。

（2）其实际是以书面形式在饭店与客人之间达成了双方认可的协议从而确立并约束了双方的关系。

（3）通过书面确认，饭店了解并证实了预订客人的基本情况，如姓名、地址等。所以，持有预订确认书的客人要比未经预订而直接抵店的客人在信用上更可靠一些。多数饭店给持有确认书的客人提供较高的信用限额及一次性结账服务。

如果时间充足，应对客人的订房做出书面确认。

3）保证类预订

保证类预订是指客人通过使用信用卡、预付定金和订立合同等方式来保证饭店的客房收入，而饭店则必须保证为订房客人提供所需客房的预订。这种预订使饭店与未来客人之间建立了更为牢靠的关系，对双方都十分有利。饭店在没有接到订房人取消预订的通知时，应为订房客人保留房间至确认抵店日的次日退房时间为止。如果客人逾期不到店，事先又不向饭店声明取消订房，饭店就要从预付定金中扣除或按合同收取一天的房费，以保证饭店不因客人不到店而在经济上受损失。

4）等待类预订

等待类预订是指在客房预订已满的情况下，将一定数量的订房客人列入等候名单，如果有人取消预订，或有人提前离店，饭店就会通知等候客人来店。

预订员在处理这类订房时，应征求订房人意见，确认是否可将其列入等候名单，并向客人说清楚，以免日后发生纠纷。对未接到通知就来店的客人，饭店可尽量安排，或将其介绍到附近饭店。

同步思考 2-1

学习微平台

视频 2-2

什么叫“取消预订时限”？

理解要点：按照国际惯例，饭店对预先订房的客人，会为其保留房间直至抵店日当天下午6时止，这个时限被称为“取消预订时限”，或称“截房时间”。

2.3 客房预订的程序

客房预订业务是一项技术性较强的工作，为了确保预订工作的高效有序，必须建立科学的工作程序。客房预订的程序可分为下列几个阶段。

2.3.1 预订前的准备工作

预订前做好准备工作，才能给订房客人一个迅速而准确的答复，以提高预订工作水准和效率。

1）班前准备

（1）预订人员按饭店规定的要求规范上岗，做好交接班。接班时查看上一班预订资料，问清情况，掌握需要处理的优先等待的、列为后备的和未收定金的等不确定的预订名单及其他事宜。

（2）检查计算机或订房控制盘等设备是否完好，准备好预订单、预订表格等各种资料和用品，摆放整齐规范，避免客人订房时找不到相关资料等现象发生。

2）预订可行性掌握

预订人员上岗后，必须迅速、准确地掌握当日及未来一段时间内可预订的客房数量、等级、类型、位置、价格标准等情况，对于可预订的各类客房做到心中有数，保证向客人介绍可订房间的准确性。

2.3.2 受理预订

接到客人的订房申请后，预订员应迅速查看有无房间，以及是否符合客人订房要求，决定是否接受客人的申请。

决定是否受理一项订房要求，需要考虑以下4个方面的因素：

（1）预订抵店日期；

（2）所需的客房类型；

（3）所需的客房数量；

（4）逗留天数。

掌握了这些信息，预订员便能判断客人的订房要求与饭店客房的可供状况是否相吻合，从而决定是受理预订还是婉拒预订。如果受理预订则意味着对预订客人的服务工作已经开始，预订人员要填写客房预订单，并进行下一阶段的预订确认工作。

同步业务2-2

决定是否受理一项订房要求，需要考虑哪些因素？

业务解析：（1）预订抵店日期；（2）所需的客房类型；（3）所需的客房数量；（4）逗留天数。

同步思考2-2

当客房的可供状况不能全部满足客人的要求时，预订员应怎么办？

理解要点：预订员应建议客人做些更改，主动提出一系列可供客人选择的建议。在客房预订服务中，用建议代替拒绝是非常重要的，它不仅可以最大限度地销售饭店产品，更有助于在客人心目中树立饭店的良好形象。

填写客房预订单时，要认真地逐栏逐项填写清楚，并向订房人重复其主要内容。因为这是最原始的订房资料，它的错误会导致订房一系列工作的全盘错误。

客房预订单一般包括以下内容：

（1）客人姓名、称呼；

（2）预订抵、离店日期与时间（航班号、车次）；

（3）所需的客房类型与数量；

（4）同行者的情况（人数、关系等）；

（5）房价与付款方式；

（6）订房人的工作单位、地址与电话号码；

（7）客人的特需服务要求（如接机、放置鲜花水果篮、加床、供残疾人使用的特殊设备等）；

（8）受理预订的日期、预订员姓名。

客房预订单一般格式见表2-1。

当客房的可供状况不能全部满足客人的要求时，预订员应建议客人做些更改，主动提出一系列可供客人选择的建议。例如，建议客人重新选择来店日期或改变住房类型、数量等，尽量把客人留住，即使不能满足客人的最初订房要求，最终也要尽可能使客人满意。在客房预订服务中，用建议代替拒绝是非常重要的，它不仅可以最大限度地销售饭店产品，更有助于在客人心目中树立饭店的良好信誉。如果客人不能接受这些建议，可在征得客人同意后，把客人列入等候名单，并记录订房人的姓名、联系电话，一旦有空房立即通知客人。如果最后还是无法满足客人的要求，预订员也应以友好、抱歉和理解的态度对待客人，并希望客人下次光临本店。如果是书面订房，也应立即礼貌复函，以表歉意（见表2-2）。

表2-1 客房预订单 RESERVATION FORM

<table>
<tr><td colspan="2" rowspan="4">客人姓名
GUEST NAME
先生/太太/小姐
Mr./Mrs./Ms.
Mr./Mrs./Ms.
Mr./Mrs./Ms.
Mr./Mrs./Ms.</td><td colspan="2">确认号码
CFM.NO.</td></tr>
<tr><td colspan="2">确认书 是 否
CONFIRMATION YES□ NO□</td></tr>
<tr><td colspan="2">新订
NEW BOOKING □
修改
AMENDMENT □
取消
CANCELLATION □</td></tr>
<tr><td>房间数目
NO.OF ROOM</td><td>人数
NO.OF PERSONS</td></tr>
<tr><td>房间类别
ROOM TYPE</td><td>价目
TARIFF</td><td>折扣
DISCOUNT%</td><td>房价
RATE</td></tr>
<tr><td>到达日期
ARRIVAL DATE
MM月/DD日/YY年</td><td>到达航班
ARR./FLIGHT TIME</td><td colspan="2">交通安排
TRANSPORTATION REQUEST</td></tr>
<tr><td>离开日期
DEPARTURE DATE
MM月/DD日/YY年</td><td>离开/航班时间
DEP./FLIGHT TIME</td><td colspan="2" rowspan="3">备注
REMARKS</td></tr>
<tr><td>订房者
BOOKED BY</td><td>电话
TEL
传真
FAX</td></tr>
<tr><td colspan="2">公司
COMPANY</td></tr>
<tr><td>申请日期
DATE APPLIED
MM月/DD日/YY年</td><td>经办者
HANDLED BY</td><td>输入者
ENTERED BY</td><td>批准者
APPROVED BY</td></tr>
</table>

表2-2 婉拒致歉信

________小姐/女士/先生：

由于本饭店________月________日的客房已经订满，我们无法满足您的订房要求，对此深表歉意。感谢您对本店的关照，希望以后能有机会为您服务。

××饭店预订处

年 月 日

受理预订中要做到：

（1）热情接待、准确报价。无论电话预订还是柜台口头预订，服务人员都应主动问好，询问需求，热情礼貌，语音、语调要亲切和蔼。若有客人需要的房间，应主动介绍设施设备，询问细节。根据各种不同类型的客人，准确报出协议价、公司价、团队价、散客价等。

（2）记录清楚、处理快捷。帮助客人落实订房时，要注意做好记录，迅速回复客人。

（3）资料齐备、摆放规范。所有订房信息资料应准确无误地输入电脑或订房控制盘。订单资料分类摆放，整齐规范，为后面的预订确认、订房核对等工作提供准确的信息。

预订资料的存放有两种方式：一是按客人抵店日期的先后顺序排列；二是按客人姓氏第一个英文字母的顺序排列。前一种存放方式可以了解某个时期有多少客人住店，后一种存放方式便于查找客人的订房资料。在实践中，可将两种方式结合使用，即先按客人抵店日期的顺序排列，同一天的资料再按客人姓氏第一个英文字母顺序排列。

2.3.3 确认预订

接受了客人的订房要求并经核对后，预订处下一步的工作是给客人签发预订确认书，以示对客人订房的承诺。确认书是饭店回复客人的订房已被接受的书面凭证，是双方之间权利和义务的协议书。确认书中的有关事项，如付款方式、保留客房截止时间、房价等都对双方行为具有约束效力。通常，饭店至少要在客人动身前一周把确认书送达到客人手中，对团体订房要提前更长时间，要有充分的时间让客人知道饭店为其留了房间。

确认书主要包括以下5个方面的内容：

（1）重申客人的订房要求，包括住客姓名、人数、抵离店时间、房间类型和数量等；

（2）双方就付款方式、房价问题达成的一致意见；

（3）声明饭店取消预订的规定；

（4）对客人选择本店表示感谢；

（5）预订员或主管的签名、日期。

订房确认书的格式见表2-3。

根据国际订房惯例，不管订房人以什么方式订房，只要客人订房时间与抵店日期之间有充足的时间，饭店都应向客人寄发书面订房确认书。

2.3.4 订房变更和取消

即使饭店接受并承诺了预订，客人也常会因各种原因对原来的预订提出变更要求，甚至可能取消预订。预订员应重视并处理好预订的变更工作。

（1）如果客人取消订房，预订员应填写取消单，或将预订单抽出，加盖“取消”图章，注明取消申请人和取消原因及取消日期，并签上预订员姓名，将资料存档，同时对电脑预订状况进行调整。不可在原始的订房单上涂改。

表2-3

订房确认书

RESERVATION CONFIRMATION

客人姓名

GUEST NAME________________

到达日期 ARRIVAL DATE	班机号 FLIGHT NO.	离店日期 DEPARTURE DATE
房间种类 TYPE OF ACCOMMODATION	人数 NO.OF PERSONS	房价 RATE
备注 REMARKS		

请将订房确认书交与接待部

Please present this confirmation to the reception desk

公司　　　　　　　　　　　　　　　致

COMPANY________________________ ATTN.________________________

地址　　　　　　　　　　　　　　　电话号码

ADDRESS________________________ TEL.NO.________________________

注意：预订客房将保留至下午6时，迟于6时到达的宾客，请预先告知。若有任何变动，请直接与本饭店联络。

NOTE：Your room will be held until 6：00 P.M.unless later arrival time is specified.Should there be any changes，please contact the hotel directly for adjustment.

确认者　　　　　　　　　　　　　　日期

CONFIRMED BY________________________ DATE________________________

订房办公室

BOOKING OFFICE________________________

（2）如果客人要求更改订房，预订员要先查询有无符合客人更改要求（如房间数量、类型、时间、价格等）的房间。如果有，要接受客人的更改，满足客人的要求，并将订房资料重新整理。在时间允许的情况下，应重新发一张预订确认书，以示前一份确认书失效。如果无法满足客人的变更要求，则可作为候补或优先等待名单处理。

（3）若变更或取消的内容涉及一些原有的特殊安排，如接机、订餐、鲜花、水果、房内布置等，应尽快给有关部门发送变更或取消通知。

（4）有关团体订房的变更与取消，要按合同办理。一般的合同规定，旅行社要求取消订房最迟应在原定团队抵达前10天通知饭店，否则按合同收取损失费。

（5）尽量简化取消预订的手续，并耐心、高效地受理。客人能花时间通知饭店取消原来的订房，对饭店是有利的。所以，应鼓励取消预订的客人及时与饭店联系，对取消预订的客人要给予同样的热情和耐心。调查表明，90%的取消预订的客人在之后的旅行中仍会返回该饭店预订。

2.3.5 订房核对

由于客人抵店前经常会出现取消或更改订房的情况，因此，需要做好订房核对工作，发现问题及时更正或补救，以保证订房工作的准确无误。

订房核对工作一般分三次进行，分别为客人到店前一个月、前一周和前一天。若是重要客人或较大的团队提前预订的时间长，还应增加核对次数。

（1）客人抵店前一个月做第一次核对。预订员可以电话、传真、邮件等方式与订房人联系进行核对，核对的内容是抵达日期、预住天数、房间数量与类型等。核对的主要对象是重要客人和重要团队。如果没有变化，按准确订房处理；如果有更改，核对变更后有无房间，并做更改处理；如果核对中客人取消订房，则修正预订信息。

（2）客人抵店前一周做第二次核对。其程序和方法与第一次核对相同。核对的重点是抵达时间、更改变动的订房和重要客人订房。对取消预订的房间的客人，应将其转列为候补或优先等待的客人，并告知客人。

（3）客人抵店前一天做第三次核对。这次主要采用电话方式进行。预订员对预订内容要仔细检查，并将准确的订房信息传达到总台接待处。如果有取消预订的，应立即通知总台将这些取消预订的客房售给其他客人。

同步业务 2-3

订房核对工作一般分几次进行？

业务解析：订房核对工作一般分三次进行，分别为客人到店前一个月、前一周和前一天。若是重要客人或较大团队提前预订的时间长，还应增加核对次数。

2.3.6　客人抵店前的准备

做好客人抵店前的准备工作，既有助于缩短订房客人办理入住登记的时间，又能提前做好接待服务工作中的细节工作，向客人提供有针对性的服务。

客人抵店前的准备工作大致可划分为下列三个阶段：

（1）提前一周或数日，将主要客情，如重要贵宾（VIP）、大型会议及团队、是否客满等信息通知各相关部门和总经理。可采取分发客情预报表（见表 2-4）、重要客人预报表（见表 2-5）等方法，或者建议召开由总经理或主管副总经理主持的协调会来发布。

表2-4　**一周客情预报表**

日期：从　　年　　月　　日至　　月　　日

日期	星期	抵店用房	离店用房	住客房	空房	待修房	出租率（%）	人数	
								团队（会议）	零星

送：总经理＿＿＿＿餐饮部＿＿＿＿问讯处＿＿＿＿
　　副总经理＿＿＿＿客房部＿＿＿＿大厅服务台＿＿＿＿
　　值班经理＿＿＿＿财务部＿＿＿＿接待处＿＿＿＿
　　大堂经理＿＿＿＿动力工程部＿＿＿＿公关营销部＿＿＿＿商场部＿＿＿＿
　　本期平均住房率：　　　　　　　　制表人：

表2-5　　重要客人预报表

姓名或团名		国　籍	
身　份		人　数	
来店日期		班　次	
离店日期		班　次	
接待单位			
具体要求：			
备　注： 经手人：			

（2）客人抵店前夕，将具体接待安排以书面形式通知有关部门，使各部门做好对客服务的准备工作。通知单主要有：VIP接待通知单（见表2-6）、接站单、订餐单、次日抵店客人名单等。

对于某些指定的房间，特别是VIP客人的订房，预订处应提前一天或数天，以电话或书面方式通知接待处和客房部，对这些房间进行控制，不再出租给其他客人，即实行所谓的订房管制。对其他特殊订房也要特殊关照，以体现出饭店服务的个性化，如新婚订房，饭店应派订客房，并在客人到达之前准备好贺卡和鲜花，再送上纪念性礼品，这会给新婚夫妇留下美好而难忘的印象。

表2-6　　VIP接待通知单　　№.

姓名/（团体）身份		国　籍	
人　数	男：　女：	房　号	
来店日期		班　次	
离店日期		班　次	
拟住天数		接待标准	
客人要求			
接待单位		陪同人数/身份	男：　女：
特殊要求			
审核人		经手人	
备注： 年　月　日			

（3）客人抵店当天早上，开房员根据抵店客人名单，提前预分好房间，并把钥匙信封、住房登记单准备好，将有关细节通知有关部门，以共同完成客人抵店前的各项准备工作。

2.4 超额订房及订房纠纷处理

预订客人抵店后，可能会因各种原因就订房问题与饭店之间发生纠纷，饭店应根据具体情况积极妥善地处理好这些纠纷，以保障双方合法权益，维护饭店的良好声誉。

2.4.1 超额订房

客人向饭店订房，并不是每个人都能保证入住。经验告诉我们，即使饭店的订房率达到100%，也会因客人预订未入住、临时取消，或者住客提前离店，而使饭店出现空房。饭店为了追求较高的住房率，争取获得最大的经济效益，有必要实施超额订房。

超额订房是指饭店在订房已满的情况下，再适当增加订房数量，以弥补因少数客人预订未入住、临时取消或提前离店而出现的客房闲置。

超额订房通常出现在旅游旺季，旺季是饭店经营的黄金季节。如何做好超额订房，使饭店在黄金季节达到最佳出租率和效益最大化，同时保持良好的声誉，对饭店经营管理者来说，确实是胆识与能力的体现，但同时又是一种冒险行为。因此，一定要做好**超额订房管理**，即对超额订房实施有效控制，避免或最大限度地降低由于决策失误而造成的经济损失和客人的不满。这里要解决好如下两个问题：一是如何确定超订数量；二是一旦超订过度怎样补救。

1）超订数量的确定

超额订房应该有个“度”的限制，超订不足会使部分客房闲置，超订过度则会使部分预订客人不能入住。这个“度”的掌握是超额订房管理成功与否的关键，它应是有根据的，这个根据来自经验，来自对市场的预测和对客情的分析。

确定超额订房数量须根据订房资料统计下列客人数量和比率：

① 预订未入住者；

② 临时取消者；

③ 提前离店者；

④ 延期住宿者；

⑤ 提前抵店者。

掌握了上述资料，就可根据下列公式计算超额订房的数量：

$$X=(A-C+X)\cdot r+C\cdot f-D\cdot g$$

$$X=\frac{(A-C)\cdot r+C\cdot f-D\cdot g}{1-r}$$

式中：X表示超额订房数；A表示饭店可供出租客房总数；C表示续住客房数；r表示预订未入住及临时取消和变更的比率；D表示预期离店客房数；f表示提前离店率；g表示延期住宿率。

例如，某饭店有可供出租客房400间，未来9月10日续住客房数为140间，预期离店客房数为75间。根据以往预订统计资料分析，预订未入住及临时取消、变更的比率为12%，提前离店率为4%，延期住宿率为6%，请问预订处9月10日可超额订房多少间？

根据上列计算公式，得：

$$X = \frac{(A - C) \cdot r + C \cdot f - D \cdot g}{1 - r}$$

$$= \frac{(400 - 140) \times 12\% + 140 \times 4\% - 75 \times 6\%}{1 - 12\%}$$

$$= 36(间)$$

即该饭店9月10日可超额订房36间。这个计算结果仅供参考，因为它是依据饭店以往的经营统计数据计算的，未来状况会怎样，还要做具体分析，并考虑其他各种影响因素，如团队订房和散客订房的比例、饭店的信誉度等。

饭店要根据自己的实际情况，做好资料的收集、积累工作，认真总结经验，合理地确定超额订房的数量或幅度，既能使饭店最大限度地销售产品、增加收益，又能满足客人的订房需要，不至于产生订房纠纷。根据国际饭店管理经验，超额订房的比率可在5%~15%之间。

2）超订过度的补救措施

超额订房是订房管理艺术的最高体现，处理得好会提高客房出租率，增加饭店的经济收益。但超订数量的确定毕竟是根据过去的经营统计资料和人们主观分析得出的结果，而未来很多因素的变化是难以准确预料的。所以，同任何决策都可能出现失误一样，超额订房的失误也时有发生。如果发生超订过度，客人得到了饭店的预订确认，又在规定的时限内抵达饭店，饭店却因客满无法为他们提供所订住房，必然会引起客人极大的不满，这无疑会给饭店带来很大麻烦。因为接受并确认了客人的订房要求，就是饭店承诺了订房客人具有得到“自己的住房”的绝对权利。发生这种情况，就是饭店方违约。所以，必须积极采取补救措施，妥善安排好客人住宿，以消除客人的不满，挽回不良影响，维护饭店的声誉。

一般做法是：

（1）与本地区饭店同行加强协作，建立业务联系，一旦超订过度，可安排客人到有业务协作关系的同档次、同类型饭店暂住。

（2）客人到店时，由主管人员诚恳地向其解释原因，并赔礼道歉，如有需要还应由总经理亲自出面致歉。

（3）派车免费将客人送到联系好的饭店暂住一夜。如房价超过本店，其差额部分由本饭店支付。

（4）免费提供一次或两次长途电话或电传服务，以便客人将住宿地址临时变更的情况通知其家属和有关方面。

（5）将客人姓名及有关情况记录在问讯卡条上，以便向客人提供邮件及查询服务。

（6）对属连住又愿回本店的客人，应留下其大件行李。次日排房时，优先考虑此类客人的用房安排。次日一早将客人接回，大堂副理在大厅迎候并致歉意，陪同办理入住手续。

（7）客人在店期间享受贵宾待遇。

同步思考2-3

超额订房管理要解决什么问题?

理解要点: 超额订房管理要解决如下两个问题:(1)如何确定超订数量;(2)一旦超订过度怎样补救。

同步案例2-1

超额预订的处理

背景与情境: 在旅游旺季,各饭店出租率均较高,为了保证经济效益,一般饭店都实行超额预订。一天,在大堂副理及前台的配合下,大部分客人已被安排妥当,当时2305房间为预离房,但客人直至18点才来前台办理延住手续。而此时,2305房间的下一位客人已经到达(大堂副理曾在下午多次打电话联系2305房间预离客人,但未联系上)。大堂副理试图向刚刚到达的客人解释饭店超额预订的情况,并保证将他安排在其他饭店,一旦有房间,再将其接回。但客人态度坚决,称这是饭店的问题,与客人无关,自己哪也不去。鉴于客人态度十分坚决,而且多次表示哪怕房间小一点也没关系,他就是不想到其他饭店,在值班经理的允许下,大堂副理将客人安置到了值班经理用房,客人对此表示满意。

资料来源 佚名. 客房管理案例分析[EB/OL].[2024-03-12]. https://max.book118.com/html/2024/0310/8105022023006044.shtm.

问题: 饭店应如何做好超额订房管理?

分析提示: 超额订房管理要解决好两个问题,即确定超订数量,避免出现超订过度;一旦超订过度要按国际通行做法采取服务补救措施,尽力消除客人的不满。

2.4.2 订房纠纷处理

饭店因客满不能安排预订客人入住,或客人抵店时所提供的房间不能尽如人意等情况时有发生。一旦发生订房纠纷,饭店应根据不同情况妥善处理。

日常发生的订房纠纷,除了如前所述因饭店实施超额订房引起的之外,还有以下几个主要原因:

(1)客人抵店时间已超过规定的截房时间,或是未按预定的航班、车次抵达,事先又未与饭店联系,饭店无法提供住房。

(2)客人打电话到饭店要求订房,预订员同意预订,但事后并未寄出确认书,客人抵店时无房提供。

(3)客人声称自己办了订房手续,但接待处没有订房记录。

(4)在价格上发生争执或因不理解饭店入住方面的政策而产生不满。

饭店在处理上述订房纠纷时,既要分清责任,维护自身的合法权益,又要耐心、诚恳、设身处地地为客人着想,帮助客人解决问题。注意"情、理、法"三者兼顾。

上述第一种情况虽为确认订房,但已超过了饭店规定的留房时限。显然,因这两种情况发生纠纷,责任不在饭店一方,但是对客人同样要热情接待,耐心解释,并尽力提供帮助,绝不可与客人争吵。如果饭店没有空房,可与其他饭店联系安排客人入住,但饭店不承担任何费用。

第二种情况，虽无书面凭证，但从信誉上讲，口头承诺应同书面确认一样有效。遇到这种情况，应向客人道歉，尽量安排客人在本饭店住宿，实在无房提供，可安排客人在附近饭店暂住，次日接回并再次致歉。最忌讳的是饭店处理此类问题时借口未确认而对客人失礼。

遇到第三种情况，接待处要与预订处联系，设法找到客人的订房资料，看是否放错或丢失，或是其他原因。如经查找，确认客人是订房客人，但未能按时抵店或是提前抵店，在饭店客满的情况下，总台接待人员应尽力提供各种帮助，为客人解决面临的困难。如经查找，确认客人是当天抵店的订房客人，但饭店此时已无法提供客房，而必须将客人安排在其他饭店，那么应按超订过度的补救方法处理。

遇到第四种情况，总台接待人员必须耐心而又礼貌地向客人做好解释工作，使其既接受现实又不致产生不满情绪，无论如何不能与客人发生争执。

随着互联网技术的迅速发展与广泛应用，网络正以革命性的力量改变着人们的生活方式。目前，饭店业已走出传统的营销与预订方式，网络订房已成为客房预订的主要方式。同时，网络订房纠纷也时有发生。比如，客人通过网络平台预订客房住宿服务，到店后却发现饭店服务设施及内容与网页宣传内容不符；有的饭店不履行双方事先约定，到店后单方面涨价；客人网络订房成功，到店后却发现店已客满，无房可住；客人通过网络下单成功，到店后却发现饭店方并未接到相应订单，造成消费者无房可住等情况。饭店必须加强网络预订管理，不断完善网络预订措施，讲诚信，减少失误和纠纷。

同步案例 2-2

未接到肖先生订单

背景与情境：肖先生一行人计划于国庆期间前往张家界旅游，并提前通过网络平台预订了张家界某饭店3间标准客房，入住时间为10月1日晚。然而，当肖先生一家入住时，却被告知“并未接到肖先生订单”，于是造成了无房可住的情况。在双方协调未果的情况下，肖先生拨打了12315进行投诉。

资料来源　朱蓉．网络订房纠纷成国庆长假投诉焦点［EB/OL］．三湘都市报，2015-10-09.

问题：

1）为什么会出现这种情况？

2）饭店的态度和做法是否妥当？

分析提示：网络订房在发展的过程中还有些需要不断完善的地方，本案例这种情况，可能是饭店自身预订程序的不完善，或是员工工作失误造成的；也可能是饭店与旅游电子商务平台之间的对接出了问题。但无论如何责任都不在客人方面。饭店如果以积极、负责任的态度，想办法帮助客人解决问题，就完全可以避免客人的不满和投诉。

处理订房纠纷是一件复杂、细致的工作，有时甚至很棘手。总台服务人员要注意平时多积累经验和总结技巧，善于把握客人心理。为了做好善后工作，防止类似纠纷的发生，还应记录饭店负有失约责任的住客名单，呈报管理部门，并填入相关客史档案中。

客房预订工作业务量大，渠道、方式多且经常出现订房变更，所以很容易出现工作失误。预订人员在订房的全过程中要认真负责，按规范要求细致地处理每一个问题，以保证预订工作的准确性。

教学互动2-1

互动问题： 前厅部的首要功能是销售客房，客房预订是提高客房销售率的重要一环。请问：饭店应如何实现有效的客房预订，以提高销售率，增加收入？

要求： 同“教学互动1-1”的“要求”。

本章概要

□ 内容提要

客房预订是客房商品销售的中心环节。开展预订业务既可以满足客人住宿需求，又可以促进饭店客房销售，以实现饭店的经营目标。本章介绍了客房预订业务的基本概念、程序和方法，并对超额订房管理及订房纠纷处理进行了探讨。

□ 主要概念和观念

▲ 主要概念

客房预订　临时性预订　取消预订时限　确认类预订　保证类预订　等待类预订　超额订房

▲ 主要观念

超额订房管理

□ 重点实务

客房预订服务规程　超额订房　客房预订失约行为的处理

基本训练

□ 知识训练

▲ 复习题

1）客房预订的任务是什么？

2）客房预订的种类有哪些？

3）客房预订的基本程序是什么？

4）订房确认书的主要内容是什么？

5）超订过度应采取什么补救措施？

▲ 计算题

北方海滨城市某饭店有可供出租客房600间，未来10月3日续住客房数为200间，预期离店客房数为100间。根据以往预订统计资料分析，预订未入住及临时取消、变更的比率为13%，提前离店率为4%，延期住宿率为6%，请问预订处10月3日可超额订房多少间？

▲ 讨论题

饭店通常会出现哪些订房纠纷？如何处理？

□ 能力训练

▲ 理解与评价

怎样认识和理解“超额订房”?

▲ 案例题

【训练项目】

案例分析-Ⅱ。

【相关案例】

总台接待员怎么办

背景与情境：10月2日傍晚6时左右，某饭店的入住率已达到了92%，饭店尚有5间已预订出去的标准间，还有少数几间单人间和一间套房可供出租。这时，从饭店大门外进来一位客人，他径直来到总台，对接待员小胡说：“我是××公司的客户，××公司为我订了一个标准间，房间准备好了吗?”“请稍候。”小胡立即在电脑上的“预订类客人”中进行查找，奇怪的是电脑显示没有该预订。小胡又查了总台的预订夹，里面也没有该公司的传真件。小胡礼貌地问客人：“请问林先生，您有××公司的订房单吗?” “有啊。”林先生立即从包里拿出一份文件递给小胡。小胡一看果然是××公司于9月15日为林先生预订了一个标准间，住10月2日、3日两晚，房价为饭店与××公司签订的协议价。但怎么会没有原始订房单呢?小胡正在疑惑的时候，细心的领班小许发现了一个问题：以前，每一次从××公司递交过来的订房单上都有一个印鉴标志，但这张上面却没有。因此小许开始怀疑这份订房单的真实性：是不是客人为了能在国庆节期间以较低的房价订到房间而擅自伪造了一张订房单呢?但又不能仅凭一个印鉴标志来判断客人所持订房单的真伪，因为××公司从来没有向饭店正式声明过以此印鉴作为真伪识别标志。如果在平时，总台可以立即打电话与该公司联系确认，或与客人协商一个房价安排客人入住。可偏偏国庆节期间该公司放假，而饭店又没有多余的标准间可供出租了。即使是剩下的单人房和套房，根据总经理的指示，在国庆节期间也要执行特别的价格政策，按门市价上浮20%出售，客人能接受这些房型和价格吗?看着客人期待的目光，总台接待员真的感到为难了。

资料来源 佚名. 酒店案例分析［EB/OL］.［2010-11-04］. https://www.doc88.com/p-11565013723.html.

问题：总台接待员应该怎么办?

【训练要求】

同第1章“基本训练”中本题型的“训练要求”。

▲ 实训操练

【训练项目】

酒店客房预订模拟实训。

【训练要求】

选取本章“重点实务”所列述项之一作为操练项目，进行情境设计、角色分工和操作体验，在此基础上完成项目实训。

【训练步骤】

1）将班级学生分成若干实训组，每组确定一人负责。

2）各组分别选取本章“重点实务”所列述项之一，学习和讨论其教学内容，作为本次实训的知识准备。

3）各组分别将所选“重点实务”作为操练项目，进行“情境设计”，根据情境需要进行角色分工。

4）各组以所选“重点实务”教学内容为规范，进入角色，体验本项目模拟实训的全过程。

5）各组学生记录本次模拟实训的主要情节，总结实训操练的成功经验、存在的问题及解决的办法，在此基础上撰写实训课业。

6）在班级讨论交流、相互点评与修订各组的实训课业。

7）在校园网的本课程平台上展出经过修订并附有教师点评的各组实训课业，供学生相互借鉴。

【训练课业】

《酒店客房预订模拟实训报告》。

□ 课程思政

【训练项目】

课程思政-Ⅱ。

【相关案例】

该不该退款

背景与情境：李女士于5月25日在某网站预订了某酒店的一间房间，准备于5月29日入住，预订时显示该酒店不可退款，而且会在预订当天就收取费用。然而事实上预订当天并没有收取费用，李女士也迟迟没有收到该网站发来的确认邮件（后来该网站的记录显示已发送邮件但是李女士并没收到）。综上两个原因，李女士认为自己没有预订到房间，5月29日也即将到来，于是李女士重新在另外一家酒店预订了房间。但是旅行归来后李女士发现5月31日最初预订的那家酒店扣除了她的预订费用，李女士认为她并没有入住该酒店，想要把31日被扣除的费用索要回来。她坚持认为造成其损失的主要原因是该酒店没有在预订当天就收取费用，并认为该酒店应该按照酒店的条款和规定履行法律义务，而酒店方则认为晚于预订当天再收取费用是合理的，不同意退款给李女士。

资料来源　根据相关资料整理。

问题：

1）该酒店的做法是否妥当？应该如何处理？做出思政研判。

2）通过网络途径收集作为思政研判的规范或标准。

【训练要求】

同第1章“基本训练”中本题型的“训练要求”。

第3章　前台接待

● 学习目标

通过本章学习，应该达到以下目标：

职业知识： 学习和把握前厅接待的相关概念、工作基本程序，客房状况控制，客房商品推销技巧，以及“延伸阅读”等理论与实务知识；能用其指导本章“同步思考”、“同步业务”和“基本训练”的“知识训练”中各题型的认知活动，正确解答其相关问题。

职业能力： 点评“良好的职业素质是成功推销客房的基础”，训练专业理解力与评价力；运用“前台接待”的职业知识研究相关案例，训练对“前台接待”特定情境下当事者行为的“多元表征”专业能力和“与人交流”的通用能力；参加“自主学习－Ⅲ”的训练；通过收集、整理与综合关于“客房商品推销”的前沿知识，依照“文献综述格式、范文及书写规范要求”，撰写、讨论与交流《“客房商品推销”最新文献综述》，培养“自主学习”的通用能力和“团队协作”、“解决问题”的通用能力。

课程思政： 结合“前台接待”教学内容，依照相关规范或标准，对“课程思政3-1”和章后“课程思政－Ⅲ”中的企业及其从业人员行为进行思政研判，树立绿色发展理念，加强环境保护意识。

学习微平台

思维导图3-1

引例：真的忘退押金了吗

背景与情境：8月12日，一位手持押金单的人来到某酒店的前厅收银处，声称他8月8日曾在酒店住宿，当时由于走得匆忙，忘了退押金，今天特地赶来要取回押金。明白客人的来意之后，收银员请客人坐在大堂稍等片刻，并要了客人的身份证及押金单，接着开始查找电脑里的历史档案、楼层的住房登记。经过核查得知，这位客人8月8日确实住过酒店，随即收银员打电话给当值的两位接待员，询问她们8月9日是否有没结的账单。当确认没有后，接待员、收银员都意识到"有点问题"。为了稳住客人，服务员为客人倒了杯水并告诉他，我们正在查询，稍等一会儿答复。于是接待员打电话给财务处，要求帮忙查一查账单。其结果是，账款已退，顾客已签名，但由于结账员一时疏忽，未收回押金单。于是收银员告诉客人，那天不是没有退钱，而是忘了收回押金单。客人听后很生气，吵闹着说："你们酒店少耍赖，必须退回押金单上的500块钱，否则我去告你们。"接待员知道客人在撒野，却又不好得罪客人，正在为难时，前厅经理来了，经理拿了证件去办公室再次核实。大概十分钟后，经理拿出账单上的签名要求客人一起到办公室去确认。客人看着经理一脸严肃的样子，觉得今天赚不了什么便宜了，迟疑了一下便装作有事嘟嘟囔囔地走了。

资料来源　根据相关资料整理。

酒店应树立起良好的企业形象，它是一个城市，甚至是一个国家的窗口。作为服务接待人员要善于察言观色，通过顾客的表情和举止行为，发现顾客的不良情绪及其动机，分析判断其情绪状态和心理特点，并针对不同的顾客，采用不同的方法，做好接待服务工作。不管遇到什么情况，我们首先应该镇定，力求自己能解决的问题迅速解决，解决不了的及时请求帮助。

3.1 接待准备

前台接待处一般位于饭店的前台中央，它的主要任务是对客服务接待和客房销售，是前厅服务与管理的中枢。前台接待处的接待员应掌握接待业务程序和标准。接待处应与饭店的有关部门协调一致，做好入住客人的接待工作。

3.1.1 接待准备工作的内容

前台接待处的主要职责是接待散客和团队客人，完成他们的入住登记，并根据不同地区和国家的客人的住宿要求，合理地安排房间。为了缩短办理入住登记的时间，提供准确、快捷的服务，接待员应做好接待前的准备工作。

1）制订用房预分方案

为了方便顾客，同时对客房的分配进行有效管理，接待人员应对事先预订的散客和团队根据预订确认书中要求的房间类型和数量，提前制订用房预分方案。

（1）VIP客人用房的预分

① 根据VIP客人的接待规格，分配不同类型的房间。在房间的选择上应是同类客房中方位、视野、景致、环境、房间保养等方面处于最佳状态的客房，并注意客房的保密性与安全性。

学习微平台

延伸阅读3-1

② 将装有欢迎卡和钥匙的信封及登记表放至大堂副理处。

（2）常客用房和有特殊要求的订房的预分

① 对于常客用房，接待人员应根据客人历史资料卡片代为填写入住登记表，只留客人签名一项空白，待客人到达时由客人亲自填写。

② 对有特殊要求的订房，接待人员可根据实际情况，尽量满足客人的要求，如对于老、弱、伤残和带小孩的客人，一般应安排在低层，离服务台或电梯较近的房间，以便于客人出入以及服务人员对其进行照顾。

（3）团队用房的预分

按照“团队接待通知单”的用房要求，填写排房名单，团队用房要尽量安排得集中，避免分散带来的不便。依据已掌握的信息，事先将已知的内容填入“团队客人登记表”，并按分配表为每位客人制作房卡、准备好钥匙。

2）检查待出售房间状况

对于预留的房间，接待人员要同客房部保持联系，注意电脑终端客房状况的变化，尽快使待出售房间进入销售状态。特别是VIP客人的房间，要由大堂副理亲自检查。前台主管要复查预分房间是否合适，有无差错。

3）准备好可销售房间

饭店除了要接待提前订房的客人，还要接待相当部分未预订而临时抵店的客人，所以，接待人员必须查明当日可供出售的房间总数，以及近期的客房状况和客情，以决定当日有多少房间可向未预订客人提供。

4）准备入住资料

将登记表、欢迎卡、客房钥匙、账单和其他有关单据、表格等按一定的顺序摆放，待客人入住登记时使用。

前台销售与服务前的准备工作做得好坏，直接影响接待效率、销售成果和客人的满意程度。前厅部经理必须亲自检查各项准备工作，如发现问题，立即纠正解决。

同步业务3-1

接待准备工作的内容有哪些？

业务解析：（1）制订用房预分方案。（2）检查待出售房间状况。（3）准备好可销售房间。（4）准备入住资料。

课程思政3-1

环境保护意识

背景与情境：在某生态主题酒店，管理者注重环保、节能和资源循环利用等方面的工作。他们采用先进的环保技术和设备，推广绿色旅游理念，提高客户环保意识。此外，酒店还积极开展公益活动，宣传环保知识，引导客人积极参与环保事业。该酒店因其独特的绿色理念和良好的社会形象受到了广泛关注和好评。

问题：该酒店业怎样树立环保理念？

研判提示：这一案例体现了党的二十大精神中的绿色发展理念。通过开展环保、节能和资源循环利用等方面的工作，该酒店实现了经济效益和生态效益的双赢。同时，酒店积极开展公益活动，履行社会责任，提升了企业形象和社会声誉。

3.1.2 客房状况的显示及控制

1）客房状况的显示系统

目前饭店的客房状况显示系统一般有客房现状显示系统和客房预订状况显示系统两种。

（1）客房现状显示系统

客房现状显示系统，*又称客房短期状况显示系统，可显示每一间客房的即时状态。*前台接待处的排房和房价制定等工作完全依赖此系统提供的信息。一般营业中的饭店，其客房可能处于以下几种主要状态：

① **空房**（Vacant Clean，简称“VC”）：*已经打扫干净，一切准备就绪，随时可出租使用的客房。*

② **住客房**（Occupied Clean，简称“OC”）：*该客房已出租，正由客人占用，尚未离店。*

③ **走客房**（Vacant Dirty，简称“VD”）：*客人已结账并离开，待客房服务员打扫整理就绪后方可出租的客房。*

④ **待修房**（Out Of Order，简称“OOO”）：*将要或目前正在进行内部整修，近期不能出租的客房。*

此外，下列几种房态是在进行客房状况检查时，要注意掌握并通知前台的：

① 外宿未归房（Sleep Out，简称“SO”）。如果住客在外过夜，前台接待员应在电脑上对该房做外宿未归标记，同时，将此信息通知大堂副理及客房部。大堂副理应双锁该房间，并作记录，以保证该房安全。

② 少量行李房（Light Baggage，简称“LB”）。为了防止发生逃账等意外情况，客房部应将此种客房状态通知前台。

③ 请勿打扰房（Do Not Disturb，简称“DND”）。客人为了不受干扰，在门把手挂有或灯光显示“请勿打扰”字样时，服务员就不能进房为客人提供服务。请勿打扰房通常应该是住客房，但也有可能是走客房或空房。所以有必要对此种房态加以关注。到了饭店规定的时间，总台或客房部应打电话与住客联系，以弄清情况。

④ 双锁房（Double Locked，简称“DL”）。住客为了不受干扰，在房内将门双锁，服务人员用普通钥匙无法开启。对双锁房要加强观察与检查，因为客人有可能生病，或发生其他意外。有时，当饭店发现房内设备严重受损、客房内有暴露的贵重物品或发生刑事案件时，饭店管理部门也会做出双锁客房的决定。

（2）客房预订状况显示系统

客房预订状况显示系统，*又称长期状况显示系统，可显示未来某一时间内某种类型客房的可销售量。*

饭店电脑联网系统，是用电脑设备系统综合显示客房状态的最先进的一种方法，广泛适用于各种类型的饭店。在前台接待处、前台收银处及客房值班中心配有联网的电脑终端机，各部门可通过操作终端机来了解、掌握、传递有关客房状况的信息。这不仅加快了相互沟通、联络的速度，更能提高工作效率，避免工作差错。同时，饭店电脑联网系统不仅仅用于显示客房状况，其还具有各种功能，如客史档案的建立、客账管理、各种报表的形成、营业收入汇总等，可用于前台及整个饭店的管理工作。

2）客房状况的控制

客房状况的控制主要采取两种方法：一是设计和制作房态控制的各种表格；二是进行房态信息的沟通。

（1）客房状况报表

由于前台的工作量大，且客房时常处于变化之中，虽然很多饭店通过电脑查询可知目前的房态情况，但为了避免由于工作上可能出现的差错而造成前台接待处的房态与楼层实际房间状态的不符，出现“重房”或“漏房”现象，造成前台客房销售及客房服务的混乱，及时对房态进行核对、检查是十分必要的。

客房状况报表大致包括：

①客房现时状况表

客房现时状况表是接待处根据客房状况显示架或电脑所显示的客房状况以及订房资料，每天定时制作的。制作此表的目的，是通过定时统计来确定客房的现状以及预订状况（见表3-1）。

表3-1 **客房现时状况表**

饭店状况 HOTEL STATUS	客房部状况 HOUSEKEEPING STATUS
饭店客房总数 ROOMS IN HOTEL 435 待修房 OUT OF ORDER 13 不使用房 OUT OF INVENTORY 0 可出租房 RENTABLE ROOMS 422 住客房 OCCUPIED 197 预计离店 CUT OUT 15 今晚可租房 AVAILABLE TONIGHT 240 确认类订房团队 GTD：GROUP 0 散客 INDIVIDUAL 7 非确认类订房团队 NON-GTD：GROUP 2 散客 INDIVIDUAL 41 尚未订出的客房数 NOT RESERVED 190 现时出租率 CURRENT OCCUPANCY 45%	住客房 OCCUPIED 197 尚未打扫 DIRTY 168 打扫完毕 CLEAN 29 空房 VACANT 225 尚未打扫 DIRTY 25 打扫完毕 CLEAN 200 住客统计 IN HOUSE STATISTICS 实际抵店 ACTUAL ARRIVALS 29 实际离店 ACTUAL DEPARTURES 100 延期离店 EXTENDED STAYS 2 提前抵店 EARLY ARRIVALS 0 提前离店 EARLY DEPARTURES 5 住客人数 CURRENT OF GUESTS 470 成人 CURRENT OF ADULTS 456 儿童 CURRENT OF CHILDREN 14

②客房状况调整表

客房状况调整表（见表3-2）就是将未经预订直接抵店、延期离店和换房等情况汇集起来。它的作用主要体现在两点：一是用于预订处与接待处之间的信息沟通，使预订处依据调整表中的内容，更改并建立新的客房预订汇总表。二是调整表上的统计数据，可以使接待处掌握临时取消住店、已预订但未到店、提前离店和逾期离店的客人数量，以及他们所占客源的百分比。这些数字对客房的销售起了很大作用。

表3-2　**客房状况调整表**

ROOM ADJUSTMENT 星期DAY________　日期DATE________					
房号 ROOM NO.	类型 TYPE	姓名 NAME	需作调整的日期 PERIOD TO BEADJUSTED		备注 REMARKS
			自FROM	至TO	

备注：

未经预订直接抵店NR（Non-Reservation或Walk-in）

延期离店EXT.（Extention或Overstay）

取消CNL.（Concellation）

提前离店UX-DEP（Unexpected Departure）

订了房，但未抵店NS（No Shows）

③每日接待情况表

每日接待情况表（见表3-3）是指接待处将客房状况显示架及电脑中所显示出的客房状况记录下来而形成的接待情况报告。它的作用主要是为制作客房营业报表以及前厅的统计分析报表提供资料。

④VIP客人或团队名单

该名单由接待员将VIP客人和团队客人的有关信息根据客房状况显示系统提供的资料制作完成。它的作用是使饭店及时掌握在店的和即将抵店的贵宾、团队客人的信息，以便饭店做好各方面的准备工作。

⑤住店客人名单

住店客人名单，就是将所有住店客人的姓名登记下来。一般饭店编制住店客人名单主要采用两种方法：一是按饭店客房房号的顺序排列；二是按住客的姓的首字母顺序排列。它的作用是便于前台各部门的对客服务。

表3-3　　每日接待情况表

DAILY SITUATION CHART

预期到达

EXP'D ARR.

预期离开及空房　　日期

EXP'D DEPT.& VACANT ROOMS　　DATE

房间情形

ROOM SITUATION

每日到达 DAILY ARR.	如期离开 ORI.DEPT.		提早离开 ADV.DEPT.		延期至 EXT.TILL		取消空订 CANC N/S	转房 ROOM-CHANGE		表数 CHART FIG.	备注 REMA-RKS	负责人员签署 C/I
	房号 RM. NO.	日期 DATE	房号 RM. NO.	日期 DATE	房号 RM. NO.	日期 DATE		由 FROM	到 TO			

⑥预期离店客人名单

预期离店客人名单，是根据客人在入住登记表中填写的离店日期汇总而成的。此表一般是按楼层、房号的顺序排列，作用主要是为前台各部门和客房部提前做好客人离店准备工作，以及为客房的重新预订销售提供依据。

（2）客房状况信息的沟通

① 做好与销售部之间的信息沟通，确保预订显示系统的正确性。

② 做好客房部、接待处、收银处之间的信息沟通，确保客房现状显示系统的正确性。

同步案例 3-1

客人享受当晚免费套房

背景与情境： 许先生和何先生在某酒店预订了一个带两个卧室的套间。许先生先到酒店，在前台办理了入住手续，并告诉前台接待员何先生几个小时内会到达，然后让行李员把行李送至1018房，之后就去本地拜会一个朋友了。

1小时后，何先生到了，他到1018房间一看，发现房间的床太窄，便打电话到前台要求更换房间，并要前台告诉许先生。办理完换房手续后，他就去参加同学聚会了。

许先生晚上11点回到1018房间，因有些醉意，也没有关注何先生到店之事。洗完澡正准备睡下时，房门被打开了，走进来的不是何先生，而是一位陌生人，两人顿时都很惊讶。陌生人由惊讶变成气愤，许先生设法使他平息并立即打电话给前台要求派人来处理这件事。

前台告诉许先生，他订的房间被何先生换到了1210房间，因前台未及时通知到他，许先生很恼火，加之很疲劳，他告诉前台接待员当晚先在1018房间睡一晚，因这是酒店的失误，他不会多付房费。前台接待员起初不同意，经过大堂副理协调，同意免收1018房当晚房费，并在第二天一早为许先生换到了1210房间。

资料来源　佚名．前厅服务接待［EB/OL］．［2011-06-17］．https：//www.docin.com/p-221293503.html.

问题：为什么会发生这种情况？

分析提示：重复卖房是前厅最容易发生，也是较严重的一种工作失误，因为这会对客人产生极为不好的影响。因此，前厅接待员应对容易出现重复卖房的几个操作环节严格把关。

3.2 入住登记

在整个前台接待工作中，入住登记是对客接待服务全过程中的一个必要的、关键的环节。饭店必须依据国家法律要求和饭店整体对客服务要求，制定住宿登记制度并严格执行工作流程。

3.2.1 入住登记的必要性

入住登记的必要性主要表现在以下几个方面：

（1）入住登记是国家法律的要求。为了维护国家安全、公共安全和人民生命财产安全，国家的相关法律要求住宿业经营者和服务提供者，必须对住客身份进行查验。对身份不明或者拒绝身份查验的，不得提供服务。

《中华人民共和国治安管理处罚法》（2012年修正，以下简称《治安管理处罚法》）第五十六条规定："旅馆业的工作人员对住宿的旅客不按规定登记姓名、身份证件种类和号码的，或者明知住宿的旅客将危险物质带入旅馆，不予制止的，处二百元以上五百元以下罚款。"

《中华人民共和国反恐怖主义法》（2018年修正，以下简称《反恐法》）第八十六条规定："未按规定对客户身份进行查验，或者对身份不明、拒绝身份查验的客户提供服务的，主管部门应当责令改正"；"有前款规定情形的，由主管部门处十万元以上五十万元以下罚款，并对其直接负责的主管人员和其他直接责任人员处十万元以下罚款"。

显然，饭店未按规定实名登记的行为，是要受到处罚的。但《治安管理处罚法》和《反恐法》在罚款金额上相差悬殊。按照"新法优于旧法"的原则，对初次违反的，适用《治安管理处罚法》进行处罚。经公安机关治安管理处罚并责令其整改后，仍不改正的，适用《反恐法》进行处罚。

（2）入住登记是饭店同客人建立正式合同关系的必需程序。对临时住宿客人而言，住宿登记表就是住宿合同的书面形式。住宿登记表应包含住宿时间、房间类型、房间数量、房间价格与结算方式等合同主要条款，明确双方的权利和义务。住客在住宿登记表上签字，即表示双方当事人就合同的主要条款达成合意。一旦发生争议，此表就是纠纷解决的基本依据。

具体来讲，住宿登记表上还应明确告知客人饭店对入住时间、退房时间（包括延迟退房的收费）、贵重物品保管、房卡遗失赔偿及其他事项的规定。尽管这些事项通常在总台、客房的服务指南及房卡上均有提示，但把这些提示写进有客人签名的住宿登记表中，则更有利于饭店防范和解决纠纷。

（3）入住登记是饭店对客服务和运营管理的关键环节。住宿登记表中有关客人的国籍、民族、性别、出生日期、家庭住址等个人资料，房号、房价、付款方式以及在办理手续过程中捕捉到的客人爱好、忌讳、特殊要求等信息，都是为客人提供有针对性的优质服务的依据。同时，这些信息资料也是饭店进行客源市场分析，建立客账、客史档案以及协调饭店整体对客服务的重要基础信息。

另外，饭店在住宿登记表的项目设计上，要注意尊重客人的隐私权。对涉及客人隐私，且与饭店经营无关的项目没必要让客人填写，比如停留事由、住宿原因、同住关系、从何处来、到何处去等。

同步案例3-2

酒店违反《反恐法》被处罚

背景与情境1：2016年下半年，郑州反恐办在日常督导检查工作中发现，郑州市管城区陇海东路的一家宾馆存在违反旅客实名登记管理规定的现象，遂责成郑州市公安局南关街分局予以调查处理。经查，该宾馆确实存在多次未按《反恐法》规定和相关实名制登记要求查验旅客身份信息的情况，且未及时整改。

11月1日，南关街公安分局依照《反恐法》第八十六条第二款的规定，对该宾馆做出了罚款10万元的行政处罚，并对宾馆负责人和前台经理做出了相应处罚。

资料来源　宋向乐. 宾馆未如实查验旅客身份信息 警方开10万反恐罚单［EB/OL］.［2016-11-15］. http：//www.sohu.com/a/119060258_114731.引文经过改编。

背景与情境2：2016年7月6日，杭州下城区某派出所民警对辖区内旅馆酒店业进行检查时发现，辖区内某快捷酒店存在未按规定查验住店旅客身份的行为，民警遂依据《治安管理处罚法》对酒店方做出罚款1 000元人民币的行政处罚，并责令整改。

原本以为经历这一罚，这家酒店会吸取教训，立马改正。然而，仅过了一天，7月7日晚11时，民警再次对辖区内有类似“前科”的酒店开展回头式复查，在该酒店二楼一客房内例行核对住店旅客身份时，发现一名男子体貌特征与酒店入住登记身份明显不符，进一步核查后结果显示：此人竟是一名公安部网上通缉逃犯。

经了解，逃犯彭某因涉嫌盗窃犯罪，2016年6月被江苏警方上网追逃。为掩人耳目，彭某入住该酒店时借用了朋友的身份证，而酒店前台工作人员并没有对他进行身份核对。

此事件的处理结果是，犯罪嫌疑人彭某被移交警方处理；该酒店行为涉嫌违反《反恐法》，根据该法第八十六条第二款之规定，下城区某派出所依法对该酒店做出罚款10万元的处罚，对直接负责人林某罚款1万元。

资料来源　汪帆．警方回头式复查 发现一网上通缉逃犯［N］．青年时报，2016-07-12.引文经过改编。

问题：饭店经营者和前台工作人员应从上述案例中吸取怎样的教训？

分析提示：自《反恐法》颁布以来，各地警方加大了执法力度，但饭店对住客身份信息不按规定查验登记，并拒不整改，从而被警方开出巨额“反恐罚单”的实例还是时有发生。这说明有些饭店经营者和相关工作人员法治观念淡薄，为了蝇头小利而置国家法律于不顾。遵守《反恐法》是每个公民的义务。饭店接待人员要站在维护国家安全、公共安全和人民生命财产安全的高度，依法认真做好住宿登记工作。不可粗心大意，更不能抱有侥幸心理。否则，后果很严重。

住宿登记表大体分为两种，即散客住宿登记表（见表3-4）和团体人员住宿登记表（见表3-9）。

表3-4　**散客住宿登记表**

REGISTRATION FORM OF RESIDENCE

SHANG HAI ×× INTERNATIONAL HOTEL

上海××国际酒店

填表日期　年　月　日

Prepared Date　Y　M　D

<table>
<tr><td>英文姓
Surname</td><td></td><td colspan="2">英文名
Given Name</td><td colspan="2"></td></tr>
<tr><td>中文姓名
Name In Chinese</td><td></td><td>性别
Sex</td><td></td><td>出生日期
Date of Birth</td><td></td></tr>
<tr><td>国家或地区
Country/Region</td><td></td><td colspan="2">房号
Room No.</td><td colspan="2"></td></tr>
<tr><td>证件种类
Type of Document</td><td></td><td colspan="2">证件号码
Document Number</td><td colspan="2"></td></tr>
<tr><td rowspan="4">选项填写
Choice & Fill</td><td rowspan="2">外国人
Foreigner</td><td colspan="2">签证种类 Type of Visa</td><td colspan="2"></td></tr>
<tr><td colspan="2">签证有效期 Visa Expire Date</td><td colspan="2"></td></tr>
<tr><td colspan="3">台湾居民签注有效期
People from TW Validity of Endorsement</td><td colspan="2"></td></tr>
<tr><td colspan="3">华侨、港澳居民证件有效期
Validity of Document of Overseas Chinese and People from HK and MC</td><td colspan="2"></td></tr>
<tr><td>永久地址
Permanent Address</td><td colspan="5"></td></tr>
<tr><td>入境口岸 Port of Entry</td><td></td><td colspan="2">入境日期 Date of Entry</td><td colspan="2"></td></tr>
<tr><td>抵达日期 Date of Arrival</td><td></td><td colspan="2">离店日期 Date of Departure</td><td colspan="2"></td></tr>
<tr><td>接待单位
Received By</td><td></td><td colspan="2">房价
Room Rate</td><td colspan="2">CNY已包含服务费及税 Including Svc Charge and Tax</td></tr>
<tr><td>××会员号码
××Club No.</td><td colspan="5"></td></tr>
<tr><td>联系电话
Contact Number</td><td></td><td colspan="2">电子邮件
E-mail Address</td><td colspan="2"></td></tr>
</table>

续表

<table>
<tr><td colspan="4">付款承诺书 Assumption of Liability
兹证实本人支付下述费用 This is to certify that undersigned will assume liability for the payment of the hotel bills of</td></tr>
<tr><td>宾客姓名 Guest Name</td><td></td><td>房号 Room No.</td><td></td></tr>
<tr><td colspan="2">□ 所有费用/All Expenses
□ 只付房费/Room Charge Only
□ 其他/Others Please Specify</td><td>宾客签名
Guest Signature</td><td></td></tr>
<tr><td>预订号码
CRS/Conf.No.</td><td></td><td>备注
Remarks</td><td></td></tr>
<tr><td colspan="4">酒店不接受以个人支票付账，请将行李交行李房寄放及贵重物品寄放保险箱，同时对客人在本酒店遗失金钱、珠宝及其他贵重物品不承担任何责任，大堂前台及客房内为您免费提供保险箱服务。
酒店保留为您提供一切饮食服务的权利。
The Hotel does not accept any personal cheques for the settlement of your account. We regret the hotel cannot assume for the loss of money, jewelry and other valuables on our promise.Safe deposit boxes are available without charge at the Front Desk and guest rooms.Please keep your luggage in our concierge for storage.
The Management reserves the exclusive right to provide you with food and beverage during your stay with us.
本人同意××酒店可以使用本人的上述个人信息向本人发送市场营销信息（如您不希望收到我们发送的市场营销信息，请直接与前台员工联系）。
I hereby give my consent to this hotel to use my above personal information to send me marketing communications（If you do not wish to receive communications from us，please contact our Front Desk staff）.</td></tr>
<tr><td colspan="4">根据中华人民共和国和上海市政府的相关规定，办理酒店入住登记时必须出示有效的身份证件。访客需要实名登记，不允许在客房过夜且停留时间不能超过当天晚上11点。
酒店室内包括客房和公共区域全面禁烟，如在客房内吸烟，酒店有权收取1 000元人民币作为清洁费用。
In accordance with the Government of the People's Republic of China and Shanghai Municipal Government's Ordinance，registration must be done with a valid ID/Passport upon check-in at the hotel.Visitors are not permitted stay in guest rooms without registration and are not allowed to stay in guest rooms after 11 PM.
Smoking is prohibited inside the hotel including guest rooms and all public areas. The hotel reserves the right to charge a purification fee of 1, 000 yuan for smoking in the room.
自2019年7月1日起，上海的旅游住宿业将不再主动提供牙刷、梳子、浴擦、剃须刀、指甲锉和鞋擦等一次性日用品。
As of July 1st 2019 hotels in Shanghai will not provide any disposable room amenities including：toothbrush，comb，loofah，shaver，nail file and shoe mitt.</td></tr>
<tr><td>宾客签名
Guest Signature：</td><td></td><td colspan="2">接待员：
Assisted By：</td></tr>
</table>

同步思考3-1

入住登记的必要性是什么？

理解要点：（1）入住登记是国家法律的要求。（2）入住登记是饭店同客人建立正式合同关系的必需程序。(3) 入住登记是饭店对客服务和运营管理的关键环节。

3.2.2 入住登记的程序

入住登记大体可分为6个步骤（见表3-5）。

表3-5　入住登记程序

步　骤	1	2	3	4	5	6
内　容	识别客人有无预订	填写登记表	排房、定房价	决定付款方式	完成入住登记手续	制作有关表格

不同类型客人入住登记手续的具体程序与标准如下：

1）预订散客入住登记的程序与标准

预订散客入住登记的程序与标准见表3-6。

表3-6　预订散客入住登记的程序与标准

程　序	标　准
1. 接待预订散客抵达饭店	①当客人抵达饭店时，首先表示欢迎，有礼貌地问明客人姓名并以姓名称呼 ②客人到达前台，但你正在忙碌时，应向客人示意，表示他不会等候很久（如客人已等候多时，应首先向客人道歉） ③在办理入住手续前，要查看客人是否有留言，以及电脑中所注明的特殊要求及注意事项
2. 为客人办理入住手续	①请客人在住宿登记表上填写所需内容，问清付款方式，并请客人在住宿登记表上签名 ②核对一切有关证件及文件，包括护照、身份证、签证有效期、信用卡签名的真实性等 ③为客人分配一间适合其需要的房间，并与其确认房价和离店日期
3. 提供其他帮助	入住手续办理完毕后，询问客人是否需要行李员帮助；告诉客人电梯的位置，并祝客人在住店期间过得愉快
4. 信息储存	①客人入住登记办理完毕后，立即将所有有关信息输入电脑，包括客人的姓名、地址、付款方式、国籍、护照号码、离店日期等 ②检查信息的正确性，并将其输入客人的档案中 ③住宿登记表要存放至客人入住档案中，以便随时查询

这里还要特别强调，依据《反恐法》和饭店相关制度的要求，接待人员在办理入住登记手续（包括VIP客人和团队客人）时，要认真做到“四实登记”：实名（住宿人与登记人要相符）；实数（登记人数与实际入住人数要相符）；实情（如实登记住宿人证件信息）；实时（登记后要立即上传住宿信息）。

2）VIP客人入住登记的程序与标准

VIP客人入住登记的程序与标准见表3-7。

表3-7 VIP客人入住登记的程序与标准

程序	标准
1.办理入住手续	①准确掌握当天预抵VIP客人的姓名 ②以其姓名称呼客人，及时通知大堂副理，由大堂副理亲自迎接 ③大堂副理向客人介绍饭店设施，并亲自将客人送至房间 ④在房间内为VIP客人办理入住登记手续
2.信息储存	①复核有关VIP客人资料的正确性，并准确输入电脑 ②在电脑中注明VIP客人身份以提示其他部门或人员注意 ③为VIP客人建立档案，并注明身份，以作为日后订房和查询的参考资料

3）未预订客人入住登记的程序与标准

未预订客人入住登记的程序与标准见表3-8。

表3-8 未预订客人入住登记的程序与标准

程序	标准
1.接受未预订客人入住要求	①当客人要办理入住手续时，首先要查清客人是否有预订；若饭店出租率较高，需根据当时的情况决定饭店是否可接纳未预订客人入住 ②确认客人未曾预订，饭店仍可接纳时，表示欢迎客人的到来，并检查客人在饭店是否有特殊价或公司价 ③在最短的时间内为客人办理完入住手续
2.确认房费和付款方式	①办理手续时和客人确认房费 ②确认客人付款方式
3.收取押金	①若客人以现金结账，饭店预先收取客人的定金 ②若客人以信用卡结账，接待人员按规定核对并复印客人信用卡，把信用卡的卡号输入电脑中，并与住宿登记表订在一起放入客人档案中
4.信息储存	①客人入住登记办理完毕后，应将所有有关信息输入电脑系统，包括客人的姓名、地址、付款方式、国籍、护照号码、离店日期等 ②检查信息的正确性，并将其输入客人的档案中 ③住宿登记表要存放至客人入住档案中，以便随时查询

4）团队入住登记程序

在团队客人抵达前，前台接待要做好前期相应的准备工作，在团队客人抵店时的接待服务过程中，要做到热情、礼貌、快速、准确。其基本程序是：

（1）团队客人抵店时，大堂副理及销售部的联络员一同礼貌地把团队客人引领到接待处，并向客人表示欢迎和问候。

（2）团队联络员告知团队领队及客人有关事宜，其中包括早、中、晚餐地点及饭店其他设施。

（3）接待人员与团队领队、导游进一步核查、确认房数，以及特殊服务安排。确认无误后，团队领队及接待人员要在“团队人员住宿登记表”上签字确认（见表3-9）。

表3-9　　团队人员住宿登记表

××大酒店

REGISTRATION FORM OF
RESIDENCE FOR GROUP
×× HOTEL

团队名称：　　日期：　年　月　日　至　月　日

NAME OF GROUP　　DATE：　YEAR　MON　DAY　TILL　MON　DAY

房号 Room No.	姓名 Name in full	性别 Sex	出生年月日 Date of Birth	职业 Profession of Occupation	国籍 Nationality	护照号码 Passport No.
何处来何处去 where from and to						

留宿单位：　　接待单位：

（4）将团队客人的房卡交于团队领队，由其分发给客人。

（5）手续办理完毕后，前台接待人员要将准确的房号、名单送到行李部。

（6）将团队接待单或相关服务要求送往有关部门，同时制作团队主账单及个人消费分账单，送收银处。

同步资料 3-1

旅客最关心的接待因素

法国对旅客寻求的最关心的接待因素做了较深入的调查，对接待情感因素（如听到欢迎光临的话语、工作人员的笑容、被认出并用姓名称呼等）和接待“更实用”因素（如总服务台的服务、接待人员会多种语言、设大门迎宾员等）进行了比较。调查结果表明，绝大部分酒店的顾客都不赞成任何形式的自动化接待服务，都希望有酒店工作人员来接待，这体现了酒店接待服务人性化的特征。

教学互动 3-1

互动问题：客人在某饭店总台办理入住登记时，细心的接待员发现当天正好是客人的生日。

（1）总台接待员应该怎么办？

（2）饭店怎样做会给客人带来惊喜？

要求：同“教学互动 1-1”的“要求”。

3.3 客房商品推销

学习微平台

视频 3-1

学习微平台

视频 3-2

学习微平台

视频 3-3

为了增加客房销售的收入，接待员还应做好面对面的对客销售工作。前台销售工作的成功与否，直接影响到客人对饭店的认识、评价和是否再次光临，最终影响饭店的经营效果。为了做好前台销售工作，前台接待员必须了解自己饭店所销售的产品和服务的特点及其销售的对象。

3.3.1 成功推销客房的前提

前台接待人员必须具备良好的素质，掌握相应的知识和信息，才能在接待过程中成功地将客房及饭店其他产品推销给客人。具体来讲，成功推销客房的前提应当包括以下几个方面：

1）良好的职业素养

饭店产品是有形设施设备和无形服务的结合，从客人的角度讲，饭店产品实质上就是客人的一段住宿经历。所以，饭店员工就构成了饭店产品的一部分。客人初到一家饭店时，对饭店的了解和产品质量的判断通常就是从前台接待人员的仪容仪表和言谈举止开始的。因此，前台接待人员要面带微笑，以端正的仪态、热情的态度、礼貌的语言、快捷规范的服务接待每一位客人。这本身就是对饭店产品的有形展示，是推销成功的基础。因此，接待人员要具有良好的职业道德，爱岗敬业，热情好客，业务娴熟，以良好的精神风貌和高品质的职业素养接待每一位客人。

2）熟悉、掌握本饭店的基本情况及特点

接待人员要熟悉、掌握的基本情况包括：饭店所处的地理位置及交通情况，饭店建筑、装饰、布置的风格及特点，饭店的等级与类型，饭店的服务设施与服务项目的内容及特色，饭店产品的价格与相关的销售、推广政策和规定等。了解和掌握上述信息，是做好客房销售工作的先决条件；同时，接待人员也要对饭店的客房有完整的了解，如各类房间的面积、色调、朝向、功能、楼层、价格及计价方式、特点、设施设备等，只有接待员对以上内容充分了解了，才能向客人详细介绍，才有助于进一步的推销。

3）了解、掌握竞争对手饭店的产品情况

接待人员在详细了解本饭店的产品情况基础上，还要熟悉竞争对手的有关情况。掌握本饭店与竞争对手在饭店产品的质量、内容、特点、功能、方便情况以及价格等方面的异同，扬长避短，找出自己饭店的特点和优势，着重加以宣传。

4）熟悉本地区的旅游项目与服务设施

接待人员通过宣传本地区的城市功能特点，以及在此地举行的相关的活动内容，使客人对本地区产生兴趣，增加在本地区逗留的时间及机会；也加深饭店在客人心目中的印象，增加客人重复入住的概率和饭店的服务收入。

5）认真观察、掌握客人的心理及需求

销售客房的过程看似简单，其中却包含着很强的艺术性、技巧性。它来源于对客人言谈、举止的细心观察、判断；取决于接待人员对客人消费心理和需求的正确把握，掌握了这些就便于同客人沟通、交流，有利于成功地推销客房及其他饭店产品。

同步思考3-2

成功推销客房的前提是什么？

理解要点：(1) 良好的职业素养。(2) 熟悉、掌握本饭店的基本情况及特点。(3) 了解、掌握竞争对手饭店的产品情况。(4) 熟悉本地区的旅游项目与服务设施。(5) 认真观察、掌握客人的心理及需求。

3.3.2 客房商品的推销技巧

前台接待人员的工作不仅是接受客人预订，为客人安排房间，还要善于推销客房及其他产品，最大限度地提高客房出租率，增加综合销售收入。要做到这一点，接待人员要讲究推销技巧，主要的推销技巧包括以下几方面：

1）突出客房产品的价值

在销售客房产品的过程中，接待人员应强调的是客房的价值（即客房的使用价值），而不单是价格。因为客人购买的是产品价值，而不是价格，但客房价值的大小是通过客房价格体现的，两者只有相对平衡，客人感到物有所值时，才能说是公道合理的，才可能成交。

正常情况下，级别越高、质量越好的房间，其价格也越高。比如，在与客人洽谈价格的过程中，要根据客房的特点及客人自身的需要，对客房的使用价值加以描述，如"新装修的，十分舒适、豪华""房间是面向大海的，窗外的风景十分优美""最大的、顶层的、带有民族特色的"等。当然在突出客房价值的同时，也应注意避免过分夸张、误导性的介绍。

2）灵活运用报价方法

掌握报价方法并巧妙地加以运用，是做好客房推销工作的一项基本功，推销客房常见的报价方法有：

(1) 高低趋向报价

高低趋向报价是首先向客人报明饭店的最高房价，让客人了解饭店所提供的最高房价房间及与其相配的环境和设施，在客人对此不感兴趣时再转向销售较低价格的客房。接待员要善于运用语言技巧说动客人，这是针对讲究身份、地位的客人设计的。高价伴随的高级享受，诱使客人做出购买决策，当然，所报价格应相对合理，不宜过高。

(2) 交叉排列报价

交叉排列报价是将饭店所有现行价格按一定排列顺序提供给客人，即先报最低价格，再报最高价格，最后报中间价格，让客人有选择适中价格的机会。这样做，既方便客人在整个房价体系中自由选择，又增加了饭店出租高价客房、获得更多收益的机会。

(3)"冲击式"报价

"冲击式"报价是首先报出价格，再介绍客房的设施设备及其他服务项目等。这种方法适用于价位比较低廉的房间，对方是消费水平较低的客人。

(4)"鱼尾式"报价

"鱼尾式"报价是先介绍所提供的服务设施和项目，以及房间的特点，最后报出价格，强调物美，弱化价格对客人的影响。这种报价方式适合中档客房。

(5)“夹心式”报价

“夹心式”报价又称“三明治”报价，它是将价格置于所提供的服务项目中，以减弱直观价格的分量，增加客人购买的可能性。此类报价一般由总台接待人员用口头语言进行描述，强调提供的服务项目是符合客人利益的。比如，“一间宽敞、舒适的客房，价格只要620元，这个房间还包括一份早餐、一杯免费咖啡……”这种报价方式适合于中、高档客房，可以针对消费水平高的客人。

3）给客人提供可比较和选择的范围

如果客人没有具体说明想要哪一类型的房间，接待人员可向客人提供两种或两种以上不同房型、不同价格的客房，以方便客人比较、选择，增加推销成功的概率。比如，不要说：“您是要一间标准间吗？”而应说：“您是喜欢标准间还是单人间？或者是商务套间呢？”优秀的前厅接待人员应慧眼识人，善于辨别客人的支付能力，从客人步入店门的那一刻起，在简单地与客人交谈的过程中，便能迅速把握客人可能接受的客房类型和价格。

4）正面介绍引导客人

这里所说的正面介绍，是指在推销客房过程中，接待人员要着重介绍各类型客房的特点和优势给客人带来的方便和好处，以及与众不同之处。假如饭店目前只剩一间客房，客人无法选择，也应对客人说：“您的运气真好，现在正好还有一间不错的房间。”而不能直说：“这是最后一间空房了。”让客人觉得这是别人挑剩下的东西。

5）对不同客人的推销要有针对性

(1) 向查询、问价的客人推销

许多客人初次抵店，或因为不满意其他饭店的客房及服务，而来本店查询客房类型、价格及相关服务项目等。对于此类客人，接待人员一定要抓住这一良好的推销时机，设法让客人对饭店的客房及服务项目介绍产生兴趣，进而留下来。

接待人员在推销过程中，针对此类客人，首先，要积极热情地接待，了解其旅行的目的，从中大致掌握其住店的需求，并借机有的放矢地推销饭店的某类客房或某些服务项目；其次，要从客人提出的问题中了解哪些客房符合其口味，让其情有独钟，并对这类客房详加介绍、说明，供其选择。同时，对客房的报价也要有层次性，从高到低，请客人挑选。在整个接待、推销的过程中，接待人员都要做到耐心、周到。

(2) 对犹豫不决的客人多给予建议

有些客人尤其是初次抵店的客人，即使在听了接待员对客房及服务项目的介绍之后，仍不能清楚地决定自己需要住什么样的房间，或者并不完全相信接待人员的介绍。在此情况下，接待人员要认真观察客人的表情变化，仔细分析客人的心理活动，设法去理解客人的真正意图，了解客人的喜好和特点，尽量消除客人的疑虑，有针对性地为其进行客房介绍。必要情况下，也可带客人参观几种不同类型的客房，当然带客看房时，应先带客人看条件较好、价格较高的客房，如果客人满意了，就不必再带客人看低价位的客房了。

(3) 对消费能力有限的客人的推销

在接待的过程中，客人并不都是高消费者，很多人的消费能力及选择范围是有限的。对于这部分客人，接待人员不能有丝毫的怠慢和歧视。在推销过程中，也不能只为其报低价位房间及片面强调折扣及优惠，应提供不同价格、不同状况的房间供其选择。同时，即使此次选择有限，也使客人了解了饭店客房及服务的更多信息，方便客人下次入住参考和信息的外部传播。

6）重视饭店其他服务项目的推销

不是所有的客人都十分清楚饭店的设施及服务项目，尤其是初次抵店的客人。前台接待员在宣传、推销客房的同时，不应忽视推销饭店的其他产品，要让客人感到饭店产品的综合性及完整性。同时，如果接待人员的推销服务内容正好迎合了客人的需求，客人不仅乐于接受，更会对饭店接待人员细致、周到的服务表示感激。

学习微平台

延伸阅读 3-2

同步案例 3-3

巧妙推销留住客人

背景与情境：某酒店总台来了两位客人提出要开特价房，前厅接待员礼貌地告知客人："对不起，先生，今天的特价房已售完，您看其他的房间可以吗？"话未说完，客人就不高兴了："怎么这么快就卖完了呢，特价房只是个幌子呢还是有却不卖给我们？"前厅接待员耐心地解释道："先生，我们的特价房数量有限，每天只推出十几间答谢客人，今天刚好周末，特价房销售特别火爆，早早就售完了。下次您需要的话提前打个电话，我们一定帮您预留出来。今天我们刚好还有一间非常舒适的贵宾房，要是您住的话我帮您申请个优惠价，比特价房贵不了多少，但您能享受到一流的服务，还提供免费双早，您意下如何？"客人正犹豫间，前厅接待员紧接着问道："请问两位是住一天还是住两天？"客人随口答道："两天。"接下来便顺利地办理了入住登记手续。

资料来源　佚名. 前厅销售艺术与技巧服务［EB/OL］.［2019-05-29］. https://www.docin.com/p-1029862837.html.

问题：

① 案例中的前厅接待员是如何运用客房销售报价技巧的？

② 你从案例中得到了什么启示？

分析提示：案例中的前厅接待员能够根据客人的特点灵活选择合适的报价方法。究竟是否入住酒店，往往是客人一念之间的事情。而在这一念之间，前厅接待员扮演着销售工作的重要角色，这是帮助客人做出决定的重要推动力，也是酒店成功赢得客人、提高效益的关键所在。

本章概要

□ 内容提要

前厅的接待工作是饭店对客直接服务的第一环节，因此学习接待程序，掌握客房的销售方法和技巧就显得极为重要。正确显示和控制客房状况又是接待和销售的基础，正确地做好客房报表对于客房销售工作，提高对客服务质量具有重要的意义。

□ 主要概念和观念

▲ 主要概念

客房现状显示系统　空房　住客房　走客房　待修房　客房预订状况显示系统　高低趋向报价　交叉排列报价　“冲击式”报价　“鱼尾式”报价　“夹心式”报价

▲ 主要观念

客房状况的控制

□ 重点实务

入住登记服务规程　客房推销技巧

基本训练

□ 知识训练

▲ 复习题

1）前台准备工作的基本内容是什么？

2）入住登记的必要性是什么？

3）如何进行VIP客人用房的预分？

4）成功推销客房的前提是什么？

▲ 讨论题

比较VIP客人与普通散客的接待规程，怎样理解饭店个性化服务与一视同仁对待客人的关系。

□ 能力训练

▲ 理解与评价

如何认识与理解前台接待人员良好的职业素养是成功推销客房的基础。

▲ 案例题

【训练项目】

案例分析-Ⅲ。

【相关案例】

住一天，还是住三天

背景与情境：正值旅游旺季，两位外籍专家出现在杭州某大宾馆的总台前。总台服务员小刘是个新手，他查阅了一下订房登记单，马上简单地对客人说：“接待单位为你们预订了一个标准间B档的客房，明天一早退房。”客人听后脸色陡然一变，很不高兴地说：“接待单位在为我们预订客房时，曾经问过我们要住几天，我们明明说好住三天，怎么现在变成了就住一天呢？”

小刘仍用呆板的毫无变通的语气说：“我们这两天房间特别紧张，明天已经没有标B的房间了，当时你们接待单位来订房时已经跟他们说过了，他们也同意了。”客人听罢更加恼火，大声讲：“你们要解决住宿问题！我们根本没有兴趣也没有必要去追问预订客房差错的责任问题。”

正当小刘与客人形成僵局之际，前厅值班经理闻声前来，首先向客人表明他是代表总经理来听取意见的。他先让客人慢慢地把意见说完，然后以抱歉的口吻说：“你们提的意见是正确的，眼下追究接待单位的责任并不是主要的。这几天正值旅游旺季，双人标准间B档很紧张，我设法安排一间套房，请你们明后天继续在我们宾馆做客，虽然套房价格要高一些，但设施条件还是不错的，我可以给你们打个六折。”

客人觉得这位值班经理的态度是诚恳的，提出的补救办法也符合情理，于是同意了。

资料来源　佚名．服务案例［EB/OL］．［2012-04-05］．https：//www. doc88. com/p-985701512426.html.

问题：

1）总台服务员小刘的做法错在哪儿？

2）分析值班经理的处理办法。

【训练要求】

同第1章“基本训练”中本题型的“训练要求”。

▲ 自主学习

【训练项目】

自主学习-Ⅱ。

【训练步骤】

1）将班级同学组成若干“自主学习”训练团队，每队确定一人负责。

2）各团队根据训练项目需要进行角色分工。

3）通过校图书馆、院资料室和互联网，查阅“文献综述格式、范文及书写规范要求”和近三年关于“客房商品推销”研究的前沿学术文献资料。

4）综合和整理“客房商品推销”研究的前沿学术文献资料，依照“文献综述格式、范文及书写规范要求”，撰写《“客房商品推销”最新文献综述》。

5）在班级交流各团队的《“客房商品推销”最新文献综述》。

6）在校园网的本课程平台上展出经过修订并附有教师点评的各组《“客房商品推销”最新文献综述》，供学生相互借鉴。

□ 课程思政

【训练项目】

课程思政-Ⅲ。

【相关案例】

一张信用卡引发的风波

背景与情境：住店客人徐先生在总台出示××银行信用卡办理结账离店手续。员工小刘在POS机上顺利地为客人完成了结账工作。此时，徐先生提出将昨天登记时压的一张手工卡单退还给他，但小刘及当班主管仔细查找却没有发现该卡，由于客人已在空白卡单上签了名，徐先生担心卡单遗失会给自己带来安全隐患，于是向大堂经理投诉，并要求酒店为此出具书面担保书，以保证其信用卡的安全。

经与当时的接待人员紧急联系后，酒店了解到，当时办理登记的员工小刘（实习生）错用VISA卡单压印了该客人所持的××银行信用卡，并请客人在卡单上签了字，在POS机上做了预授权，而客人对此却并不清楚。之后员工小徐在核对卡单时发现同事小刘所压的VISA卡单虽然有客人的签字，但其实是一张无效卡单。于是就随手将卡单撕毁并扔进了垃圾桶，这样一来，便导致结账时找不到信用卡卡单的情况。

由于当时客人需要赶飞机，大堂经理承诺次日将书面保证书以传真形式发给客人，并请客人留下了联络方式。第二天，大堂经理给该客人发去传真表示歉意，并承诺在客人入住酒店期间，在特定的卡单员段内如果发生损失将由酒店承担责任。事后又通过电话征询了客人意见，客人对酒店的做法表示接受。

资料来源 佚名. 一张信用卡引发的风波 [EB/OL]. [2022-05-14]. https://wenku.baidu.com/view/60ccb8632d3f5727a5e9856a561252d381eb207b.html.

问题：

1）试就此事件做出思政研判。

2）通过上网等途径收集作为思政研判依据的规范或标准。

3）该案例对你有何启示？

【训练要求】

同第1章“基本训练”中本题型的“训练要求”。

第4章 前厅系列服务

学习目标

通过本章学习，应该达到以下目标：

职业知识：学习和把握礼宾服务、问讯服务、总机服务、商务中心服务、前台收银服务和行政楼层服务的概念、内容、基本规程与要求，以及“延伸阅读”等理论与实务知识；能用其指导本章“同步思考”、“教学互动”和“基本训练”的“知识训练”中各题型的认知活动，正确解答其相关问题。

职业能力：点评“中国饭店金钥匙的服务理念”，训练专业理解力与评价力；运用“前厅系列服务”的职业知识研究相关案例，训练对“前厅系列服务”特定情境下当事者行为的“多元表征”专业能力和“与人交流”的通用能力；参加“自主学习-Ⅳ”的训练；通过“前厅系列服务模拟实训”体验及实训课业的撰写、讨论与交流，训练相关专业技能。

课程思政：结合“前厅系列服务”教学内容，依照相关规范或标准，对“课程思政4-1”、“课程思政4-2”和章后“课程思政-Ⅳ”中的企业及其从业人员行为进行思政研判，树立社会主义核心价值观，培养懂数字化、智能化发展的酒店管理和服务人才。

学习微平台

思维导图4-1

引例：友好的沟通服务

背景与情境：某天，一位来自国外的商务客人史密斯先生入住某五星级酒店。在前厅办理入住手续时，由于语言沟通障碍，史密斯先生显得有些困惑和焦虑。此时，前厅接待员小李注意到了史密斯先生的不安，她立刻用英文主动与其进行了沟通。

通过沟通，小李了解到史密斯先生需要一份详细的城市地图以及附近的商务中心信息。小李不仅迅速为其打印了地图，还详细介绍了附近的交通、餐饮及娱乐设施，并主动为其预约了第二天前往商务中心的出租车。

在办理完入住手续后，小李还特意为史密斯先生准备了酒店的服务指南和英文版的当地旅游手册，以便史密斯先生在入住期间能够更好地享受酒店的服务和了解当地的风土人情。

资料来源　根据相关资料整理。

学习微平台

视频 4-1

学习微平台

视频 4-2

上述案例告诉我们，酒店应加强对员工的培训和教育，提高员工的服务意识和职业素养，使其能够在工作中主动发现问题、解决问题，为顾客提供优质的服务体验，通过不断改进和创新，提高服务质量和水平，满足顾客日益多样化的需求。

4.1 礼宾服务

为了体现饭店的档次和服务水准，许多高档饭店都设立礼宾部，下设迎宾员、行李员、机场代表、委托代办等岗位。其职责包括迎送宾客、接送行李、递送邮件和留言单以及客人委托代办的其他服务等。礼宾部的全体员工是最先迎接和最后送别客人，并向客人推销饭店和宣传饭店的服务群体，他们的服务对宾客第一印象和最后印象的形成起着重要的作用。

4.1.1 店门迎送服务

店门迎送服务主要由迎宾员负责，迎宾员也称门卫或门童。他们一般穿着比较华丽、标志醒目的制服，站在正门处，代表饭店欢迎来店客人并送走离店客人。迎宾员工作责任重大，他们象征着饭店的礼仪，代表着饭店的形象，起着“仪仗队”的作用。所以迎宾员在岗时，要着装整洁、精神饱满、思维敏捷、动作迅速、姿势规范、语言标准。同时，要热情、讲礼貌，创造一种热烈欢迎客人的气氛，满足客人受尊重的心理需求。迎宾员通常由身材挺拔的青年男子担任，这样可以与宏伟的饭店建筑和门面的装修风格相融合。但也有些饭店起用气质好、仪表端庄的女性或具有绅士风度的长者做迎宾员，标新立异，受到客人的欢迎。还有的饭店雇用外国人做迎宾员，使饭店更具异国情调，可增强饭店对国内外宾客的吸引力。

迎宾员的主要职责是：

1）迎接宾客

（1）客人抵店时，向客人点头致意，表示欢迎，并道声：欢迎光临。如客人乘车，应把车辆引导到客人容易下车的地方，车停稳后，替客人打开车门，然后热情地向客人致意并问候。对重要客人及常客应能礼貌、正确地称呼客人的姓名。

开车门时，要用左手将车门拉开呈70度角，右手挡在车门上沿，为客人护顶，防止客人碰伤头部（但对信仰佛教或伊斯兰教的客人不能护顶）。关车门时，也要小心，注意勿夹、碰客人的手或脚。同时要注意扶老携幼。

（2）准确、及时地为客人拉开饭店正门（自动门、旋转门则可不必），如果客人的行李较多，应帮助客人提拿行李，在进入大厅前交给行李员。

（3）住店客人进出饭店时，同样要热情地招呼致意，对重要客人和常客要努力记住客人的姓名，以示尊重。

（4）如遇雨天，应打伞为客人服务，并礼貌地请客人擦干鞋底后进入大厅，客人随身携带的雨伞，应赠送防水袋以防滴水，或将其锁在伞架上。饭店还要向客人提供交押金免费使用雨伞的服务，以方便客人。

（5）团体客人到店前，应做好迎接的准备工作，团体大客车到店时，应维持好交通秩序，迎接客人下车。对一般客人要点头致意并问好，对行动不便的客人要扶助他们下车，对随身行李较多的客人，应帮助提拿行李。客人下车完毕，要示意司机把车开走，或停在饭店停车场。

2）送别宾客

（1）客人离店时，应主动热情地为客人叫车，并把车引导到合适的位置。等车停稳后，拉开车门，请客人上车、为其护顶，并向客人道别，感谢客人的光临，预祝客人旅途愉快。然后，等客人坐稳后再关上车门。

（2）客人如果有行李，应协助行李员将行李装好，并请客人核实。

（3）当客人的汽车启动时，挥手向客人告别，目送客人，以示礼貌和诚意。

（4）送别团队客人时，应站在车门一侧，向客人点头致意，并注意客人的上车过程，如发现有行动不便的客人，应扶助其上车。等人都到齐后，示意司机开车。向客人挥手道别，目送客人离店。

3）其他日常服务

（1）安全服务

① 与保安部人员一起，注意出入者的动向，保持高度的警惕性。对于形迹可疑者谢绝入内，必要时通知保安部甚至公安部门处理，以确保饭店安全；对于衣冠不整者，应尽可能地劝其穿戴整齐后再进入大厅。

② 随时注意饭店大门上所有部件的完好程度，如发现故障，随时排除或迅速通知维修人员修理。确保无碰撞、挤压客人和行李等现象发生。

（2）回答客人问讯

迎宾员因工作岗位的特殊位置，经常会遇到客人问讯。对此，要以热情的态度，准确地答复客人。如果对客人的问题没有把握，应向客人表示歉意，并礼貌地请客人到问讯处询问。要注意，绝不可用“不知道”“不清楚”这样简单生硬的否定性语言答复客人。

（3）调度门前交通

掌握饭店门前交通、车辆出入以及停车场的情况，准确迅速地指示车辆停靠地点，确保饭店门前车道通畅。负责大门口附近的清理工作。

同步业务 4-1

迎宾员的主要职责是什么？

业务解析：（1）迎接宾客。（2）送别宾客。（3）其他日常服务（安全服务、回答客人问讯、调度门前交通等）。

同步案例 4-1

她为何不悦

背景与情境：在一个秋高气爽的日子里，门童小贺穿着一身剪裁得体的新制服，迈着轻快的步伐，第一次独立地走上了门童的岗位。一辆白色的高级小轿车向酒店驶来，司机熟练而准确地将车停靠在酒店豪华大转门前的雨棚下。小贺看到车后排坐着两位身材魁梧、体格健壮的男士，前排副驾驶座位上坐着一位身高较高且眉清目秀的女士。小贺上前一步，以优雅的姿态和职业性的动作，为客人打开后门，做好护顶，并目视客人，致以简短的欢迎词以示问候，动作麻利规范，一气呵成，无可挑剔。

关好门后，小贺迅速走到前门，准备以同样的礼仪迎接那位女士下车，但那位女士满脸不快，这使小贺茫然不知所措。

通常后排座为上座，一般身份较高者皆就此座，优先为重要客人提供服务是酒店的常规服务程序。这位女士为什么不悦？小贺百思不得其解。

资料来源 佚名．礼宾服务案例［EB/OL］．［2012-02-22］．https：//www.360docs.net/doc/696176748.html.

问题：这位女士为何不悦？小贺错在哪里？

分析提示：女士优先，女士应该得到更多的关心和尊重，这是社交场合通常应当遵循的礼仪与习惯。这位女士没有得到优先权和尊重，被冷落了，因而深感不满。门童小贺错在机械地执行了服务程序和标准，缺乏作为一名服务人员所应当具有的机智灵活的反应能力，没有正确处理服务规范与一般传统之间的关系。

课程思政 4-1

数字化酒店

背景与情境：某五星级酒店为了提升宾客体验、优化前厅管理流程，决定进行前厅数字化改造。改造前，酒店面临诸多挑战，如宾客入住流程烦琐、信息传递不畅、服务质量难以保证等。酒店选择了业界领先的前厅数字化解决方案，该方案包括以下几个关键部分：

自助入住与退房系统：宾客可以通过手机或自助终端完成入住和退房操作，减少等待时间，提高效率。

智能客房控制系统：宾客可以通过手机或房间内的控制面板，自由调节房间温度、灯光、窗帘等，打造个性化的居住环境。

员工移动工作站：前厅员工可以通过移动设备接收工作指令、查询宾客信息、处理各类请求，实现即时响应。

宾客满意度提升：自助入住与退房系统的使用，使得宾客的入住时间缩短了约

30%，退房时间缩短了约20%。员工移动工作站的使用，使得前厅员工的工作效率提高了约15%。个性化的居住环境和即时响应的服务，使得宾客的满意度达到了95%以上。同时，通过数据分析，酒店也成功地推出了一系列符合宾客需求的特色服务和促销活动。

资料来源 根据相关资料整理。

问题：研判本案例的价值导向。

研判提示：这一案例告诉我们，从消费者的角度来说，随着信息技术的发展，消费者往往希望酒店能够多提供一些消费者所需要的数字化服务，比如商务人士希望酒店能够提供安全有效的，便于传送数据、语音、视频等网络服务。虽然目前数字化酒店管理已经基本普及，但是数字技术的发展日新月异，因此酒店的数字化管理系统也需要时常更新。

学习微平台

视频 4-3

4.1.2 行李服务

行李服务是前厅部向客人提供的一项重要服务。由于散客和团队客人有许多不同的特点，其行李服务的规程也不相同。

学习微平台

视频 4-4

1）散客行李服务

（1）散客入住行李服务

①客人乘车抵店时，行李员应主动上前迎接，向客人表示欢迎。客人下车后，迅速卸下行李，请客人清点行李件数，检查行李有无破损，并记住客人所乘坐的车辆的车牌号码。

学习微平台

视频 4-5

②引导客人进入前厅至总台。当客人行李件数少时，可用手提；行李多时，要使用行李车。对客人的贵重物品及易碎品，如相机、手提包等，不必主动提拿；如果客人要求行李员提拿，则应特别小心，防止丢失和破损。装行李车时，注意大件行李和重的行李要放在下面，小的、轻的行李放在上面，并要注意易碎及不能倒置的行李的摆放。

引领客人时，要走在客人的左前方，距离其二三步，步伐节奏要与客人保持一致，拐弯处或人多时，要回头招呼客人。

学习微平台

视频 4-6

③等候客人。引领客人到接待处后，行李员放下行李，站在总台边侧客人身后1.5米处，等候客人办理住宿登记手续。

④引领客人至客房。客人办完入住登记手续后，主动上前从接待员手中领取房间钥匙，帮助客人提行李，并引领客人到房间。途中，要热情主动地问候客人，向客人介绍饭店的服务项目和设施。

⑤乘电梯。引领客人到达电梯口时，放下行李，按电梯按钮。电梯门打开后，用一只手扶住电梯门，请客人先进入电梯，然后进电梯靠边侧站立并按楼层键。出电梯时，请客人先出，然后继续引领客人到房间。

⑥敲门进房。到达房间门口，要先按门铃或敲门，房内无反应再用钥匙开门。开门后，立即打开电源总开关，退至房门一侧，请客人先进房间。将行李放在行李架上或按客人吩咐放好，将钥匙交还给客人。要注意行李车不能推进房间。进房后，如发现房间内有客人的行李或未整理，或是客人对房间不满意，要立即向客人致歉，并与前台联系解决。

⑦介绍房间设施及使用方法。放好行李后，简要介绍房内的主要设施及使用方

法，如房间朝向、空调开关及棉被的位置、冰箱的位置、小酒吧的使用方法、床头控制开关的使用方法等。如果客人以前曾住过本店，则不必介绍。

⑧退出房间。房间介绍完毕，征求客人是否还有吩咐。在客人无其他要求时，即向客人道别，并祝客人在本店住得愉快，然后迅速离开，将房门轻轻拉上。

⑨离开房间后迅速走员工通道返回礼宾部，填写散客入住行李搬运记录。

（2）散客离店行李服务

① 站在大门口两侧及前台边侧的行李员见到有客人携带行李离店时，应主动上前提供服务。

② 当客人用电话通知礼宾部要求派人运送行李时，应有礼貌地问清房号、姓名、行李件数及搬运时间等信息，并详细记录。然后按时到达客人所在的楼层。

③ 进入房间前，要先按门铃，再敲门，报称“行李员”，征得客人同意后才能进入房间，并与客人共同清点行李件数，检查行李有无破损，然后与客人道别，迅速提着行李（或推着行李车）离开房间。如果客人要求和行李一起离开，要提醒客人不要遗留物品在房间，离开时要轻轻关门。

④ 来到大厅后，要先到收银处确认客人是否已结账，如客人还未结账，应有礼貌地告知客人收银处的位置。客人结账时，要站在客人身后1.5米处等候，待客人结账完毕，将行李送到大门口。

⑤ 送客人离开饭店时，再次请客人清点行李件数后再装上汽车，向客人道谢，祝客人旅途愉快。

⑥ 完成行李运送工作后，将行李车放回原处。填写散客离店行李搬运记录。

2）团队客人行李服务

团队行李一般是由接待单位从车站、码头、机场等地装车运抵饭店的。团队离店时的行李也是由接待单位运送的。而饭店的工作是按团名清点行李件数，检查行李有无破损，并办好交接手续，做好店内的行李运送工作。

（1）团队行李入店服务

①团队行李到达时，负责交接的行李员应与送行李的来人清点行李件数，检查行李的破损及上锁情况，在该团“团队行李记录表”（见表4-1）中填写行李到店的时间、件数，按编号取出该团的订单。核对无误后，请送行李的来人签名。如行李有破损、无上锁或异常情况（提手、轮子损坏，行李裂开、弄湿等），须在记录表及对方的行李交接单上注明，并请来人签字证明。

②清点无误后，立即在每件行李上系上行李牌；如果该团行李不能及时分送，应在适当地点码放整齐，用行李网将所有行李罩在一起，妥善保管。要注意将入店行李与出店行李，或是几个同时到店的团队行李分开摆放。

③在装运行李之前，再次清点检查一次，检查无误后才能装车，走行李通道送行李到相应楼层。装行李时应注意同一楼层的行李集中装运。同时送两个以上团队行李时，应由多个行李员分头负责运送或分时间单独运送。

④行李送到楼层后，应将其放在门一侧，轻轻敲门三下，报称“行李员”。客人开门后，主动向客人问好，把行李送入房间内，等客人确认后，热情地向客人道别，迅速离开房间。如果客人不在房间，应将行李先放到房间行李架上。

表4-1　　　　　　　　　　**团队行李记录表**

BAGGAGE RECORD FOR GROUP

房　号 ROOM NO.	行李数量 PIECES	团队情况 GROUP RECORD	
		团队名称 NAME OF GROUP	
		日期及时间 DATE & TIME	
		递送人 DELIVERED BY	
		收集人 COLLECTED BY	
		入住数量 IN AMOUNT	迁出数量 OUT AMOUNT
		备注 REMARKS	

⑤行李分送完毕，经员工通道迅速回到礼宾台，填写团队行李进店登记表。

（2）团队行李离店服务

①按接待单位所定的运送行李时间（或在已确定的所乘交通工具出发之前2小时），带上该团队订单和已核对好待登记行李件数的记录表，取行李车，上楼层运行李。

②上楼层后，按已核对的团队订单上的房号逐间收取行李，并做好记录，收取行李时还要辨明行李上所挂的标识与行李是否一致。

若按时间到楼层后，行李仍未放到房间门口，要通知该团陪同人员，并协助陪同人员通知客人把行李拿到房门口，以免耽误时间。对置于房间内的行李不予收运。

③行李装车后，立即乘行李专梯将行李拉入指定位置，整齐排好。找陪同人员（或领队）核对行李件数是否相符，有无错乱；如无差错，请陪同人员在团队订单上签名，行李员同时签字。

④行李离店前，应有人专门看管，如行李需很长时间才离店，须用行李网把它们罩起来。团队接待单位来运行李时，须认真核对要求运送的团名、人数等，核对无误后才交行李给来人，并请来人在团队订单上签名。

⑤行李交接完成后，将行李记录表交回礼宾部并存档。

3）客人换房时行李服务

（1）接到总台换房通知时，要问清客人房间号码，并确认客人是否在房间。

（2）到客人房间时，要先敲门，经客人允许方可进入。

（3）与客人一起清点要搬的行李及其他物品，将它们小心地装上行李车。

（4）带客人进入新房间后，帮助客人把行李放好，然后收回客人的原房间钥匙或房卡，将新房间的钥匙或房卡交给客人，如客人没有其他服务要求，向客人道别，离开房间。

（5）将客人的原房间钥匙或房卡交给总台服务员。

4）客人存取行李服务

（1）客人要求寄存行李时，要礼貌地向客人询问所住房号、姓名等。原则上只为住店客人提供免费寄存服务，若团队行李需要寄存时，应了解团名、寄存日期等信息。

（2）礼貌地询问客人所寄存物品的种类，向客人说明贵重物品，易燃、易爆、易碎、易腐烂的物品或违禁物品不能寄存。

（3）请客人填写一式两份的行李寄存卡，或由客人口述，行李员代为填写，请客人过目后签字。行李寄存卡通常由两份相同的表格组成（见表4-2），下面的一份交给客人，作为提取行李的凭证，上面的一份系在所寄存的行李上。同时要做好行李暂存记录。

表4-2 行李寄存卡

LUGGAGE CLAIM

	№ 002034
姓名 Name	
日期 Date	房号 Room No.
行李件数 No.of Bags	
提取日期 Date of Claim	
宾客签名 Guest Signature	
经手人 Handled by	
	№ 002034
寄存日期 Date Stored	房号 Room No.
姓名 Name	
行李件数 No.of Bags	
经手人 Handled by	

（4）将行李放入行李房中，分格整齐摆放。同一客人的行李要集中摆放，并用绳子串在一起。行李房要上锁，钥匙由行李房领班或礼宾主管亲自保管。

（5）客人提取行李时，先请客人出示行李寄存凭证，然后与系在行李上的寄存卡核对，如果两者完全符合，应当面清点行李件数，然后把行李交给客人，并请客人在行李暂存记录上签名。

（6）如果需要客人等待，应按行李寄存卡上的姓名称呼客人，请客人稍候。

（7）如客人丢失行李寄存卡，一定要凭借足以证实客人身份的证件放行行李，并要求客人填写行李已取的证明。如不是客人本人来领取，一定要请提取人出示证件，并登记证件号码，否则不予放行。

（8）帮助客人运送行李至指定地方，向客人道别。

4.1.3　饭店代表服务

饭店代表在机场、车站、码头等主要出入境口岸迎送客人，提供有效的接送服务，及时向客人推销饭店产品，是饭店整体服务的延伸及扩展，也是饭店对外的宣传窗口。饭店代表的服务将给客人带来饭店服务的最初印象。

为了树立饭店的良好形象，争取更多的客源，饭店代表必须具有强烈的责任心、自觉性、灵活性及独立的工作能力和较强的业务推销能力，要着装整洁，仪表端庄，形象气质优良。其服务的一般内容和程序是：

（1）定时从预订处取得需要接站的客人名单，掌握客人到达的航班、车（船）次。

（2）确认客人抵达安排无误后，在客人抵达的当天，根据预订的航班、车（船）次时间提前做好接站准备，写好接站告示牌，安排好车辆，整理好仪表仪容，提前半小时至1小时到站等候。

（3）到站后，注意客人所乘航班、车（船）次到站时间的变动情况，若有延误或取消，应及时准确地通知饭店总台。

（4）接到客人时，要主动迎接问好，表示欢迎，并向客人介绍自己的身份和任务，同时帮助客人提拿行李，引领客人上车。

（5）随时掌握客房利用信息，准确掌握各种交通工具到站时间。对无预订的散客，要主动同其联系，介绍饭店的产品和服务，推销客房。

（6）在行车途中，要提醒客人注意安全，并简要介绍饭店的服务项目和城市风貌。

（7）将客人接到饭店后，引领客人到总台办理入住手续，并询问客人是否需要提供离店服务。将VIP客人接到饭店后，请客务关系经理或大堂副理为客人办理入住登记手续。

（8）若没有接到VIP客人或指定要接的客人，要立即与饭店接待处取得联系，查找客人是否已乘车抵达饭店。返回饭店后，要立即与前台确认客人具体情况并弄清事实及原因，向主管汇报清楚，并在接站登记簿上和交班簿上写明。

（9）准确掌握VIP客人和其他需送站客人的离店时间以及所乘的航班、车（船）次和离站时间。主动安排好车辆，并提前10分钟在饭店门口恭候客人。

（10）按时将客人送到机场、车站或码头，主动热情地向客人道别，并祝客人一路平安，使客人有亲切感、惜别感。

学习微平台

延伸阅读4-1

4.1.4 “金钥匙”服务

1）“金钥匙”的概念

“金钥匙”起源于法语单词Concierge，原意为“钥匙保管者”，指古代饭店的守门人，负责迎来送往和饭店的钥匙保管工作。在现代饭店业中，“金钥匙”已成为向客人提供全方位、一条龙服务的代称。在道德和法律允许的范围内，任何事情“金钥匙”都尽力办到，而且要办好，以满足客人的需要。

2）“金钥匙”的服务内容

“金钥匙”的服务内容涉及面很广：向客人提供市内最新的流行信息、时事信息和举办各种活动的信息，并为客人代购歌剧院和足球赛的入场券；为在城外举行的团体会议作计划；满足客人的各种个性化需求，包括安排在国外城市举办的正式晚宴；为一些大公司作旅程安排；照顾好那些外出旅行的客人和在国外受训的客人的子女；甚至可以为客人把金鱼送到地球另一边的朋友手中。

饭店金钥匙的一条龙服务，是从客人下榻饭店那一刻起，围绕住店期间的一切需要而开展的。其目的是让客人自始至终都感受到一种无微不至的关怀与宾至如归的温馨感。“金钥匙就应无所不能，在合法的基础上，客人的任何要求都能满足。”这意味着金钥匙服务是无疆界和无止境的。

3）国际金钥匙组织

1929年10月，金钥匙协会在法国巴黎成立。创立者为当地几家大饭店的11位委托代办，他们认为联合起来组成一个同心协力的团体，就会有更高的效率来提升服务品质。随后，欧洲其他的国家也相继开始建立类似的协会。

1952年4月，来自9个欧洲国家的礼宾司代表在法国东南部的戛纳举行了首届年会并创办了“欧洲金钥匙大酒店组织”（Union Europeene des Portiers des Grand Hotel），简称“UEPGH”。来自法国巴黎SCRIBE酒店礼宾司的费迪南德·吉列特先生被推选为该组织的主席。作为金钥匙组织的主要创始人，吉列特先生一生为金钥匙事业呕心沥血，后被尊称为“金钥匙之父”。

1970年，UEPGH更名为“国际金钥匙大酒店组织”（Union International Portiers Grand Hotel），简称“UIPGH”，这标志着金钥匙组织从欧洲范围扩大到整个世界，成为一个国际性组织。1994年“UIPGH”名称变为“UICO”。1997年又变为现今的名称“UICH”（Union Internationale Des Concierges D'Hotels）。

国际金钥匙组织的标志是两把金光闪闪的交叉金钥匙。它代表着饭店金钥匙的两种职能：一把金钥匙用于开启饭店综合服务的大门，另一把金钥匙用于开启城市综合服务的大门。也就是说，饭店金钥匙成为饭店内外综合服务的总代理。国际金钥匙组织利用遍布全球的会员所形成的网络，使金钥匙服务有着独特的跨地区、跨国界的优势。万能的金钥匙可以帮助客人解决一切难题。在国际上，“金钥匙”已成为饭店个性化、极致化服务的重要标志。

作为全球唯一拥有90年历史的网络化、个性化、专业化、国际化的品牌服务组织，金钥匙在中国最早于1995年出现在广州白天鹅宾馆，这标志着金钥匙从此正式被引入中国饭店业。中国金钥匙经过近30年的发展，目前已覆盖到全国330个城市，

3 000多家包括饭店、物业、景区等在内的服务高端企业，拥有5 000多名金钥匙会员，形成中国最大的线上线下品牌服务网络。

互联网时代的到来给金钥匙今后的发展提供了良好的契机，同时也提供了一个具有无限想象的空间。通过服务网络，金钥匙能够更直接、更便捷地使消费者受益，更贴近消费者。同时，这样的服务也适应了整个网络社会的发展。

同步思考 4-1

"金钥匙"的标志是什么？其含义是什么？

理解要点："金钥匙"的标志是两把金光闪闪的交叉金钥匙。它代表着饭店金钥匙的两种职能：一把金钥匙用于开启饭店综合服务的大门，另一把金钥匙用于开启城市综合服务的大门。

4）中国饭店金钥匙的服务理念

中国饭店金钥匙的服务理念是在不违反当地法律和道德观念的前提下，使客人获得"满意加惊喜"的服务，让客人自踏入饭店到离开饭店，自始至终都受到无微不至的关怀和照料。

目前中国的旅游服务要考虑到客人的吃、住、行、游、购、娱六大内容，饭店金钥匙的一条龙服务正是围绕着宾客的需要而开展的。例如，接待客人订房，安排车到机场、车站、码头接客人；根据客人的要求推荐各种特色餐厅，并为其预订座位；联系旅行社为客人安排好导游；当客人需要购买礼品时帮客人在地图上标明各购物点等；当客人要离开时，帮助客人买好车、船、机票，并帮客人托运行李物品；如果客人需要的话，还可以订好下一站的饭店并与下一站饭店的金钥匙落实好客人所需的相应服务。让客人从踏入饭店开始，一直到离开饭店，自始至终都感受到一种无微不至的关怀。人们不难想象饭店金钥匙对城市旅游服务体系、饭店本身和旅游者带来的影响。

对中外商务旅游者而言，饭店金钥匙是饭店内外综合服务的总代理，一个在旅途中可以信赖的人，一个充满友谊的忠实朋友，一个解决麻烦的人，一个个性化服务的专家。

中国饭店金钥匙服务理念的核心，是在实现社会利益和团体利益最大化的同时使个人利益的最大化成为现实，追求社会、企业、个人三者利益的统一。"满意加惊喜"是中国饭店金钥匙的服务目标；用心极致是中国饭店金钥匙的服务精神；快乐工作是中国饭店金钥匙员工的人生追求。由此可见，中国饭店金钥匙的服务观是建立在肯定人性作用的基础上，把服务他人作为快乐之源，是中国饭店服务人员的职业最高境界。

在2008年北京奥运会、2010年上海世博会和广州亚运会、2016年G20杭州峰会、2017年海南博鳌论坛、"一带一路"国际合作高峰论坛、厦门金砖国家领导人会晤等大型国际会议上都出现了中国金钥匙服务团队的身影，中国金钥匙还受到北京2022年冬奥会组委会邀请，再次服务奥运会，展现中国金钥匙的服务风采。

同步案例 4-2

一张报纸赢得了一年的长包房

背景与情境：一天，美国某著名公司驻南京办事处的高小姐给酒店总经理发来了一封热情洋溢的表扬信。

信中写道：我公司主要产品之一，某品牌婴幼儿奶粉，是全球知名产品，但是最近“二恶英”污染席卷欧洲，香港特区政府卫生署发出紧急通告，众多品牌奶粉被禁销，美国总部和上海中国总部发传真给我，但情况并不十分详尽，为了解详情，我们四处奔忙而没有结果。正在此时，贵店金钥匙顾杰先生，从当天的《香港商报》上看到了一条消息，立刻将报纸送到了我们的房间，报纸上详细列出了被禁销的35种奶粉的品名、规格等，其中包括我公司的主要竞争对手的奶粉品牌，而我公司产品以品质卓越著称，则不在此列。金钥匙顾杰先生在关键时刻为我公司提供了不可估量的超值信息，使我们了解了对手的情况，调整了营销策略。他不仅想我们之所想，而且想我们所未想，让我们体会到什么是金钥匙超值的服务，使我们从他手上接过了一把开启市场大门的名副其实的“金钥匙”。

这件事给高小姐留下了非常深刻而难忘的印象，后来虽然高小姐的公司因购买了商品房而离开了酒店，但她介绍她先生的公司与酒店签了一年的长包房合同。

资料来源　佚名．金钥匙经典服务案例集［EB/OL］．［2017-09-28］．https：//max.book118.com/html/2012/0226/1150981.shtm.

问题：结合本案例，谈谈你对金钥匙服务理念的理解。

分析提示：中国饭店金钥匙的服务理念是在不违反当地法律和道德观念的前提下，使客人获得“满意加惊喜”的服务，让客人自踏入饭店到离开饭店，自始至终都受到无微不至的关怀和照料。

同步资料4-1

金钥匙：追求极致的事业

追求是一个过程，正如数学中的极限概念一样，极致也是一个始终在逼近但永远不能穷尽的目标，因此，金钥匙不是一个简单的工作技能标志，而是一项永无穷尽的事业。

万能的金钥匙已经成为世界性的知名品牌，可以不夸张地说，一个饭店拥有金钥匙相当于给饭店增加了一颗星，其无形资产的效应是长远的……饭店的现代化市场竞争，是从初始的价格之争上升到的较高质量之争，最终要达到文化之争。而饭店的文化，则是欧洲的传统文化、美国的制度文化和亚洲的人情文化的融合，金钥匙是最好的结合方式，也是这种结合最好的体现。

资料来源　魏小安．金钥匙：追求极致的事业［J］．中外饭店，1999（5）．

课程思政4-2

新加坡客人的行李

背景与情境：一天，南京金陵饭店的金钥匙打电话给广州白天鹅宾馆的金钥匙，称该店一位已赴广州的住客误拿了一位新加坡客人的行李，当新加坡客人发现时，这位客人已经在飞往广州的途中了，请求广州方面协助查找。广州白天鹅宾馆的金钥匙立即赶赴机场截回了被误拿的行李，但当他们回复金陵饭店时，却被告知这位新加坡客人已飞赴香港。于是，他们又与香港同行金钥匙联系，香港同行金钥匙接报后，马上到香港国际机场找到新加坡客人，告知他的行李找到了。而这位客人因急于赶回国则要求他们将其行李从广州直接寄运至新加坡。于是，他们就将客人行李速递到新加坡，然后再次与新加坡的同行落实此事。两天后，新加坡同行金钥匙发来传真，告知这件几经周折的行李已“完璧归赵”，安全送到客人手中。至此，一个中外饭店金钥匙携手合作的故事画上了一个完美的句号。

资料来源 佚名．服务人员职业道德［EB/OL］．［2015-02-01］．http://www.docin.com/p-1049814959.html.

问题： 案例体现了饭店金钥匙怎样的服务理念和职业道德？

研判提示： 这是一个典型的跨国界跨地区饭店金钥匙多点合作的成功案例。饭店金钥匙的服务不是一般意义上的服务，而是竭尽所能为客人排忧解难。现在国际饭店金钥匙组织在全球已经形成网络，这种网络将使金钥匙服务发挥出更加巨大的优势。案例体现了饭店金钥匙顾客至上、追求极致的服务理念与良好的职业操守。

教学互动 4-1

互动问题：

（1）互联网的发展是否弱化了饭店金钥匙的服务功能？为什么？

（2）在互联网时代，饭店金钥匙应如何发展？

要求： 同“教学互动 1-1”的“要求”。

4.2 问讯服务

住店客人来自各地，必然有很多情况需要了解、需要询问，饭店的每一位员工都应随时回答客人的询问，协助解决客人的困难。饭店在前台设有问讯处，就是为方便客人、帮助客人，使饭店服务达到更高的水平。问讯处除了向客人提供咨询服务外，还要受理客人留言、处理客人邮件等。

学习微平台
视频 4-7

4.2.1 咨询服务

客人要询问的问题很多，包括饭店内部信息和饭店外部信息。

1）饭店内部信息的咨询服务

学习微平台
视频 4-8

饭店内部信息的咨询通常涉及：

（1）中西餐厅、酒吧、商场、商务中心所在的位置及营业时间；

（2）宴会、会议、展览会举办场所及时间；

（3）饭店提供的其他服务项目、营业时间及收费标准，如健身服务、娱乐服务、洗衣服务等。

学习微平台
视频 4-9

问讯员要做出使客人满意的答复，就必须熟悉本饭店所有的服务设施、服务项目和经营特色，以及饭店的各项政策，并积极、热心地向客人宣传和推销饭店产品。

2）饭店外部信息的咨询服务

客人对饭店外部信息的咨询涉及面非常广，这就要求问讯员必须有较宽的知识面，并掌握大量的相关信息。比如，要懂得外事接待礼仪、礼节和沟通技巧；熟悉主要客源国历史、地理及风土人情；掌握当地主要餐馆、康乐场所和购物中心的营业时间、交通情况、电话号码；掌握饭店附近银行、邮局、教堂、医院的情况；了解飞机航班、车次的抵离时间；熟悉当地各级政府机关、社会团体、外事机构的办公地点和电话号码等。

为了提供准确的咨询服务，柜台要配有相关资料、电脑等设备用品，并对资料不断地补充更新。

在回答客人询问时，问讯员要热情、主动、耐心，做到百问不厌。答复要肯定而准确，语言流畅、简明扼要。不能做出模棱两可的回答，更不可对客人的询问推托、不理睬，或简单回答“不行”“不知道”。对不能回答或超出业务范围的问题，应向客人表示歉意并迅速查阅电脑或有关资料，或者请示有关部门后再作回答。

4.2.2 查询服务

这里的查询是指非住店客人查找住店客人的有关情况，对此应在不涉及客人隐私的范围内予以回答。

1）到店查询住店客人情况

查询住店客人情况的主要内容有：客人的房号；客人是否在饭店；有无他人来访问客人。对于这些查询，问讯员应先问清来访者的姓名，与住店客人的关系等。然后打电话到被查询者的房间，经该客人允许后，才可以将查询信息告知来访者或让来访者到房间找人；如果住客不在房内，切不可将住客的房号及电话号码告诉来访者，也不可让来访者到房间找人，以保证客人的隐私权，避免出现差错和纠纷。

如果查明客人尚未抵店，请对方在客人预定抵店的日期再来询问；如果查明客人已退房，则向对方说明情况。除已退房客人有委托外，一般不可把客人离店后的去向和地址告诉来访者。

2）电话查询住店客人情况

接到店外打来的查询住店客人的电话时，问讯员必须注意：

（1）问清客人姓名。中文名字要问清楚每个字的具体写法；英文名字的查询应更加仔细，认真地区别易读错的字母；要特别注意普通话发音与方言发音的区别，以及华侨、外籍华人使用英文名字、汉语拼音姓氏的情况。

（2）如果查到了客人的房号，应征求客人意见，看客人是否愿意接听电话，客人同意后，才可将电话接到房间。

（3）如果房间没有人接听电话，可建议打电话者留言或稍后再打电话，不可告诉对方住客房号。

（4）对于查询团队客人的电话，要问清客人的国籍、团队名称、何时到店等，具体查询要求与散客相同。

3）住店客人要求房号保密的处理

有时住店客人由于某种原因会要求饭店对其房号进行保密。做好这项服务工作，小则可防止住客受到不必要的干扰，大则可以保证客人的住店安全并预防各类案件的发生，问讯员在未征得客人同意时，是不可泄露其房号的。具体处理办法如下：

（1）接受房号保密要求时，要问清楚客人的保密程度，例如，是绝对保密，还是只接听某些电话、只接待某位客人的来访等。

（2）准确记录需保密的房号、保密起止时间和特殊要求。

（3）通知电话总机做好保密工作。

（4）在电脑上设保密标记。

（5）当有人来访问要求保密的客人时，一般以客人没有入住为理由拒绝。

（6）当客人要求解除保密或改变保密程度时，要认真做好记录，取消或更改电脑上的标记，并通知电话总机。

同步思考 4-2

对来访查询住店客人情况的，问讯员应怎么办？

理解要点：问讯员应先问清来访者的姓名、与住店客人的关系等，然后打电话到客人房间，经允许才可以将查询信息告之或让来访者到房间找人；如果客人不在房间，切不可将住客的房号及电话号码告诉来访者，也不可让来访者到房间找人，以保证客人的隐私权，避免出现差错和纠纷。

同步案例 4-3

为住店客人保密

背景与情境：一位先生入住了 1808 房，要求将该房设为保密房。第二天，一位自称该客人妻子的女士到饭店前台问讯处查询这位客人，问讯员 A 通过电脑上的标记得知客人申请了保密，便礼貌告知其查无此人。但该女士说其丈夫肯定住在这里，现在找他有急事，要求问讯员仔细查找。此时 A 灵机一动，说："我再到办公室帮你查找一下住客资料。" A 来到后台，通过电话告知 1808 房的客人前台有人找他，此客人问明情况后表示要回避。于是 A 来到前台再次对该女士说查无此人，该女士见问讯员不厌其烦地找了几遍都没结果也就离开了。

资料来源　佚名．酒店客房案例解析［EB/OL］．［2011-01-11］．http：//www.docin.com/p-116800055.html.

问题：怎样评价问讯员 A 的做法？

分析提示：这是一个如何当着客人面灵活请示的案例。"为住店客人保密"是饭店的原则。有访客要求找保密房的客人，并且情况特殊，是住客的妻子，问讯员处理得当，灵活地避开了客人向住客请示，否则极有可能出现一场误会或冲突。

4.2.3　留言服务

来拜访住客的来访者未见到住客，或者住客外出前未见到约定的来访者，都可以通过问讯处的留言服务及时帮助他们传递信息，保证客人活动的正常安排。

1）访客留言服务

当被访的住店客人不在饭店时，问讯员应主动向来访者建议留言。如果客人愿意留言，则将"访客留言单"交给客人填写，问讯员过目后由客人签名；也可由客人口述，问讯员记录，客人过目后签名。"访客留言单"一式三联，填写好后的留言单第一联放在钥匙架上；第二联送电话总机，由接线员开启客房电话机上的留言指示灯；第三联交行李员从客房门下送入客房。

留言具有一定的时效性，所以留言服务的基本要求就是：传递迅速、准确。有的饭店规定问讯员每隔一小时打电话到客房通知客人。这样，可以保证客人在回房间一小时之内得知留言的内容。为了对客人负责，对不能确认是否住在本店的客人，或已退房离店的客人，不能接受访客留言，除非离店客人有委托。

2）住客留言

住客留言是住店宾客给来访者的留言。宾客离开客房或饭店时，希望给来访者留言，问讯员应请宾客填写“住客留言单”。“住客留言单”通常一式两联，问讯处与电话总机各保存一联。来访客人到达饭店后，问讯员或话务员可将留言内容转告来访者。提供住客留言服务时应注意：

（1）为了确保留言内容的准确性，尤其在受理电话留言时，应注意掌握留言要点，做好记录，并向对方复述一遍，以得到对方的确认。

（2）交接班时，要将留言受理情况交代清楚。

4.2.4 邮件服务

邮件的种类很多，包括信件、传真、包裹等。处理进出店的邮件也是问讯处的工作之一。

1）进店邮件处理

处理进店邮件的基本要求是：细心、准确、快捷、保密。特别是商务客的商务信函、邮件等，直接关系到客人的生意进展情况，处理正确与否关系重大。

（1）收到当日邮件时，应仔细清点，并在邮件收发登记簿上登记。然后将邮件分为饭店邮件和客人邮件两类。饭店邮件请行李员送到有关部门。

（2）对寄给住店客人的邮件应根据邮件上的信息查找客人，按客人房号发一份“住客通知单”，通知客人来取。

（3）寄给住店客人名单上查无此人的邮件，应根据不同情况进行处理：

① 对寄给已离店客人的一般邮件，如果客人离店时留下地址，并委托饭店转寄邮件，饭店应予以办理，否则应按寄件人的地址退回。客人的电报、电传等，通常应按原址退回。

② 预订但尚未抵店客人的邮件，应与该客人的订房资料一起存档，待客人入住时转交。

③ 如果客人预订后又取消了订房，除非客人有委托，并留下地址，否则要将邮件退回。

④ 对客人姓名不详或查无此人的邮件，急件应立即退回；平信可保留一段时间，经过查对，确实无人认领后再退回。

2）出店邮件处理

（1）接收客人交来准备寄出的邮件时，应首先仔细检查邮件的种类，对确实难以办理的邮件应礼貌地向客人解释。

（2）检查邮件是否属于禁寄物品，不能邮寄时要耐心解释；检查邮件是否超重，字迹是否清晰，项目是否填全，要请客人当面处理好。

（3）礼貌地询问客人邮件的寄出方式，并在邮件上注明。

（4）将所有要寄出的邮件进行分类，每日在指定时间前统一办理邮寄，并作记录。

（5）邮件寄出后将寄件收据送交客人。

4.3 总机服务

电话总机是饭店内外信息沟通联络的通信枢纽。总机话务员以电话为媒介，直接为客人提供各种话务服务，其服务工作质量的好坏，直接影响客人对饭店的印象，也直接影响到饭店的整体运作。

4.3.1 总机话务人员的素质要求

话务员每天要处理成百上千个电话业务，话务员热情、礼貌、快捷、高效的对客服务是通过悦耳的嗓音展现出来的。因此，话务员在饭店对客服务中扮演着重要的角色，必须具备较高的素质。

（1）口齿清楚，态度和蔼，言语准确，嗓音甜美，使客人有舒适感。

（2）听写迅速，反应敏捷。

（3）工作认真，记忆力强。熟练掌握本店、本市和国际国内常用电话号码。

（4）有较强的外语听说能力，能用三种以上外语提供话务服务。

（5）精通业务，热爱本职工作。熟悉总机房工作程序、工作内容和各项业务操作方法，熟悉饭店各种服务项目和有关问讯的知识。

（6）有良好的职业道德素养，自觉遵守饭店的各项规章制度，自觉维护饭店的声誉和利益，严守话务秘密。

4.3.2 总机服务的内容和基本要求

饭店总机所提供的服务项目主要包括：店内外电话接转服务、电话开通服务、叫醒服务、代客留言与问讯服务、店内传呼服务、紧急情况下充当临时指挥中心等。

1）店内外电话接转服务

为了能准确、快捷、有效地接转电话，话务员必须熟记常用电话号码，了解本饭店的组织机构以及各部门的职责范围，正确掌握最新的住客资料，坚守工作岗位，并尽可能多地辨认住店客人、饭店管理人员及服务人员的姓名和嗓音特征。

（1）电话铃响三声必须提机，主动问好，自报店名或岗位。外线应答：“您好，××饭店。”内线应答：“您好，总机。”

（2）仔细聆听客人的要求，迅速准确地接转电话，并说“请稍等”。若没有听清楚，可礼貌地请客人重述一遍。

（3）对无人接听的转接电话，铃响半分钟（五声）后，必须向客人说明：“对不起，电话没有人接，请问您是否需要留言？”需要给房间客人留言的电话一律转到问讯处。给饭店管理人员的留言，一律由话务员记录下来，并重复、确认，通过其他有效方式尽快转达。

（4）如果通话者只告诉客人姓名，应迅速查找电脑，找到房号后接通电话，如果通话者只告诉房号，应首先询问受话人的姓名，并核对电脑中的相关信息，再根据饭店的具体规定，判断是否直接接通房内电话。

（5）线路繁忙时，应请对方稍候，并使用音乐保留键，播出悦耳的音乐。

（6）对要求房号保密的客人，如果并没有要求不接任何电话，可问清来电话者姓名、单位等，然后通知客人，询问客人是否接听电话；如果客人表示不接任何电话，应在总台电脑中输入保密标志，遇来电查询，即答客人未住本饭店。

（7）如果房间客人设置了“免电话打扰”，应礼貌地向来电话者说明，并建议其留言或待取消“免电话打扰”之后再来电话。

（8）如果客人错挂电话进来，应有礼貌地对客人说：“对不起，您挂错了。”如果客人在房间或饭店内公共场所挂错电话，应耐心地问清客人的要求，再将电话转出。

2）电话开通服务

住店客人呼叫总机直拨国际长途（IDD）和国内长途（DDD），受理电脑会自动计时。通话结束后，电脑能自动计算出费用并打印出电话费用单。

对没有开通长途电话的房间，客人要求总机接拨国际或国内长途时，话务员要请客人先挂断电话稍等，然后咨询总台能否为该房间开通长途电话。如不能，打电话至房间告知客人需补办“长途电话押金”方能开通；如可以开通，打电话通知客人如何使用。

整个服务过程要做到热情周到、受理清楚、接挂快速准确、计时收费手续规范，给客人以方便感。

3）叫醒服务

电话叫醒服务是饭店对客服务的一项重要内容。它涉及客人的计划和日程安排，特别是叫早服务往往关系到客人的航班和车次的安排。如果叫醒服务出现差错，会给饭店和客人带来不可弥补的损失。饭店叫醒服务分为人工叫醒和自动叫醒两种。

（1）人工叫醒

① 接受客人叫醒要求时，应填写叫醒记录，内容包括客人姓名、房号、叫醒时间等，并与对方核对；记录时要求字迹端正，以防出现差错。

② 在定时钟上准确定时。

③ 定时钟鸣响即接通客房分机，叫醒客人：“早上好（您好），现在是××点，您的叫醒时间到了。”

④ 如无人应答，5分钟后再叫醒一次，如果仍无人应答，则通知大堂副理或客房服务中心，弄清原因。

（2）自动叫醒

① 准确记录叫醒客人的姓名、房号和叫醒时间。

② 把叫醒信息输入自动叫醒电脑。

③ 客房电话按时响铃唤醒客人。电脑进行叫醒时，须仔细观察其工作状况，如发现电脑出现故障，应迅速进行人工叫醒。

④ 查询自动打印记录，检查叫醒工作有无失误。

⑤ 若无人应答，可用人工叫醒方法补叫一次。

⑥ 把每天的叫醒资料存档备查。

无论是人工叫醒还是自动叫醒，话务员在受理时都应认真、细致、慎重，避免差错和责任事故的发生。一旦出现失误，不管责任在饭店还是在客人都应给予高度重视，积极采取补救措施，而不要在责任上纠缠。同时，还应注意叫醒的方式。例如，用姓名加尊称称呼客人，对VIP客人派专人人工叫醒等，尽可能使客人感到亲切。若能在叫醒服务时将当天的天气变化情况通报给客人，并询问是否需要其他服务，则会给客人留下美好而深刻的印象。

同步业务4-2

人工叫醒服务时，若无人应答怎么办？

业务解析：若无人应答，5分钟后再叫醒一次，如果仍无人应答，则通知大堂副理或客房服务中心，弄清原因。

同步案例4-4

叫醒失误的代价

背景与情境：小尧是刚从旅游院校毕业的大学生，被分配到某酒店房务中心进行基层锻炼。今天是他到房务中心上班的第二天，轮到值大夜班。接班没多久，电话铃响了，小尧接起电话："您好，房务中心，请讲。""明天早上5点30分叫早。"电话里传出了一位中年男子沙哑的声音。"5点30分叫醒是吗？好的，没问题。"小尧知道，叫醒服务虽然是总台的事，但一站式服务理念和首问负责制要求自己先接受客人的要求，然后立即转告总台，于是他毫不犹豫地答应了。

当小尧打通总台电话后，才突然想起来，刚才竟忘了问清客人的房号。再看一下电话机显示屏，他被吓出一身冷汗——这部电话机根本就没有号码显示屏！小尧顿时慌了神，立即将此事向总台进行了说明。总台称也无法查到房号。于是小尧的领班马上报告值班经理，值班经理考虑到这时已是三更半夜，不好逐个房间排查，再根据客人要求一大早叫醒的情况看，估计十有八九是第二天赶飞机或火车的客人。现在只好把希望寄托在客人身上，也许他会在手机上设置闹钟。否则，只有等待投诉了。

早上7点30分，一位睡眼惺忪的客人来到总台，投诉说酒店未按他的要求提供叫醒服务，使他误了飞机，其神态沮丧而气愤。早已在大堂等候的大堂副理见状立即上前将这位客人请到大堂咖啡厅接受投诉。

原来，该客人是从郊县先到省城过夜，准备一大早赶往机场，与一家旅行社组织的一个旅游团成员汇合后乘飞机外出旅游。他在要求叫早时，以为服务员可以从电话号码显示屏上知道自己的房号，就省略未报。

酒店方面立即与这家旅行社联系商量补救办法。该旅行社答应可以让这位客人加入明天的另一个旅游团，不过今天这位客人在旅游目的地的客房预订金270元要由客人支付。接下来酒店的处理结果是：为客人支付这笔预订金，同时免费让客人在本酒店再住一夜，而且免去客人昨晚的房费。这样算下来，因为一次叫早失误，导致酒店经济损失共计790元。

问题：从本案例中应吸取的教训和应采取的改进措施是什么？

资料来源　佚名. 叫醒失误的代价 [J]. 饭店世界，2005（5）：49.

分析提示：本案例的服务失误根源在管理。一是所有"新手"上岗，都应当由"老员工"或领班带一段时间，关注他们的工作情况，必要时要做好"补位"工作。二是所有为客人提供服务的电话机都必须有来电显示屏，并有存储功能。这样既利于提高效率、方便客人，也可防止类似本案例事件的发生。

4）代客留言与问讯服务

（1）代客留言

客人来电话找不到受话人时，话务员应主动向通话人建议是否需要留言。如需留言，具体做法如下：

① 问清留言人姓名、电话号码和受话人姓名、房号。

② 记录留言内容，并复述一遍，尤其注意核对数字。

③ 答应在指定的时间内将留言转交受话人，请对方放心。

④ 开启客人房间的留言信号灯。

⑤ 受话人回来后打电话询问时，把留言念给客人听。

⑥ 关闭客人房间的留言信号灯。

（2）问讯服务

店内外客人常常会向饭店总机咨询各种问题，因此，话务员要像问讯处员工一样，掌握店内外常用的信息资料，尤其是饭店各部门及本市主要机构的电话号码，以便对客人的问讯、查询做出热情、礼貌、准确而迅速的回答。

5）店内传呼服务

现代饭店特别是大型饭店设有店内呼机系统，由电脑控制，话务员利用它提供店内传呼服务，为此，话务员应熟悉呼机携带者的呼叫号码，并了解他们的工作区域、安排及去向。店内外客人或店内员工提出传呼要求时，话务员可以询问并键入寻呼者姓名、分机或总机号码，提供准确及时、耐心周到的服务。

6）紧急情况下充当临时指挥中心

总机除提供以上服务外，还有一项重要职责，即饭店出现紧急情况时，应成为饭店管理人员采取相应措施的指挥协调中心。

饭店的紧急情况包括发生火灾、水灾、伤亡事故、恶性刑事案件等。紧急情况发生时，饭店领导为迅速控制局面，必然要借助于电话系统，话务员要沉着、冷静，提供高效率的服务。

（1）接到紧急情况报告电话，应立即问清事情发生的地点、时间及简单情况，问清报告者姓名、身份，并迅速做好记录。

（2）即刻通报饭店领导和有关部门，并根据现场指挥人员的指令，迅速与市内有关部门（如消防、公安等）紧急联系，并向其他话务员通报情况。

（3）严格执行现场指挥人员的指令。

（4）在未接到撤离指示前，不得擅自离岗，保障通信线路的畅通。

（5）继续进行对客服务工作，并安抚客人、稳定情绪。如有人打听情况（如火情），一般不作回答，转大堂副理答复。

（6）完整记录紧急情况的电话处理细节，以备事后检查。

4.4 商务中心服务

为满足客人的需要，现代饭店尤其是商务型饭店都设立了商务中心。通常，商务中心设在前厅客人前往方便而又安静、舒适的地方，并有明显的指示标记牌。它是商务客人常到之处，其服务的好坏，会直接影响客人的商务活动效果和饭店客人的光临频率。

同步案例4-5

缩减的打印费

背景与情境：一天早上，一位客人拿着一份10页的稿件来到某酒店商务中心，要求服务员按该稿件的内容打印出来。服务员小李接过稿件，首先向客人讲明了收费标准，客人听后，表示收费偏高，但出于急用，无可奈何地接受了。

小李在操作的过程中，发现经过一些修改和排版，稿件可以从原来的10页缩减至5页，而且排版也简洁整齐多了，即向等候在一旁的客人告知，征询他的意见，客人在审核后表示同意。最后在结账时，费用减少了1/2，客人非常满意，当即表示下次还会再来。

问题：小李这样做是不是使酒店受到损失了呢？

分析提示：在本案例中，如果小李按照客人的原稿打印出10页纸，客人虽然会付这笔费用，但他会觉得酒店的商务中心收费高，影响其对酒店服务的满意度。而现在小李在不影响该稿件内容与美观程度的前提下，将页数缩减至最少，使费用减少了1/2。这样一来，客人就会觉得酒店是真正站在他们的角度、为他们考虑来提供服务的，即使价格贵了点，但服务超值，也就消费得痛快。从这件事上看，对于商务中心来说，虽然暂时减少了一些营业额，但在这位客人心里已对商务中心留下了良好的印象，由点及面，进而提升了酒店的形象。很多常客就是由这样一件件小事而对酒店产生了忠诚度，谁说这不是增加了酒店的一大笔收入呢？

4.4.1　商务中心的服务项目

商务中心是商务客人"办公室外的办公室"，其主要职能是为客人提供各种秘书性服务，为客人提供或传递各种信息。先进的服务设施、设备，齐全的服务项目，加之高素质的专业或一专多能型的服务人员，是商务中心提供高水准、高效率对客服务的基本保证，也是现代高档次饭店的重要标志之一。

商务中心的服务项目很多，主要有会议室出租服务、电子邮件和传真服务、复印服务、打字服务、秘书服务和设备（用品）出租服务等。商务中心还可以提供翻译、名片印制、租车预订、票务预订、休闲活动预订、商业信息查询、快递收发、手机充电等服务。

为满足客人对商务服务的需要，商务中心应配备齐全的设施设备和用品，包括会议室、洽谈室、复印机、打印机、传真机、扫描仪、直拨电话、可上网的电脑、碎纸机、多媒体投影仪、白板、录像机、大屏幕电视机及其他办公用品（如激光教鞭、U盘、录音笔等），同时还应配备一定数量的办公桌椅、沙发，以及相关的查询资料如商务刊物、报纸、经济年鉴、企业名录大全、电话簿、地图册、各语种词典、最新航班（车船）时刻表等。

4.4.2　商务中心服务程序

由于商务中心工作的特殊性，商务中心的人员应热情礼貌、业务熟练、耐心专注、服务快捷、严守秘密，并主动与饭店各部门、长住商务机构及客人协商配合，为客人提供满意的服务。

1）会议室出租服务

（1）会议室预订

① 接到预订时，要简明扼要地向客人了解以下内容：预订人姓名或公司名称、饭店房间号码或联系电话、会议的起始时间及结束时间、人数及要求等，并做好记录。

② 告知租用该会议室的费用（包括免费的服务种类，如茶、咖啡、文具、麦克风、投影仪、音响、录像机等），并邀请客人参观会场，介绍服务设施设备。

③ 确认付款方式，并要求对方预付定金。预订自收到定金时开始生效。

④ 填写会议室出租预订单，并在交班本上做好记录。

⑤ 预约鲜花，如同时需要设备出租，也要做好预约工作。

（2）会议前准备工作

① 按参加会议人数准备好各类饮具、文具用品及会议必需品，待布置会场时使用。

② 按参加会议人数放好椅子并摆设饮具及会议所需的各类文具。

③ 主管或领班要亲临现场指挥和督导员工按需求布置会场，发现问题及时纠正。

（3）会议接待服务

① 服务人员站立门口恭候客人，并将其引至会议室就座。

② 按先主位、后次位的原则，逐一为客人提供所需饮品。

③ 会议过程中要做好添茶水、更换烟灰缸等工作。

（4）送客离场

① 会议结束时，服务人员应在门口站立，并礼貌地说“再见”“欢迎下次光临”等告别敬语，目送客人离去。

② 客人离开后，迅速进入会场仔细地检查，如发现有客人遗忘的物品，须立即设法追送；追送不到时，速交主管或大堂副理。

③ 收拾会场。

2）传真服务

（1）传真发送

① 主动、热情问候客人，问明发往国家和地区。

② 核对客人的传真稿件，确认发往国家或地区的传真号、页数及其他要求。

③ 确认无误后，将传真稿件放入传真机发送架内进行发送操作。发送过程中的任何一步出现差错时，都要停止操作并重新开始。

④ 发送完毕，与打印报告核对发送传真号是否一致。

⑤ 根据显示发传时间计算费用，办理结账手续。

⑥ 向客人道谢。按要求在“宾客发传真登记表”上登记。

（2）传真接收

① 当传真机接收到发来的传真时，首先应与总台确认收件人的姓名及房号，并核对份数、页数等。

② 将核对过的传真装入信封内，在信封上注明收件人姓名、房号、份数、页数，并通知客人来取，或派行李员送到房间，记录通知时间、通知人。

③ 若收件人不在房间，必须及时通知问讯处留言，留言单上注明请客人回来后通知商务中心，以便派行李员将传真送到房间。

④ 在“宾客来传真登记表”上登记，以备查用。

⑤ 按规定的价格计算费用，办理结账手续。

3）复印服务

（1）主动、热情问候客人。

（2）接过客人的复印原件，问明客人要复印的数量和规格，并告知客人复印的价格。

（3）按操作要求进行复印。如复印多张，或者需放大或缩小，应先印一张，查看复印效果，如无问题，才可连续复印。

（4）将原件退给客人并清点复印张数，按规定价格计算费用，办理结账手续。

（5）若客人要求对复印件进行装订，则应为客人装订好。

4）打字服务

（1）主动、热情问候客人。

（2）接过客人的原稿文件，了解客人要求（字体、格式和其他特殊要求），浏览、查看、核对原稿有无不清楚的地方或字符。

（3）告知客人打字的收费标准。

（4）告知客人大概交件时间。

（5）打字完毕后认真核对一遍，并请客人亲自核对，修改后再检查、打印。

（6）将打印好的文件交给客人。按规定价格、页数、字数为客人开单收费。

（7）向客人道谢。

5）租用秘书服务

（1）了解客人的要求：需要什么秘书服务；要求什么时间服务；在什么地方工作；估计多长时间。

（2）告知客人收费标准。

（3）弄清客人身份，问明姓名、房号、付款方式等。

（4）向客人道谢。

6）设备用品出租服务

饭店一般只向住店客人提供设备用品出租服务，而且只限在本饭店范围内使用。可供租用的设备用品种类很多，如笔记本电脑、台式电脑、激光打印机、彩色喷墨打印机、传真机、电视机、录像机、幻灯机、投影仪等设备，以及激光教鞭、U盘等办公用品。

（1）了解客人要求，并填写清楚下列内容：

① 使用时间、地点、客人姓名、房号。

② 设备用品名称、规格、型号。

（2）租用设备用品：

① 租用音响设备：打电话到音响组了解情况；通知音响组派人安装、调试。

② 租用电脑、传真机：由商务中心人员负责安装、调试。

（3）要求客人签单或预付款项。

（4）向客人道谢，在交班本上做好记录。

4.4.3 商务中心职能的转变

随着信息技术的飞速发展，客人都拥有自己的手机，越来越多的客人也随身携带笔记本电脑，在客房内也可以通过互联网直接订票，发送、接收电子邮件，一些高档饭店还在客房内配备了打印机、复印机和传真机，因此，客人对饭店商务中心的依赖程度大大降低。商务中心必须研究客人需求的变化，转变服务职能，推出新的服务项目，例如，提供现代化商务设施设备出租服务、提供电脑技术服务、为各类商务活动和会议提供支持和帮助的秘书性服务等。

同步业务 4-3

什么是“电脑金钥匙”？

业务解析：“电脑金钥匙”是从金钥匙的委托服务中衍生出的专为商务客人提供电脑技术服务的“技术侍从”。这是著名的四季酒店集团和丽晶集团创造出的一个新名词——Compcierge，由电脑和金钥匙两个单词各取一半拼成，即“电脑金钥匙”，能高水平地解决客人遇到的一切电脑问题。一旦客人的笔记本电脑遇到麻烦或者有其他电子技术问题，这些电脑天才们可随叫随到，当即排除故障，保证客人顺利工作。

资料来源 郑向敏. 现代酒店商务楼层管理［M］. 沈阳：辽宁科学技术出版社，2002.

4.5 前台收银服务

前台收银处亦称前台收款处，其隶属关系各饭店有不同的规定。通常，其业务方面直接归口于饭店财务部，其他方面则由前厅部管理。前台收银处位于大厅醒目位置，且与接待处和问讯处相邻。在饭店经营中，前台收银是确保饭店经济收益的关键部门。

4.5.1 前台收银业务范围及其特点

前台收银处的主要工作任务就是处理住客账务，确保饭店应有经济效益的安全回收，并做好对客服务工作。

1）前台收银业务范围

（1）开立住客账户；

（2）负责业务分析并累计客账；

（3）办理客人的离店结账手续；

（4）处理住客信贷和夜间审计；

（5）提供外币兑换服务；

（6）管理客用贵重物品保险箱。

2）前台收银业务特点

前台收银业务是一项十分细致复杂的工作。为了方便客人，现代饭店一般采用一次性结账方式。所谓一次性结账就是宾客在饭店的全部费用在离店时一次结清。

这样，饭店里每天的赊欠账单很多，这些账单最终从客房、餐厅、洗衣房、电话总机、商务中心等处转到前台收银处。住店客人会随时离店结账，为能迅速准确地给离店客人结账，避免跑账、漏账的发生，要求饭店对客服务的各个部门，必须密切配合，将客人的各种消费账单及时传递到前台收银处，迅速入账。因此，前台收银工作具有较强的协助性和时间性。

4.5.2 结账服务

客人在办理离店手续过程中对饭店产生的最后印象是至关重要的，它可以决定客人是否再度光临并带来新的客人。因此，在为客人办理离店手续时，收银员应热情、礼貌、快捷而准确地提供服务。

1）散客结账

（1）客人离店要求结账时，应主动问候，问清客人姓名、房号，找出账单，并重复客人的姓名，以防拿错，同时收回客房钥匙。

（2）通知客房部派客房服务员检查客房状况：是否有客人遗留物品、客房物品是否齐全及有无损坏等。

（3）委婉地询问客人是否有最新消费，如长途电话费、早餐费等，并在电脑上查询以免漏账。

（4）打出客人消费账单，并将账单呈请客人检查、确认并在账单上签字。

（5）根据客人的不同付款方式进行结账。

（6）向客人表示感谢，祝客人旅途愉快。

（7）将客人的住宿登记表盖上时间戳送交接待处，以更改客房状况。

同步案例 4-6

结账时客人带走了浴袍

背景与情境：某天9：00左右，住在1056房的陈先生打电话到总台通知退房，并希望总台派一名行李员上去为他搬行李。总台领班小孙立即通知行李房，并准备好客人的账单及其他退房手续。

15分钟后，陈先生带着他的随身行李来到了总台结账处。小孙立即通知客房部查房，同时熟练地打出账单给客人过目。陈先生接过账单，核对无误，正准备付钱时，收银处电话响了。小孙提起电话，原来客房部在查房时发现印有本饭店标志的一件浴袍不见了。小孙已做了多年的收银员，她凭经验知道这样的事多半是客人因为喜欢拿走了。有的客人是存心不想付钱，有的则认为他本来就可以拥有，因此切不可盲目下结论并要求客人赔偿，更何况这位陈先生还是饭店的常客。可这件浴袍价格不菲，在400元左右，又不能像处理其他小物件那样……这时，客人有点着急了："快点，我还要赶飞机呢！"

资料来源　佚名. 结账时客人带走了浴袍（总台服务技巧案例）[EB/OL]. [2018-02-24]. https：//www.taodocs.com/p-113230288.html.

问题：下一步小孙该怎样做才能既不伤客人的自尊心，又不使饭店受到损失呢？

分析提示：可以婉转提醒客人，查房时找不到浴袍，请客人帮助回忆放在哪里了，同时让客房部根据客人提供的线索再次查房。在处理类似事件的过程中，自始至终都要把客人的自尊放在第一位，千万不要伤了客人的自尊，否则会得不偿失，也许饭店追回了物品，却可能永远失去了这位客人。

2）团队结账

（1）在团队结账前半小时做好结账准备，提前将团队客人每天的房费、餐费等账目逐一核对，结出总账和分类账。

（2）团队客人（领队或陪同等）前来结账时，主动、热情问好。

（3）打印团队账单，请客人审核、签字。

（4）有些需客人自付的费用，如洗衣费、长途电话费、mini-bar的酒水费用等，则由客人单独支付。

（5）向客人表示感谢，祝客人旅途愉快。

4.5.3 外币兑换服务

有的饭店为方便客人，经中国银行授权，根据国家外汇管理局公布的外汇牌价，代办外币兑换业务。

外币兑换服务的程序和要求是：

（1）客人前来兑换外币时，应热情问好，了解客人的需求，问清客人兑换外币的币种，同时请客人出示护照和房卡。

（2）清点、唱收客人需兑换的外币及金额。

（3）使用货币识别机鉴别钞票的真伪，并检查其是否属现行可兑换的外币之列。

（4）认真填写兑换水单。根据当日现钞牌价，将外币名称、金额、兑换率、应兑金额及姓名、房号等准确填写在水单相应栏中。

（5）兑换时按当日牌价实行收款员核算和复核员审核两级控制制度，以确保兑换数额清点准确。

（6）请客人在水单上签字。

（7）将水单及现金交给客人清点，并礼貌地向客人道别。

整个服务过程中，要求收银员热情、礼貌、周到、细心，外币兑换准确及时，手续完善，不发生私换外币及票据和现金差错的情况。目前，中国银行除收兑外国货币现钞业务，还办理旅行支票、信用卡等收兑业务。前台收银员应了解这方面的业务知识，并接受技术技能培训，以做好外币兑换服务工作。

4.5.4 贵重物品保管服务

饭店为保障住店客人的财产安全，通常在总台收银处后面或旁边一间僻静的房间设有贵重物品保管箱，由收银员负责，免费为客人提供贵重物品保管服务。每个保管箱有两把钥匙，一把由收银员负责保管，另一把由客人自己保管，只有这两把钥匙同时使用才能打开或锁上保管箱。此项服务的程序如下：

（1）客人将贵重物品送来保管时，要主动迎接问好，并向客人介绍保管方法和注意事项。

（2）问清客人姓名、房号，请客人填写贵重物品保管单并签字，一式两联（第一联作存根，第二联交给客人），并在电脑上查看房号与客人填写的是否一致。

（3）审查单据、物品件数与签字，将一把钥匙交给客人，双方共同开启保管箱，请客人自由存放物品，再由双方同时上好锁。

（4）客人前来领取保管的物品时，请客人出示贵重物品保管单并签字，经审核签字准确无误后，与客人共同拿出钥匙同时开启保管箱，物品由客人自取。

（5）若客人终止存放，将物品全部取走，必须收回第二联保管单和客人钥匙，并请客人在终止栏内注明日期、姓名，以免出麻烦。

（6）若客人钥匙丢失，应迅速通知保安部、工程部有关人员，四方在场，由工程部人员强行开启保管箱，请客人取走所有物品。钥匙丢失和修理费用按饭店规定向客人收取，并做好记录，以备核查。

同步业务 4-4

若客人将贵重物品保管箱钥匙弄丢了，怎么办？

业务解析： 迅速通知保安部、工程部有关人员，四方在场，由工程部人员强行开启保管箱，请客人取走所有物品。钥匙丢失和修理费用按饭店规定向客人收取，并做好记录，以备核查。

4.6 行政楼层服务

4.6.1 行政楼层及其服务要求

1）行政楼层的概念

行政楼层是现代高档、豪华饭店为了接待对服务标准要求高，并希望有一个良好商务活动环境的高级商务人士等高消费客人，向他们提供贵宾式的优质服务而专门设立的特殊楼层。在很多饭店，行政楼层又被称为“商务楼层”或“豪华层”。

饭店对行政楼层提供的服务有别于普通客房楼层，因此行政楼层又被人们誉为“店中之店”。一位饭店专家有一个形象的比喻，如果把普通客房楼层比作飞机的经济舱，那么行政楼层就像飞机上的公务舱，虽然价格稍高，但客人在这里感觉更舒适方便，也可以享受到更多、更个性化的服务。

2）行政楼层的服务要求

行政楼层的管理为一套相对独立运转的接待服务系统，在行政管理上通常隶属于前厅部。与普通客房楼层比较，行政楼层在设施格局上和服务模式上都有明显不同。它可以向商务客人提供更多、更细致、更具个性的专业化服务。

（1）单独设接待处

凡预订行政楼层的客人都可以在进店后直接在楼层快速登记入住，离店时可以在本层结账退房。接待处的装饰设计精巧，环境氛围轻松，旁边设有沙发等休息座位，使得这种“一对一”式的轻松、开放、专用的服务接待方式更显个性化，让人备感温馨。

（2）单独设酒廊

行政楼层设有环境幽雅、独具匠心的专用酒廊，并提供冷饮、热饮、早餐、午茶，还可以在此安排鸡尾酒会及朋友会晤，是行政楼层吸引商务客人的重要场所。这种酒廊的设置，使行政楼层客人始终有种被尊重的“身份感”，体会到“家”的温暖。

（3）单独设商务中心

行政楼层一般设有专用商务中心及规格不等的会议室、洽谈室等设施，以供商务客人随时召开会议，或与客户会晤及洽谈生意之用。商务中心设备先进、种类齐全，从文件打印、复印、分拣至装订等服务一应俱全，而且服务效率高。

（4）个性化的服务

商务客人之所以优先选择行政楼层，设施及环境的舒适条件固然是重要因素，但最为他们看重的是行政楼层所提供的细致入微、个性化的服务。

在行政楼层从事接待服务的管理人员及服务人员，在形体、形象、气质、知识、技能及外语等方面条件突出，均接受过严格、系统的专业培训。他们在熟练掌握前台预订、接待、结算等技能的同时，还掌握商务中心、餐饮方面的服务技能和技巧，尤其善于与宾客交流、沟通，能够圆满地处理客务关系，合作、协调性强。

行政楼层的接待服务人员只要见过客人一次，再见面时就可以称呼客人的姓名和头衔，客人由此产生被重视和被特别关照的心理满足感和荣誉感。

行政楼层的接待服务人员对每一位在此下榻的客人都要作详尽的客史档案记录，记录下客人的喜好、癖好、偏好，使客人每次下榻时都会惊喜地看到按自己的习惯和喜欢的方式所布置的房间，甚至连所喜欢的某种品牌或特殊规格的物品都已放在熟悉的位置。至于在客人生病时送上粥、费尽心思为客人过生日更是家常便饭，甚至连有的客人每次多要一根香蕉等小小的需求，服务员也都牢牢记得。正是这些细致入微的服务才吸引了商务客人一次次地上门。因此，行政楼层的房价虽然远远高出普通客房的房价，但是却不断吸引着众多的回头客及商务客人。

4.6.2 行政楼层的主要服务项目

（1）轻松入住。由专人负责办理入住登记手续，气氛怡然。

（2）丰盛的早餐。自助餐台上食物、饮品丰富，任客人自选，就餐酒廊环境幽雅，接待人员态度热情、动作敏捷、服务意识极强。

（3）了解时事动态。附设多种中外报刊，供客人选择浏览，同时播放国际卫星传输的电视新闻、专题节目等，使客人随时了解世界各地要闻及商业经济动态。

（4）悠闲下午茶。每天下午按时布置好茶水台，各种茶饮、茶具、软饮及点心免费供客人选用。

（5）鸡尾酒会。行政楼层在晚间还精心安排、免费为本楼层客人提供结识新老朋友、沟通关系的鸡尾酒会，使客人度过美好之夜。

（6）商务洽谈。行政楼层所设置的各种会议室和洽谈室及配置的复印机、传真机、电脑工作台、多功能投影仪等设备一应俱全，并提供打印、翻译、装订文件、发送文稿等商务秘书服务。

（7）委托代办。行政楼层为商务客人出行、中转提供票务、订房、订车等代办服务，使客人足不出户，便可享受快捷、方便的服务。

（8）快速结账。行政楼层接待服务人员可以为客人在本楼层或房间办理离店结账手续，并提前安排行李员进行行李运送服务。

本章概要

□ 内容提要

前厅部除了做好预订和接待服务工作、销售客房商品外，还担负着大量的其他直接为客人服务的工作。这些日常系列服务工作也是围绕着客房销售工作而展开的，而且是以“饭店形象代表”的身份进行的。因此，前厅系列服务的效率、质量如何显得尤为重要。本章具体讲述了前厅礼宾服务、问讯服务、总机服务、商务中心服务、前台收银服务、行政楼层服务的基本内容、服务规程和基本要求，简要介绍了饭店“金钥匙”及其服务理念、素质要求和服务内容。通过本章的学习，可以掌握和熟悉前厅系列服务内容、要求和各项服务技能。同时，对前厅部的功能及其在现代饭店中的地位会有进一步的认识。

□ 主要概念和观念

▲ 主要概念

“金钥匙”　商务中心　行政楼层

▲ 主要观念

中国饭店金钥匙的服务理念

□ 重点实务

礼宾服务　问讯服务　总机服务　商务中心服务　前台收银服务　行政楼层服务

基本训练

□ 知识训练

▲ 复习题

1）迎宾员的岗位职责是什么？

2）简述饭店代表的服务内容与程序。

3）“金钥匙”的思想素质要求是什么？

4）问讯员在回答客人询问时要注意哪些问题？

5）总机话务员的素质要求是什么？

6）简述商务中心的服务内容与程序。

7）简述行政楼层服务的要求与日常工作流程。

▲ 讨论题

1）如何实现商务中心职能的转变？

2）查阅相关文献，谈谈饭店前厅服务的发展趋势。

3）查阅相关文献，谈谈互联网时代饭店金钥匙服务的新变化。

□ 能力训练

▲ 理解与评价

如何理解与评价中国饭店金钥匙的服务理念？

▲ 案例题

【训练项目】

案例分析-Ⅳ。

【相关案例】

服务要有责任心

背景与情境：客人玛丽小姐在到广州之前，告诉她在广州的朋友，她将于8月19日到达广州某酒店，托朋友购买几本风光画册。她的朋友在玛丽小姐进店的当天给酒店打电话询问客人是否已住店，得到确认后，马上赶到了酒店。但是，玛丽小姐因事外出，朋友也因有急事无法再等待，便将画册留在前台，请服务员代为转送客人。第二天，玛丽小姐离店时并没有收到画册，回家后给朋友打电话询问为什么没为自己买画册，朋友解释了当天的情况，玛丽小姐表示理解，可心里仍很不愉快。

玛丽小姐的朋友很气愤，对酒店进行了投诉，要求酒店给客人发一封致歉信，并将画册寄给客人。酒店当即按投诉的要求办理，使问题得到了解决。经调查，接收客人朋友画册的服务员未及时进行登记，在下班时未做交接，接班人员也未检查是否有客人转交的物品，造成工作脱节，到客人投诉时才发现画册仍放在服务台。

资料来源 佚名. 服务要有责任心［EB/OL］.［2011-12-06］. http: //www.docin.com/p-302168454.html.

问题：

1）产生上述问题的原因及所带来的不良影响是什么？

2）怎样避免类似投诉事件的发生？

【训练要求】

同第1章“基本训练”中本题型的“训练要求”。

▲ 实训操练

【训练项目】

前厅系列服务模拟实训。

【训练要求】

选取本章“重点实务”所列述项之一作为操练项目，进行情境设计、角色分工和操作体验，在此基础上完成实训课业。

【训练步骤】

1）将班级学生分成若干实训组，每组确定一人负责。

2）各组分别选取本章“重点实务”所列述项之一，学习和讨论其教学内容，作为本次实训的知识准备。

3）各组分别将所选“重点实务”作为操练项目，进行“情境设计”，根据情境需要进行角色分工。

4）各组以所选“重点实务”教学内容为规范，进入角色，体验本项目模拟实训的全过程。

5）各组学生记录本次模拟实训的主要情节，总结实训操练的成功经验、存在的问题及解决的办法，在此基础上撰写实训课业。

6）在班级讨论交流、相互点评与修订各组的实训课业。

7）在校园网的本课程平台上展出经过修订并附有教师点评的各组实训课业，供学生相互借鉴。

【训练课业】

《前厅××服务模拟实训报告》。

□ 课程思政

【训练项目】

课程思政-Ⅳ。

【相关案例】

当客人突然袭来之际

背景与情境： 晚上6时许，某国际饭店的大堂内灯火辉煌，宾客如云。总服务台的接待员小马正忙着为团队客人办理入住手续。这时两位散客走到柜台前对小马说："我们要一间双人客房。"小马说："请您稍等一下，我马上为这个团队办好手续，之后就替你们找空房。"其中一位姓张的客人说："今晚7：30我们约好和朋友在外面吃饭，希望你先替我们办理一下。"小马为了尽可能照顾这两位客人，于是一边继续为团队办手续，一边用电脑查找空房。经过核查，所余空房的房费都是每间218元的。他如实告诉了客人，此时那位姓张的先生突然大发脾气："今天早上我曾打电话给你们饭店，咨询房价，告诉我双人标准间是每间186元，为什么忽然调成218元了呢？真是漫天要价！"小马刚要回话，这位姓张的客人突然挥掌向小马的脸打去，小马没有防备，结果吃了一记耳光！他趔趄了一下，脸变得煞白，真想"回敬"对方一下。但他马上想到自己的身份，绝不能和客人一般见识，绝不能意气用事，于是尽量克制，使自己镇定下来。接着用正常的语气向客人解释说："186元的房间已经住满了，218元的还有几间空着，由于楼层不同，房费也就不一样，我建议你们住下，尽快把入住手续办好，也好及时外出赴宴。"这时另一位客人李先生见他的朋友张先生理亏，想找个台阶下，于是就劝张先生说："这位接待员还算有耐心，既然如此劝说，我们就住下吧。"张先生见势也就软了下来。

小马立刻招手让行李员把客人的行李送到房间。然而当时从小马紧握着的那只微微颤抖的手上，可以看出他正极力压抑着内心的委屈。在周围的其他客人都纷纷对那位张先生的粗鲁行为表示不满时，其一声不响地和李先生办好手续便匆匆去客房了。

张先生事后深感自己做法的不妥，于是在离店时到总台向小马表示歉意，对自己的冒失行为深感遗憾。

资料来源　佚名. 服务语言艺术［EB/OL］.［2016-06-04］. http：//www.docin.com/p-1619620052.html.

问题：

1）小马的宽容举止体现了饭店从业人员怎样的职业素养？

2）通过网络等途径收集作为思政研判的规范或标准。

3）该案例对你有何启示？

【训练要求】

同第1章"基本训练"中本题型的"训练要求"。

第5章 房价管理与客房经营统计分析

● 学习目标

通过本章学习，应该达到以下目标：

职业知识：学习和把握客房价格的特点、种类，影响客房定价的主要因素，房价的各种确定方法，前厅主要统计报表的内容和客房经营主要统计指标的含义以及“延伸阅读”等理论与实务知识；能用其指导本章“同步思考”、“教学互动”和“基本训练”的“知识训练”中各题型的认知活动，正确解答其相关问题。

职业能力：点评“饭店收益管理”的基本理念，训练专业理解力与评价力；运用“房价管理与客房经营统计分析”的职业知识研究相关案例，训练对“房价管理与客房经营统计分析”特定情境下当事者行为的“多元表征”专业能力和“与人交流”的通用能力；参加“自主学习－V”的训练；通过收集、整理与综合关于“房价管理”的前沿知识，依照“文献综述格式、范文及书写规范要求”，撰写、讨论与交流《“房价管理”最新文献综述》，培养“自主学习”的通用能力。

课程思政：结合“房价管理与客房经营统计分析”教学内容，依照相关规范或标准，对“课程思政5-1”和章后“课程思政-V”中的企业及其从业人员行为进行思政研判，树立社会主义核心价值观，打造智能化数字化酒店服务系统。

学习微平台

思维导图5-1

引例：疲乏的客人就这么走了

背景与情境：凌晨3点10分，两位面容疲倦的客人来到前厅接待处。“先生，您好，欢迎光临。请问需要什么房间？”接待员微笑地询问。“我们需要一间普通标准间，快点快点！困死了。”“我们有豪华标准双人间，498元一套，还有普通三人间588元一间。”“我说过了要一间普通标准间。”客人不耐烦地说。“真对不起，标准间刚刚卖完，只有一间刚刚Check-Out，楼层服务员现在正在清扫，请你们稍等片刻。豪华标准双人间也非常适合你们……”“到底有没有房间，我们坐了3个小时的飞机，真的很累，想休息……”“马上就好，请你们再耐心地等一会儿。”接待员连忙安慰客人。客人又回到座位上，耐着性子等待。接待员立刻又打电话到客房中心询问有没有做好那间双人房，客房服务员却说：“有一间豪华标准间做好了，其他房间还没有。”“你们在干什么呢，做房间那么慢，你们知道客人等得有多焦急。”

过了15分钟，两位客人再次走向接待处，高声责问接待员：“你们到底有没有房间？根本没房还骗我们，我们不在你们这儿住了。”说完，便向门外走去。这时，大堂副理走了过来想留住客人，可没等他说话，客人就劈头盖脸地说：“你不用多说，我们已经在这里白等了半个多小时了。”说完便愤然离去。

资料来源 佚名. 疲乏的客人就这么走了［EB/OL］.［2021-11-28］. https: //wenku.so.com/d/ef77f7ced6a1fa43e65e8c41e7408b50.

饭店应最大限度地为宾客提供吃、住、行、娱、购等方面的消费满足。在“苦叹”生意萧条的时候，我们要去分析一下客人流失的原因到底在哪里。我们必须清楚地了解，服务流程中每一个环节的服务水平是决定饭店行业发展的关键。

5.1 房价管理

客房收入作为饭店经济收入的主要组成部分，它取决于有限时间内的客房出租率和单位客房的日出租收入两个因素。房价合理与否，直接影响到饭店的市场竞争能力、经济收入及利润水平。因此，房价管理是饭店经营管理的关键性工作。

5.1.1 房价的概念

房价是指客人住宿一夜所应支付的住宿费用，它是客房商品价值的货币表现。正确理解房价概念的关键词是“住宿一夜”，即“过夜”。也就是说，饭店客房收费是以“间/夜”为计算单位的（钟点房除外）。按客人住一“间/夜”（而不是一天24小时），计收一天房费。

按照国际旅游业的通行做法，我国饭店一般是将“间/夜”的变更时间（即退房时间）规定为中午12时。次日12时以后、18时以前办理退房手续者，饭店加收半天房费；次日18时以后退房者，饭店加收一天房费。为了适应市场变化和客人的需求，一些饭店对计费时间进行了调整，如有的饭店将退房时间由中午12时延长至下午2时。

中国旅游饭店业协会颁布实施的《中国旅游饭店行业规范》中明确规定：饭店应当将房价表置于总服务台显著位置，供客人参考；饭店如给予客人房价折扣，应当书面约定。饭店应在前厅显著位置明示客房价格和住宿时间、结算方法，或者确认已将上述信息用适当方式告知客人。

另外，根据国家有关规定，旅游星级饭店可以对客房、餐饮、洗衣、电话等服务项目加收服务费，但必须在房价表或有关服务价目单上明码标价。

同步案例5-1

酒店大堂的“女高音”

背景与情境：某三星级酒店大堂，一天中午12点刚过，总台方向传来阵阵“女高音”，顿时引起了大堂副理小施的注意，她立即向总台快步走去。原来发出“女高音”的是一位住在本酒店809房的年轻女宾，她在喋喋不休地向总台收银员小游发泄不满：“我明明告诉你们是要住一天的，怎么一天不到就不让我进门了?”小施马上向小游了解情况。原来这位住809房的卢小姐是昨天下午5点入住的，今天上午逛街采购，过了中午12点才回酒店，打不开房门，就在总台大吵大闹。总台服务员已经告诉她下午若要再住，必须办理加收费用手续，但卢小姐一口咬定酒店“宰客”——不到24小时就收1天房费，与商店卖东西短斤少两没什么区别，并声称下回再也不住该酒店了。

“如果你不住了，我可以叫楼上服务员帮你开门，把行李提出来，现在就结账的话算你1天好了。”总台服务员小游怕“女高音”继续“唱”下去，等不及小施的调解，急急地催卢小姐结账，而卢小姐也不容大堂副理向她解释，就气鼓鼓地掏出银行卡和押金收据把账结了，然后提着行李、拎着那些采购来的大包小包头也不回地离开了酒店。

资料来源 佚名. 饭店管理法规案例［EB/OL］.［2022-04-04］. https：//wenku.baidu.com/view/704a9638b4360b4c2e3f5727a5e9856a561226b7.html..

问题：

1）卢小姐还会再住这家酒店吗？她为什么要发泄不满？

2）服务员怎样做才能避免本案例的现象发生？

分析提示：卢小姐下回再到此地十有八九不会住这家酒店了，因为她始终没搞明白酒店为什么不到24小时就按1天收取房费。要避免本案例的现象发生：首先，总台服务员必须解释清楚为什么即使不到24小时也要收1天的费用。其道理是：客房的主要功能是过夜的，因此只要客人在酒店过夜都要算1天费用。其次，在客人入住时，估计离次日退房时间不足24小时但要过夜的，最好都告诉客人，酒店将按1天收费。

课程思政5-1

商务饭店AI系统

背景与情境：某商务饭店以商务旅客为主要服务对象，饭店的智能化客房配备了先进的办公设备，如智能投影仪、高速无线网络等，以满足商务旅客的需求。客房内配备了智能投影仪，宾客可以随时连接自己的设备，进行商务演示或观看影片。投影仪还支持无线连接，方便快捷。饭店还提供了高速无线网络服务，确保宾客在客房内也能享受到稳定的网络连接，满足商务旅客的办公需求。

资料来源　佚名．国宾花园酒店智能化网络系统实例［EB/OL］．［2022-01-10］．https：//wenku.so.com/d/5bedfba0b2c32dfb6258e84452d1ef07？src=ob_zz_juhe360wenku.

问题：商务饭店的智能化系统在饭店中有哪些作用？对饭店发展的意义是什么？

研判提示：此案例展示了智能化客房在不同类型饭店中的应用。无论是提供个性化服务的饭店，还是引入AI语音助手的度假饭店，或是以商务旅客为主要服务对象的商务饭店，都通过智能化客房的设计，成功提升了宾客的入住体验。随着科技的不断进步，我们有理由相信，未来将有更多创新和智能化的设计应用到饭店客房中，为宾客带来更加舒适、便捷、个性化的入住体验。

5.1.2　房价的种类与计价方式

饭店有多种房价种类和计价方式。对此，饭店决策者应会同营销部、前厅部、客房部等有关部门和人员认真研究、合理制定。

1）房价的种类

（1）标准房价

标准房价又称“门市价”“牌价”，是由饭店管理部门制定的，价目表上明码公布的各类客房的现行价格。该价格不含任何服务费或折扣等因素。

（2）商务合同价

饭店与有关公司或机构签订房价合同，并按合同规定向对方客人以优惠价格出租客房，这种价格称为商务合同价。房价优惠的幅度视对方能够提供的客源量及客人在饭店的消费水平而定。

（3）团队价

团队价是饭店提供给旅行社团队、会议团队或航空公司机组人员等团队客人的一种折扣房价。其目的是确保饭店长期、稳定的客源，保持较高的客房出租率。团队价可根据旅行社等团队的重要性程度、客源的多少以及淡旺季等不同情况确定。

（4）旺季价

旺季价是饭店在经营旺季所执行的客房价格。这种价格一般要在标准房价的基础上，上浮一定的百分比，有时上浮的比例很大，以求得到饭店的最大收益。

（5）淡季价

淡季价是饭店在经营淡季所执行的客房价格。这种价格一般要在标准房价的基础上，下浮一定的百分比，有时下浮的比例很大，以刺激需求，提高客房出租率。

（6）小包价

小包价是饭店为客人提供的一揽子报价，除房费外，还可以包括餐费、游览费、交通费等其他费用，以方便客人。

（7）折扣价

折扣价是饭店向常客、长住客、订房客人或其他特殊身份的客人提供的优惠房价。

（8）白天租用价

白天租用价是饭店为白天到饭店休息，不在饭店过夜的客人所提供的房价。白天租用价一般按半天房费收取，所以又称半日价，但也有一些饭店按小时收费。

（9）免费

为了促进客房销售，建立良好的公共关系，饭店还为某些特殊客人提供免费房。这些特殊客人主要包括：社会知名人士、酒店同行、旅行代理商、会议主办人员等。按惯例还需对满15名付费成员的团队，免费提供双人间客房的一张床位，即所谓十六免一。饭店对免费提供客房要严格控制，通常只有总经理才有权批准。

另外，还有家庭租用价、加床费等。

2）饭店的计价方式

按国际惯例，饭店的计价方式通常有以下五种：

（1）欧式计价

欧式计价是指饭店标出的客房价格只包括客人的住宿费用，不包括其他服务费用的计价方式。这种计价方式源于欧洲，在世界绝大多数国家的饭店中被广泛使用。我国的旅游饭店也基本上采用这种计价方式。

（2）美式计价

美式计价是指饭店标出的客房价格不仅包括客人的住宿费用，还包括每日三餐的全部费用的计价方式。它又被称为全费计价方式。这种计价方式多用于度假型饭店。

（3）欧陆式计价

欧陆式计价是指饭店标出的客房价格包括客人的住宿费和每日一顿欧陆式简单早餐的计价方式。欧陆式早餐主要包括冻果汁、烤面包、咖啡或茶等。有些国家把这种计价方式称为“床位连早餐”计价。

（4）百慕大计价

百慕大计价是指饭店标出的客房价格包括客人的住宿费和每日一顿美式早餐的计价方式。美式早餐除含有欧陆式早餐的内容以外，通常还包括火腿、香肠、咸肉等肉类和鸡蛋。

（5）修正美式计价

修正美式计价是指饭店标出的客房价格包括客人的住宿费和早餐，还包括一顿午餐或晚餐（二者任选其一）的计价方式。这种计价方式多用于旅行社组织的旅游团队。

5.1.3 房价的确定方法

在影响饭店产品定价的诸因素中，最主要的是产品成本、需求与市场竞争。饭店在定价时，通常考虑其中至少一个因素。因此，饭店产品定价的基本方法不外乎以成本为中心的定价、以需求为中心的定价和以竞争为中心的定价三种类型。

1）以成本为中心的定价法

以成本为中心的定价法，是以饭店经营成本为基础制定客房产品价格的一种方法，产品成本加上企业盈利就是产品的价格。从饭店财务管理的角度看，客房产品价格的确定应以成本为基础，如果价格不能保证成本的回收，则饭店的经营活动将无法长期维持。该定价法的具体方法有以下几种：

（1）经验定价法

经验定价法又称“千分之一法”，它是以饭店总建造成本为基础计算的。具体方法是将每个房间所占用的建造成本除以1 000，得出客房的平均价格。其计算公式为：

$$平均房价=\frac{饭店建造总成本}{饭店客房总数}\times 1‰$$

例如，某酒店建造总成本为1亿美元，客房总数为800间，其平均房价用经验定价法可计算如下：

平均房价=100 000 000÷800×1‰=125（美元）

饭店建造总成本包括建筑材料费用、各种设施设备费用、内装修及各种用具费用，以及所需的各种技术费用、人员培训费用、建造中的资金利息费用等。

（2）盈亏平衡定价法

盈亏平衡定价法是指饭店在既定的固定成本、变动成本和产品估计销量的条件下，实现销售收入与总成本相等时的客房价格，也就是饭店不赔不赚时的客房价格。其计算公式为：

$$客房价格=\frac{每间客房日费用额}{1-税率}$$

其中，每间客房日费用额包括客房固定费用日分摊额和日变动费用两部分。客房固定费用日分摊额可依据不同类型客房的使用面积进行分摊：

$$每平方米使用面积固定费用=\frac{全年客房固定费用总额}{客房总使用面积\times 年日历天数\times 出租率}$$

客房变动费用总额可以按客房间数进行分摊：

$$每间客房日变动费用=\frac{全年客房变动费用总额}{客房数\times 年日历天数\times 出租率}$$

每间客房日费用额=客房使用面积×每平方米使用面积固定费用+每间客房日变动费用

（3）成本加成定价法

饭店经营其实质就是经营饭店的资金以获取利润。在正常的经营情况下，饭店的资金必须获取正常利润。这样，饭店经营者首先要运用成本加成法来制定出保证饭店客房商品取得合理利润的基本价格。

成本加成定价法也称“成本基数法”，其是按客房产品的成本加上一定百分比的加成额进行定价。其计算公式为：

$$客房价格=\frac{每间客房总成本\times(1+加成率)}{1-税率}$$

按照这种定价方法，饭店客房价格可分三步确定：

① 估算单位客房产品每天的变动成本；

② 估算单位客房产品每天的固定成本；

③ 单位变动成本加上单位固定成本就可获得单位产品的全部成本，全部成本加上成本加成额，除以（1-税率）就可获得客房价格。

（4）目标收益定价法

目标收益定价法是另一种以成本为中心的定价法，它的出发点是通过定价来实现一定的目标利润，以期在一定时期内全部收回投资。其基本步骤如下：

①确定目标收益额（或投资报酬率）；

②确定目标利润额，其计算公式为：

目标利润额=总投资额×目标收益率

③预测总成本，包括固定成本和变动成本；

④确定预期销售量；

⑤确定客房价格。

其计算公式为：

$$客房价格=\frac{总成本+目标利润额}{预期销售量}\div(1-利润率)\div(1-利润率)$$

曾任美国饭店和汽车饭店协会主席的罗伊·赫伯特主持发明了一种类似目标收益定价法的客房定价法，称之为**赫伯特公式法**，它以目标投资回收率作为定价的出发点，在客房成本计算的基础上，在保证实现目标利润的前提下，根据计划的销售量、固定费用和须达到的合理的投资收益率来测算客房的平均单价。

2）以需求为中心的定价法

以成本为中心的定价方法有一个共同缺点，即忽视了市场需求和竞争因素，完全站在企业角度去考虑问题。**以需求为中心的定价法**是以市场导向为指导，从客人的需要出发，认为商品的价格主要应根据客人对商品的需求程度和对商品价值的认同程度来决定。

（1）理解价值定价法

理解价值定价法就是根据客人理解的某种价值即买主的价值概念来制定价格。这就要求企业运用营销组合中的非价格因素影响客人，使其对饭店客房产品形成一种价值概念，并根据这种价值概念制定相应的价格。

采用理解价值定价法的饭店，其经营管理人员必须善于识别和创造本饭店所能给予客人的区别于竞争对手的独特利益，并把这种利益恰如其分又别出心裁地宣传给客人。在这里客人对饭店所能给予他们的这种独特利益的认识和判定，是他们选择饭店的关键。

采用理解价值定价法的饭店，经营管理人员必须善于了解客人的需求，了解客人对本饭店的评价。在作房价决策时，还应分析这一价格能否产生理想的利润。如果这个价格能适应市场需要，同时又能使饭店获得长期最大利润，那么价格就可以确定下来。

（2）需求差异定价法

需求差异定价法就是根据饭店不同细分市场的需求差异确定客房价格。饭店在使用需求差异定价法时，要充分考虑到顾客的需求、顾客的心理、产品差异、地区和时间差别等因素。例如：对顾客群体进行细分，针对不同职业、阶层和收入的顾客，制定不同的价格；对季节性强的产品和服务规定不同的季节差价。

3）以竞争为中心的定价法

以竞争为中心的定价法就是以饭店面临的竞争环境作为制定房价的主要依据。处于激烈竞争中的饭店，往往会把对抗竞争或谋求一定的市场占有率作为定价的出发点。

（1）随行就市定价法

随行就市定价法是一种在竞争激烈、价格之间存在差别的时期，饭店普遍采用的定价方法。它以竞争对手客房产品的平均价格水平作为定价依据，而对本饭店的成本和市场需求考虑较少。价格制定者认为市价在一定程度上反映了行业的集体智慧，随行就市定价法能使本饭店获得稳妥的收益率，减少定价的风险。

（2）率先定价法

率先定价法就是饭店根据市场竞争环境，率先制定出符合市场行情的客房价格，以吸引客人而争取主动的定价方法。有些饭店经营者认为应有率先定价的魄力，为当地其他饭店树立榜样。率先定价的饭店所制定的价格若能符合市场的实际需要，即使在竞争激烈的市场环境中，也可获得较大的收益。当然，这种方法使用起来要冒一定的风险，但若使用恰当，会对饭店产品的销售起到一定的作用。

5.1.4　房价的控制和调整

客房价格制定之后，还要有各种政策和规定与客房价格的制定相适应，并要认真贯彻执行这些政策和规定，使房价具有连续性、一致性和相对稳定性。但是，房价又不是一成不变的，情况发生变化，饭店就需要对房价及时进行调整，以使房价更适应客观实际。

1）房价的控制

饭店所制定的房价，是由前厅部和营销部负责执行的。在贯彻执行过程中，涉及前台销售、房价限制和团队房价的可行性三个方面的工作。

（1）前台销售

对于饭店制定的各类房价，前台服务人员要严格遵守。同时，饭店还须制定一系列的规章制度，以便于前台工作人员操作执行。这些规章制度要明确规定以下内容的细则：

① 对优惠房使用的报批制度；

② 各类特殊用房留用数量的规定；

③ 与客人签订房价合同的责任规定；

④ 有关管理人员对浮动价格所拥有的决定权的规定；

⑤ 对优惠价格的享有者应具备的条件的规定；

⑥ 对一些优惠种类和程度的规定。

以上是前厅销售过程中要重点注意的内容。

（2）房价限制

限制房价的目的是提高实际平均房价。如果根据预测，将来某个时期的客房出租率很高，这时总经理或前厅部经理就会对客房出租进行限制，例如，限制出租低价客房或特殊房价客房，不接待或少接待团队客人，房价不打折，不接受住一天的客人等。

前厅部管理人员必须熟知本饭店客房出租率的动态，善于分析近期客房出租率的变化趋势，准确预测未来各种客人对客房的需求量，及时做出限制某一类型房价的决定。

（3）团队房价的可行性

进行团队房价的可行性研究，即进行团队房价的限制，这是前厅部与营销部的共同职责。营销部应逐日预测团队客人数量和客房需求数，并将预测结果通知有关人员。如果根据预测，某一时期的客房出租率可能会接近100%，这时，饭店就只应接待支付较高房价，甚至最高房价的团队客人。

但是，饭店使用团队房价限制时，要谨慎行事。任意限制团队房价，会产生消极的影响，甚至破坏房价的完整性。有关人员必须对未来的客房出租情况做出正确的推测，并制订可行性计划，提出正确的团队和散客接待比例，以保证营业收入和经营利润目标的实现。

2）房价的调整

饭店制定出客房价格之后，在实际运用过程中应保持相对稳定。但是，房价并不是一成不变的，如果情况发生变化，饭店就需要及时调整房价，以使房价更适应客观现实。房价的调整有两种情况：一是调低房价；二是调高房价。

（1）调低房价

调低房价是指饭店在经营过程中，为了适应市场环境或饭店内部条件的变化，而降低原有的房价。饭店降低房价的主要原因有：

① 饭店业市场供大于求。在这种情况下，应通过加强促销活动、改进服务质量等途径来稳定客房的销售。如果成效不大，则可考虑调低房价。对于那些无法以高价售出，且不降价就将闲置的客房，只要出售价格高于可变成本，都可以增加饭店的收入。因而对于部分闲置的客房而言，降价的底线不应该是成本价格而是可变成本。

② 在激烈的竞争中，饭店的市场份额日趋减少。尤其是在竞争对手调低价格时，为了保持和提高本饭店的市场占有率，有时也要采取调低房价的方法，使房价与竞争对手的价格处于同一水平线上，从而提高竞争能力。

③ 采用率先定价策略的饭店，希望通过降低房价，增加客房销售量或降低成本。这些饭店希望通过低价销售，增加市场份额，以利于在市场上确定牢固的地位。

但是，调低房价也会引起一些问题。例如，房价降低了，客房销售量不一定就会增加；即使销售量有所增加，营业收入的增加往往无法抵消价格下降的影响。价格降低了，客人会对饭店产品质量产生怀疑，从而会影响饭店自身在市场上的声誉，同时还会打乱饭店客源的类型。尤其要注意的是，靠降价竞争将会导致饭店之间的价格大战，如果大家都竞相降价，饭店会面临无法控制房价的局面，最终将导致饭店业的全行业亏损，这种竞争也就变得毫无意义。因此，饭店在降低房价的问题上，应采取慎重的态度，进行周密的分析和研究，只有在调低房价之后，饭店仍能实现所预期的销售量，并提高饭店的收入和利润水平时，降价才是有意义的。

教学互动5-1

互动问题：从饭店财务管理的角度看，客房价格的确定应以成本为基础，如果价格不能保证成本的回收，则饭店的经营活动将无法长期维持。请问：客房价格一定要大于成本价吗？为什么？

要求：同“教学互动1-1”的“要求”。

（2）调高房价

一般来讲，调高房价往往会引起客人和代理商的不满，但是，如果策略得当，就会极大地增加饭店的利润，对饭店而言是有利的。饭店调高房价的主要原因有：

① 客房供不应求。当客房需求量大于现有客房数量时，可以通过调高房价来限制需求量，实现供求平衡。

② 市场物价上涨。由于物价上涨，饭店的成本费用不断增加。这时饭店须调高房价，并使调价幅度不低于市场物价上涨幅度，以保持或增加饭店的利润。

③ 饭店服务质量或档次有明显提高。服务质量、服务档次与价格有直接的联系。所以，如果其他因素不变，饭店的服务质量或服务档次提高，就可以考虑适当提高房价。

无论是提价还是降价，都会对客房销售造成一定影响，引起客人和竞争者的各种反应。因此，饭店应充分考虑各种可能，做好准备工作，使房价的调整真正能够达到预期目标。

学习微平台
延伸阅读5-1

由于市场的不断变化和客房商品的特征，任何一家饭店都不会僵化地执行一成不变的房价标准。目前，我国饭店业已引入收益管理理念和应用方法，并获得了较大的成功。

学习微平台
延伸阅读5-2

收益管理是自20世纪80年代发展起来的一种现代科学营运管理方法。其核心是通过制定一套灵活的且符合市场竞争规律的价格体系，再结合现代化的微观市场预测及价格优化手段对公司资源进行动态调控，使得公司在实现长期目标的同时，又在每一具体营运时刻充分利用市场出现的机遇来获取最大收益。对于饭店而言，收益管理是一种控制房价与出租率以实现收入最大化的方法。收益管理目标是使客房商品能在最佳的时刻，以最好的价格，通过最优渠道，出售给最合适的顾客，以创造最大收益。收益管理包括超额预订、折扣配置、停留时间控制、升档销售等具体的策略与措施。

5.2 客房经营统计分析

前厅部作为饭店经营活动的中心和信息中心，要利用经营与服务过程中所获得的统计信息资料，分析研究客房商品经营状况和对策，这也是前厅管理的重要内容之一。

5.2.1 前厅统计报表

前厅统计报表是根据饭店经营管理的要求而设置的，它是饭店管理者了解经营情况的首要途径，是饭店管理者做出正确决策的依据，也是饭店其他部门获取信息的重要来源，所以前厅统计报表不容忽视。

前厅部每天需要向饭店及有关部门报送的表格数据种类很多，有些前面已经介绍过。在各种前厅统计报表中，最主要的是客房营业日报表。客房营业日报表又称每日客房统计表，是由接待处夜间值班员制作的一份综合反映每日客房经营状况的表格。此表一式数联，报送饭店总经理、副总经理、财务部、客房部等，是饭店管理人员了解情况、做出经营决策的重要依据。

客房营业日报表的格式与内容因饭店而异，但大致包括各类用房数、各类客人数、出租率、客房收入等方面内容（见表5-1）。

表5-1 **客房营业日报表**

年 月 日

<table>
<tr><th>客房情况</th><th colspan="2">当日</th><th colspan="2">本月累计</th><th>与上年同期比较</th></tr>
<tr><td>客房总数</td><td colspan="2"></td><td colspan="2"></td><td></td></tr>
<tr><td>饭店自用房</td><td colspan="2"></td><td colspan="2"></td><td></td></tr>
<tr><td>维修房</td><td colspan="2"></td><td colspan="2"></td><td></td></tr>
<tr><td>免费房</td><td colspan="2"></td><td colspan="2"></td><td></td></tr>
<tr><td>可出租客房</td><td colspan="2"></td><td colspan="2"></td><td></td></tr>
<tr><td>已出租客房</td><td colspan="2"></td><td colspan="2"></td><td></td></tr>
<tr><td>客房出租率</td><td colspan="2"></td><td colspan="2"></td><td></td></tr>
<tr><td>客房收入</td><td colspan="2"></td><td colspan="2"></td><td></td></tr>
<tr><td>平均房价</td><td colspan="2"></td><td colspan="2"></td><td></td></tr>
<tr><td>客房状态</td><td>人数</td><td>房数</td><td>当日在店</td><td>人数</td><td>房数</td></tr>
<tr><td>预订</td><td></td><td></td><td>散客</td><td></td><td></td></tr>
<tr><td>预订未到</td><td></td><td></td><td>团队</td><td></td><td></td></tr>
<tr><td>取消预订</td><td></td><td></td><td>长住客</td><td></td><td></td></tr>
<tr><td>预订已到</td><td></td><td></td><td>VIP</td><td></td><td></td></tr>
<tr><td>其中：团队</td><td></td><td></td><td colspan="3" rowspan="12">备注</td></tr>
<tr><td>未预订开房</td><td></td><td></td></tr>
<tr><td>续住</td><td></td><td></td></tr>
<tr><td>实际在店</td><td></td><td></td></tr>
<tr><td>原定当日离店</td><td></td><td></td></tr>
<tr><td>延长停留</td><td></td><td></td></tr>
<tr><td>提前离店</td><td></td><td></td></tr>
<tr><td>当日实际离店</td><td></td><td></td></tr>
<tr><td>明日预期离店</td><td></td><td></td></tr>
<tr><td>明日预期抵店</td><td></td><td></td></tr>
<tr><td>明日预期在店</td><td></td><td></td></tr>
<tr><td>预计明日空房</td><td>—</td><td></td></tr>
</table>

制表人：

主要营业统计数据计算如下：

1）当日出租的客房数与在店客人数

（1）当日出租客房数

当日出租客房数=昨日出租的客房数-当日离店客人用房数+当日抵店客人用房数

（2）当日在店客人数

当日在店客人数=昨日在店客人数-当日离店客人数+当日抵店客人数

2）计算客房出租率和各类平均房价

（1）客房出租率

① 日出租率 $=\dfrac{\text{日出租客房数}}{\text{可供出租客房数}}\times 100\%$

② 月出租率 $=\dfrac{\text{月出租客房天数}}{\text{可出租客房数}\times\text{月营业天数}}\times 100\%$

③ 年出租率 $=\dfrac{\text{年出租客房天数}}{\text{可出租客房数}\times\text{年营业天数}}\times 100\%$

（2）平均房价

① 总平均房价 $=\dfrac{\text{客房房租总收入}}{\text{可出租客房数}}$

② 散客平均房价 $=\dfrac{\text{散客房租收入}}{\text{散客占用客房数}}$

③ 团队平均房价 $=\dfrac{\text{团队客房租收入}}{\text{团队客占用客房数}}$

④ 长住客平均房价 $=\dfrac{\text{长住客房租收入}}{\text{长住客占用客房数}}$

（3）客人的平均房价

客人的平均房价 $=\dfrac{\text{客房房租总收入}}{\text{入住客人数}}$

3）计算各类客人占用客房的百分比

（1）散客房占用百分比

散客房占用百分比 $=\dfrac{\text{散客占用客房数}}{\text{已出租客房数}}\times 100\%$

（2）团队房占用百分比

团队房占用百分比 $=\dfrac{\text{团队客占用客房数}}{\text{已出租客房数}}\times 100\%$

（3）免费客房占用百分比

免费客房占用百分比 $=\dfrac{\text{免费客占用客房数}}{\text{已出租客房数}}\times 100\%$

（4）预订客人房间占用百分比

预订客人房间占用百分比 $=\dfrac{\text{预订客人占用客房数}}{\text{已出租客房数}}\times 100\%$

4）计算各类订房变化的比率

（1）空订百分比

空订百分比 $=\dfrac{\text{预订不到客人数}}{\text{预订客人数}}\times 100\%$

（2）取消预订的百分比

$$取消预订的百分比=\frac{取消预订客人数}{预订客人数}\times 100\%$$

（3）提前离店客用房百分比

$$提前离店客用房百分比=\frac{提前离店客用房数}{预期离店客用房数}\times 100\%$$

（4）延长停留客用房百分比

$$延长停留客用房百分比=\frac{延长停留客用房数}{预期离店客用房数}\times 100\%$$

5.2.2 客房经营主要指标分析

饭店管理者及前厅部人员应掌握的客房商品经营主要分析指标有：

1）客房出租率

客房出租率是反映饭店经营状况的一项重要指标，它是已出租的客房数与饭店可以提供租用的房间总数的百分比。其计算公式为：

$$客房出租率=\frac{已出租客房数}{可供出租客房总数}\times 100\%$$

客房出租率越高，说明实际出租客房数与可供出租的客房总数之间的差距越小，也就说明饭店的客源市场越充足，在一定程度上表明了饭店经营管理的成功。

我们知道，客房收入是饭店经济收入的主要来源，所以，客房出租率是饭店经营管理中所要追求的重要经济指标，它直接关系到饭店的盈亏状况。为此，饭店的盈亏平衡点也是以客房出租率来表示的，即保本出租率。

一家饭店的保本出租率可根据财务部门提供的数据进行计算。其计算方法如下：

$$保本出租率=\frac{保本营业额\div 平均房价}{可供出租客房间天数}\times 100\%$$

其中：$保本营业额=\frac{固定成本总额}{1-变动成本率-税率}$

例如，某饭店拥有客房200间，年固定成本1 000万元，变动成本率12%，增值税税率6%，当年每间客房平均房价为300元，则：

$$保本营业额=\frac{1\,000}{1-12\%-6\%}=1\,219.51（万元）$$

$$保本出租率=\frac{12\,195\,122\div 300}{200\times 365}\times 100\%=56\%$$

计算结果表明，这家饭店的保本出租率是56%。如果出租率低于56%，饭店会处于亏损性经营状态；反之，高于56%，饭店就能盈利。

掌握保本出租率，对饭店的经营管理有着重要的指导作用，如果本饭店的保本出租率高于竞争对手，则要考虑如何降低成本；如果本饭店的保本出租率低于竞争对手，则可适当考虑利用价格优势争夺客源市场。

显而易见，饭店要获得更多的盈利，必须提高客房销售量，即提高客房出租率。但是，这并不是说客房出租率越高越好。因为饭店要想严格控制质量，在市场竞争中保持长久的实力，就必须有意识地控制客房使用情况，为客房维修和全面质量控制创造机会。如若一味地追求高出租率，一方面设施设备超负荷使用，长此下去，必然会出现设施设备得不到必要的保养维修、用具功能失灵、建筑物使用寿命缩短等问题；

另一方面，常年过高的出租率必然使客房服务人员被牢牢地固定在服务工作岗位上，无暇参加培训教育，加之工作疲劳，使服务质量下降，造成管理工作的困难。除此之外，饭店还要考虑一些具体的经营安排。例如，饭店要留有用于交际往来使用的免费房间，要留有一定的空房以保证临时光临宾客的需要，还要留有房间作紧急情况下调剂使用等。为此，一些专家提出，较为理想的年平均客房出租率为80%左右，最高不能超过85%。

同步思考 5-1

一味追求客房高出租率的后果是什么？

理解要点：一方面设施设备超负荷使用，长此下去，必然会出现设施设备得不到必要的保养维修、用具功能失灵、建筑物使用寿命缩短等问题；另一方面会使客房服务人员被牢牢地固定在岗位上，无暇参加培训教育，加之工作疲劳，使服务质量下降，造成管理工作的困难。

同步案例 5-2

被取消三星级资格的酒店

背景与情境：北方某酒店是一座集住宿、餐饮、旅游、康乐出租与客运于一体的三星级旅游饭店，1990年开业。当时正值中国经济快速增长时期，饭店业全面快速发展，加之该酒店服务热情周到，所以生意一直很好，客房出租率连年居高不下，取得了社会效益和经济效益的双丰收。该酒店曾先后获得国家质量管理奖、全国用户满意单位、全国餐饮业经济效益最佳单位、省旅游综合实力评价10强饭店、优秀星级饭店等30余项殊荣。

但是，多年来该酒店经营者在经营中只强调软件服务，不注重硬件设施的建设与改造，使得设施设备长期超负荷运行，维修保养不到位。近几年，该酒店的外墙面、中央空调系统以及前厅、餐厅、后厨、客房等重要部位的设施设备损坏和老化现象十分严重，客人抱怨越来越多。在此情况下，酒店已经难以为住店客人提供三星级服务，只能靠不断降价来维持经营。针对这种状况，市旅游主管部门多次对这家酒店进行检查和通报，并下达限期整改通知，直至最后取消了该酒店的三星级资格。

资料来源　作者根据相关资料整理。

问题：

(1) 该酒店为什么会出现这种状况？

(2) 出现这种状况的后果是什么？

分析提示：酒店一味地追求客房出租率，使设施设备长期超负荷运行，致使设施设备得不到必要的维修保养，这是一种破坏性经营，最终必然走向服务运行上的恶性循环。硬件的超负荷运行同时也会导致服务人员工作疲劳，无暇参加培训，进行业务提升，而且在这样的环境中工作，服务人员也会慢慢地失去自豪感和服务热情，降低服务水准。

2）双开率

双开率即双倍客房出租率，是指两位客人同住一个客房的房数占已出租客房数的百分比。其计算公式为：

$$双开率=\frac{客人总数-已出租客房数}{已出租客房数}\times100\%$$

例如，某饭店下榻客人数为390人，当日出租客房数280间，其客房双开率为：

$$双开率=\frac{390-280}{280}\times100\%=39.3\%$$

双开率还有一种表示方法，是以房间为单位，表示每一间已出租的房间所住的客人数：

$$双开率=\frac{客人总数}{已出租客房数}$$

代入上例的数据，则双开率=1.393，即每个房间平均住1.393人。

双开率指标可以反映客房的利用状况，是饭店增加收入的一种经营手段，其前提是一个房间（单人间除外）划出两种价格。比如，一个标准间住一位客人时，房价90美元，住两位客人时，每位只收60美元。这样，客人可节省约1/3的房费开销，而饭店又增加了1/3的收入，同时，饭店的劳动成本的增加却很少。但是客房双开率只有与客房出租率配合使用才有意义。在客人有限的情况下，总台接待员应首先考虑多销售客房，提高客房出租率，而不是有意提高双开率。

3）实际平均房价

实际平均房价是饭店经营活动分析中仅次于客房出租率的第二个重要指标，它是客房总收入与当日出租客房总数的比值。其计算公式为：

$$实际平均房价=\frac{客房总收入}{当日出租客房总数}$$

例如，某饭店某日客房总收入为36 000元，当日出租客房总数150间，则实际平均房价为：

$$实际平均房价=\frac{36\,000}{150}=240（元）$$

实际平均房价的高低直接影响饭店的经济收益。影响实际平均房价变动的主要因素是实际出租房价、客房出租率和销售客房类型结构。饭店的实际出租房价与门市价有较大的差别，优惠、折扣、免费住宿等原因会使实际出租房价低于门市价，有时会低很多。只有在经营旺季执行旺季价时，才会接近甚至高于门市价。

学习微平台

延伸阅读5-3

实际平均房价与客房出租率密切相关。一般来说，要提高客房出租率，会使平均房价降低；反之，要保持较高的平均房价，会使客房出租率下降。因此，处理好客房出租率和平均房价的关系，既能得到合理的平均房价，又能保持较高的客房出租率，使客房收益最大，这是饭店经营管理的艺术。片面追求任何一个方面，都是不正确的。

销售客房类型结构的变化也是影响实际平均房价高低的一个重要因素。目前大多数饭店都确定4~5个等级的房间。房间等级不同，价格也不相同。一般来讲，饭店标准间要占饭店客房数的大部分，其价格基本上趋于平均房价，是饭店前厅部、营销部主要向客人推销的客房类型。在其他因素不变时，高档客房销售量增加，则平均房价就会提高，所以总台接待员应掌握一定的推销技巧，以成功地推销较高档次的客房。

4）平均客房收益（RevPAR）

RevPAR是Revenue Per Available Room的缩写，意为“平均每间可供出租客房收入”。其计算公式为：

RevPAR=客房收入÷可供出租客房数

或　RevPAR=客房出租率×平均房价

RevPAR是衡量饭店客房经营水平和投资回报的一项重要指标。在国际通用的饭店类教科书中，在国际饭店管理集团采用的统计体系中，以及饭店投资业主、饭店经营者、与旅游和饭店相关的资讯公司等，都将RevPAR作为非常重要的指标来使用。

如前所述，客房出租率和实际平均房价是饭店经营活动分析中两个非常重要的指标。但是，如果单用客房出租率，或是单用实际平均房价分析或考核客房的经营业绩，则是片面的，甚至会得出相反的结论。而RevPAR将这两项重要分析指标结合起来，能够合理地反映客房的经营质量。

例如，某饭店有400间可供出租客房，其客房出租率和实际平均房价见表5-2。

表5-2　**RevPAR计算分析表**

时间	平均每天售出房数（间）	客房出租率（%）	实际平均房价（元）	收入（万元）	RevPAR（元）
2023年7月	320	80	400	396.8	320
2023年8月	200	50	600	372.0	300
2024年7月	280	70	600	520.8	420

从表5-2中可以看出，2024年7月的经营效益明显高于上年同期。如果仅用客房出租率来分析，比上年同期出租率低了10个百分点，与RevPAR的评价结果是相反的。同样，因为客房出租率的影响，单就实际平均房价而言，不一定房价高就会效益好。这家饭店2023年8月调高了房价，但由于出租率受房价调高影响大幅度下降，虽然平均房费提高了200元，房费收入却减少了24.8万元，而RevPAR为300元，显然比上月低了20元。

5）理想平均房价

理想平均房价是指饭店各类客房以现行牌价按不同的客人结构出租时可达到的理想的平均房价。它是一定时间内，从最低价出租客房和从最高价出租客房得出的价格平均值。计算理想平均房价时，要结合客房出租率、双开率及客房牌价进行。

例如，某饭店共有客房400间，其类型及出租牌价见表5-3。预计未来饭店客房出租率可达80%，双开率可达30%，求其理想平均房价。

表5-3　**某饭店客房类型及出租牌价**

客房类型	数量（间）	牌价（元）	
		1人住	2人住
单人间	50	140	—
标准间	300	200	260
普通套间	40	300	400
高级套间	10	450	600

理想平均房价计算如下：

（1）从低档到高档，计算平均房价

为客人排房时，先从最低档的单人房开始，依次向高一档的客房类型递进，直到把客人全部安排完为止（饭店平均每天开房数=400×80%=320间）。由此计算出的平均房价为低价出租客房平均房价。

①某日客房收入：

140×50=7 000（元）

200×270+60×96=59 760（元）

某日客房收入总计：

7 000+59 760=66 760（元）

②平均客房价格：

$$平均客房价格=\frac{66\ 760}{320}=208.6（元）$$

（2）从高档到低档，计算平均房价

为客人排房时，先从最高档的高级套房开始，依次向低一档的客房类型递进，直到把客人全部安排完为止。由此计算出的平均房价为高价出租客房平均房价。

①某日客房收入：

450×10+150×3=4 950（元）

300×40+100×12=13 200（元）

200×270+60×81=58 860（元）

某日客房收入总计：

4 950+13 200+58 860=77 010（元）

②平均房价：

$$平均房价=\frac{77\ 010}{320}=240.7（元）$$

③将低价出租客房平均房价与高价出租客房平均房价加以简单平均，即得理想平均房价：

$$理想平均房价=\frac{208.6+240.7}{2}224.7（元）$$

理想平均房价为224.7元，即饭店在未来一个时期内的平均房间标准收益是224.7元。将实际平均房价与这个标准收益进行比较，可以较为客观地评价客房经营的收益情况，如果实际平均房价高于理想平均房价，说明经济效益好，饭店可获得较为理想的盈利。这种比较也可以在一定程度上反映牌价是否符合市场的需要，如果二者相差甚远，说明牌价可能过高或过低，不符合市场状况，需要调整。

本章概要

□ 内容提要

房价管理是饭店经营管理的重要工作。房价合理与否，直接影响到饭店的市场竞争能力和经济效益。本章介绍了房价的种类与计价方式，讲述了房价的确定方法和房价控制与调整的方法。

前厅部作为饭店经营活动的中心和信息中心，要利用经营与服务过程中所获得的统计信息资料，分析研究客房商品经营状况和对策，这也是前厅管理的重要内容之一。本章介绍了前厅主要统计报表——客房营业日报表的作用、格式与内容以及主要营业统计数据的计算，客房经营的主要统计分析指标的含义、作用、计算和分析方法。

□ 主要概念和观念

▲ 主要概念

房价　标准房价　欧式计价　美式计价　欧陆式计价　百慕大计价　修正美式计价　以成本为中心的定价法　经验定价法　盈亏平衡定价法　成本加成定价法　目标收益定价法　赫伯特公式法　以需求为中心的定价法　理解价值定价法　需求差异定价法　以竞争为中心的定价法　随行就市定价法　率先定价法　收益管理　客房出租率　双开率　实际平均房价　RevPAR　理想平均房价

▲ 主要观念

饭店收益管理目标

□ 重点实务

房价管理　客房经营主要指标分析

基本训练

□ 知识训练

▲ 复习题

1）怎样正确理解房价的概念？

2）客房价格的种类有哪些？

3）饭店的计价方式有哪些？

4）如何限制团队房价？

5）客房营业日报表的基本内容是什么？

6）客房出租率和实际平均房价是怎样的关系？

▲ 计算题

1）某新建饭店拥有500间客房，总造价为4 500万美元，按照经验定价法（千分之一法）计算平均房价。

2）某饭店下榻客人数为400人，当日出租客房数300间，计算客房双开率。

3）某饭店有300间可供出租客房，其3年的平均售出房数和平均房价见表5-4：

表 5-4　**某饭店3年的平均售出房数和平均房价**

时间	平均每天售出房数（间）	平均房价（元）	客房出租率	RevPAR（元）	收入（万元）
2022 年	165	400			
2023 年	240	300			
2024 年	234	380			

请计算客房出租率和RevPAR指标，并加以分析。

4）某饭店共有客房800间，其客房类型及出租牌价见表5-5。预计未来饭店客房出租率可达80%，双开率30%，求其理想平均房价。

表5-5 某饭店客房类型及出租牌价

客房类型	数量（间）	牌价（元）	
		1人住	2人住
单人间	50	80	—
标准间	700	100	120
普通套间	40	150	200
高级套间	10	260	340

▲ 讨论题

1）成本加上合理的利润才是合理的价格吗？为什么？

2）客房年平均出租率100%最好吗？为什么？

□ 能力训练

▲ 理解与评价

上网查询相关资料，对“饭店收益管理”的基本理念予以点评。

▲ 案例题

【训练项目】

案例分析-V。

【相关案例】

削价竞争还是服务竞争

背景与情境：我国南方某城市近年来旅游业发展迅速。多年前，这里规划重点发展旅游业时，只有几家普通旅馆和招待所，仅有的2家酒店也够不上星级。现在情况大不一样了，由于航线畅通，景点建设有吸引力，国内外游客每年超过200万人次，而且以较高层次的游客为主。酒店业发展速度更快，不仅房间数超过1万间，床位数超过2.5万张，星级宾馆、酒店也达9家。在开房率下降、竞争激烈的情况下，刚投入运营的三星级南翔大酒店便面临着严峻的选择：是卷入新一轮的价格战，还是办出特色？

南翔大酒店的张经理曾经在省城管理过两家星级酒店，有丰富的实战经验。他的主张是：削价竞争绝非良策，要良性发展，必须突出自身的特色，以分外整洁的环境、周到的服务，让中外游客都认可，这家三星级酒店是名副其实的。

张经理在办公会议上强调，当地酒店业竞争激烈，平均开房率不到40%，靠削价竞争是难以消除这种环境威胁的。但是，在全部客源中，国外游客约占15%，年达30万人次；国内游客要求住三星级酒店者（包括会议），也不低于此数。这样，星级酒店经营得好，客源不向低档酒店分流，开房率可达50%左右。而且三星级酒店全城仅有3家，威胁与机会并存，关键在于如何把握住机会。

在张经理的主持下，办公会议批准了营销部的计划书，要点如下：

（1）优化客源结构，重点是发展团队市场，争取新签一批订房协议。

(2) 加强横向联合，主要是密切与省内外声誉好的旅行社和省内两个客源量大的城市的主要宾馆、饭店的协作。

(3) 加强内部管理。在激励员工、提高士气的基础上，彻底整治所有服务场所和客房的卫生，并建立健全各项规章制度，要求格外整洁并使之经常化，全体服务人员必须热情周到地为顾客提供各项服务。

(4) 严控价格折扣。在批准的客房定价基础上，除每年有4个月的淡季折扣和大型会议适当给予折扣外，严格控制随意降价的做法。

资料来源　佚名. 服务市场营销 [EB/OL]. [2012-10-18]. https://wenku.baidu.com/view/2ff14afd48649b6648d7c1c708a1284ac85005f3.html.

问题： 南翔大酒店的服务竞争策略正确与否？其主要体现在哪些方面？

【训练要求】

同第1章“基本训练”中本题型的“训练要求”。

▲ 自主学习

【训练项目】

自主学习-Ⅲ。

【训练步骤】

1) 将班级同学组成若干“自主学习”训练团队，每队确定一人负责。

2) 各团队根据训练项目需要进行角色分工。

3) 通过校图书馆、院资料室和互联网，查阅“文献综述格式、范文及书写规范要求”和近三年关于“房价管理”研究的前沿学术文献资料。

4) 综合和整理“房价管理”研究的前沿学术文献资料，依照“文献综述格式、范文及书写规范要求”，撰写《“房价管理”最新文献综述》。

5) 在班级交流各团队的《“房价管理”最新文献综述》。

6) 在校园网的本课程平台上展出经过修订并附有教师点评的各组《“房价管理”最新文献综述》，供学生相互借鉴。

□ 课程思政

【训练项目】

课程思政-Ⅴ。

【相关案例】

绝不降价——五星级酒店五星级价

背景与情境： 北京凯宾斯基饭店属五星级酒店，系燕莎实业的核心企业，1992年开业，在京城高星级酒店群体中属于典型的后来居上者。但即使是后来者，面对着日甚一日的白热化竞争，凯宾人也从来没有放弃过对五星级高端形象的执着追求。在众多知名酒店纷纷通过降价手段来寻求生存空间的大环境下，凯宾斯基饭店始终保持着稳定的价格政策，而没有一头扎进这先降价格、再降服务的恶性循环中去。卓越准确的战略定位确保了酒店的双重效益，1994年饭店被评为全国最佳外商投资企业第2名，1995年获全国五十家最佳星级饭店称号，1996年被接纳为世界一流酒店组织成员。下面让我们一起来看看凯宾人是怎样面对降价风盛行的现实的。

1992年，由德、中、韩三国合资兴建的北京凯宾斯基饭店正式开业了。开业伊始，正值北京的高星级酒店群体形成之际。京广中心、港澳中心、中国大饭店等现代化酒店相继落成，而王府饭店、北京饭店等老牌名店也完成了硬件的改造，重新加入到大竞争圈中，高档次酒店的队伍迅速得以壮大。

有限的客源总量在陡然间猛增的接待规模形势下顿显匮乏，长期以来一直处于供不应求地位的京城酒店界终于也到了皇帝女儿也愁嫁的时候。众酒店一时间难以适应，尤其是对于新开业的酒店来说，更是别无选择，只能披挂上阵，仓促应战。这就是市场的真实面貌。沧海横流，方显英雄本色，残酷的客源战终于打响了。各大酒店纷纷施展出自己的看家本领，对准自己的优势客源区域猛下功夫。以行业背景为依托的，则利用行业优势来确保肥水不流外人田；背靠国际连锁集团的，则大打集团预订网络的主意，如香格里拉、凯悦等；也有一些百年老店，如北京饭店，则把营销重点放在回头客身上，留住一个算一个……实在是既无行业优势，又无历史积累的酒店就只有降价让利，通过拼设备、拼硬件来维持营运。对于1992年前后的北京市场来说，这种不得已而为之的下下策竟然成了相当多酒店的选择。凯宾斯基饭店则避实就虚，绕过大家都咬住不松口的国内旅游市场，先行一步进军商务客源市场，率先确定以接待商务客人和国际会议为主、辅以境外旅游客源的营销体系，同时大量优价出租公寓写字楼，以此来带动客房的出租，并明确以高支付高消费型客源为主攻方向，及时退出对中低档客源的争夺。这一点在当时的大气候下，的确是未雨绸缪，也需要足够的勇气和实力。在商务客源市场上的不懈努力终于得到了丰厚的回报。开业第一年也就是1993年，饭店全年客房出租率就达58.31%，营业收入总额高达1.9亿元，经营利润7 970万元，位列全国行业50强，并成功地接待了时任德国总理科尔一行，开创了民间饭店接待国宾之先河。

然而饭店领导层并未因此而停止其对营销的更高追求，考虑到当时固定客源主要局限于欧洲市场，较容易受政治、经济或外交因素的影响，客源基础相对脆弱，经营风险较大，饭店高层领导又提出了树立国际性大酒店形象的经营思路，放弃单条腿走路的老路子。在新思路的指引下，1993年后，饭店主动参与国际国内的多种旅游促销展览，招聘专人负责对政府部门和国外驻华使馆的销售，组成了一支中外合作、各显神通的销售队伍。在欧洲市场基础上，迅速开辟了美洲、东南亚、日韩以及中东等新的地区市场，形成了自己的多元营销网络，彻底扭转了单条腿走路的被动局面，这一点在日后的竞争中作用愈发突出。

1995年年底，由于北京地区高星级饭店总量的持续扩容，市场竞争日趋白热化，再度引发了商家最敏感的价格大战。少数急功近利的饭店为了眼前的利益而不惜牺牲同行们的利益，又一次扛起了降价竞争的大旗，而且来势汹汹。一时间酒店价格开始超大幅度下滑，严重危及酒店的正常经营利润，也不可避免地造成了服务管理水平的整体跌落。凯宾斯基饭店作为当时经营效益卓著的排头兵，自然也受到了降价风潮的波及。由于一些酒店不正当竞争的影响，饭店在客源的组织方面遇到了前所未有的困难，在跌破成本的低价诱惑下，一些常年客源流失了。但成熟的经营者们处乱不惊，在反复分析形势，仔细斟酌研究后，他们甩出了撒手锏——同档饭店同价位战术，而这一战术的根据就是：五星级饭店，就应该理直气壮地售五星级的价格。

凯宾人对自己的软硬件优势充满信心，同时也深信，明智的客人在价格相同的同档次饭店中只会选择服务管理更优秀者，与其屈尊去斗价格，损人不利己，不如理直气壮比服务，将行业竞争引入健康合理的轨道。在这样的指导思想下，凯宾斯基饭店不但没有在淡季陷入无休无止的价格战，反而保住了平均房价水平，并进一步在顾客心中树立、巩固了自己的形象，脱颖而出，凸显了自己的地位，同时又以现身说法赢得了同行们的称赞和认同，客观上制止了降价风潮的进一步蔓延。

这就是凯宾人的经营之道，既充分满足顾客们的愿望，又不牺牲自己的利益，同时也兼顾到整个旅游饭店市场的稳定和发展，正所谓利社会、利人、利己。用凯宾人的话来说就是：每一个企业都应该有权根据自己的市场情况来灵活决定自己的价格政策，而这个价格政策应当以既有利于本饭店收入又不损害当地旅游市场为前提。

资料来源　根据相关资料整理。

问题：

1）你认为饭店业杀价竞争的方法是否可取？这种杀价竞争将导致怎样的结果？

2）饭店怎样才能摆脱杀价竞争？

3）对饭店杀价等非理性竞争进行思政研判。

4）通过网络等途径收集作为思政研判依据的规范或标准。

【训练要求】

同第1章“基本训练”中本题型的“训练要求”。

第6章　前厅部的沟通协调

学习微平台

思维导图6-1

学习目标

通过本章学习，应该达到以下目标：

职业知识：学习和把握沟通协调的基本原理、前厅部与各部门沟通协调的主要内容，接受和处理客人投诉的原则、程序和技巧，客史档案的内容与管理方法以及“延伸阅读”等理论与实务知识；能用其指导本章“同步思考”、“教学互动”和“基本训练”的“知识训练”中各题型的认知活动，正确解答其相关问题。

职业能力：点评“客人永远是正确的”这句服务信条，训练服务理解力与评价力；运用“前厅部的沟通协调”职业知识研究相关案例，训练对特定情境下当事者行为的“多元表征”专业能力和“与人交流”的通用能力；参加“自主学习-Ⅵ”的训练，通过“客人投诉处理”的实训操练及实训课业的撰写、讨论与交流，训练相关专业技能。

课程思政：结合“前厅部的沟通协调”教学内容，依照相关规范或标准，对“课程思政6-1”、“课程思政6-2”和章后“课程思政-Ⅵ”中的企业及其从业人员行为进行思政研判，培养高尚的道德情操，做好规范化个性化服务，树立社会主义核心价值观。

引例：客人为什么又留下来

背景与情境： 一个下雨的晚上，机场附近某大酒店的前厅很热闹，接待员正紧张有序地为一批误机团队客人办理入住登记手续，在大厅的休息处还坐着五六位散客等待办理手续。此时，又有一批客人涌入大厅。大堂副理小刘密切关注着大厅内的情况。“你能帮我们叫辆出租车吗?”两位客人从大堂休息处站起来，走到大堂副理面前说。“先生，都这么晚了，天气又不好，到市中心已不太方便了。”“从这儿打出租车到市中心不会花很长时间吧，我们刚联系过，房间都订好了。”“既然这样，我们当然可以为您叫车了。”小刘彬彬有礼地回答道。她马上叫来行李员小秦，让他快去叫车，并对客人说：“我们酒店位置比较偏，可能两位先生需要等一下，我们不妨先到大堂吧等一下，好吗?”“好的，谢谢。”客人被小刘的热情打动，然后和她一起来到大堂吧休息处等候。

天已经很黑了，雨夹着雪仍然在不停地下，行李员小秦始终在路边拦车，但10分钟过去了，也没有拦到一辆空车。又过去了15分钟，车还是没拦到。客人走出大堂门外，看到在雨雪中站了半个小时脸已冻得通红的行李员小秦，非常抱歉地说：“我们不走了，你们服务这么好，我们就住在这儿吧，对不起。”另一位客人亲自把小秦拉进了前厅。

资料来源　佚名．酒店服务案例心理解析［EB/OL］.［2024-10-09］. https：//doc.mbalib.com/view/d9691a811e8b2a7521d4082efbe43673.html.

从上述案例可以看出，饭店工作人员的礼貌服务可以让客人有宾至如归的感觉，对饭店自然就会产生好感。客人进门要投以友好的微笑，尊重客人，态度要恭敬、真诚，要愉快地服务客人。满足客人的需求但是不要过多地打扰客人，留有隐私空间给客人。员工的礼貌程度能反映饭店整体的素质和水平，礼貌的服务才能让客人留下好评。

6.1 前厅部与其他部门的沟通协调

前厅部作为饭店“神经中枢”的信息源，必须始终保持与饭店其他部门的联系，加强沟通协调，以保证饭店每个部门、每个环节都能高效运转，保证饭店对客服务的整体质量。

6.1.1 前厅部与总经理办公室之间的沟通协调

由于前厅部的前台与总经理办公室的工作联系较多，因此，不少饭店前台的位置靠近总经理办公室。前厅部除了应向总经理请示汇报对客服务过程中发生的重大事件外，平时还应与总经理办公室沟通以下信息：

1）接待工作

（1）房价的制定与修改；

（2）免费、折扣、定金、贵宾接待规格、客房销售等项政策的呈报与批准；

（3）每日递交“在店贵宾/团队名单”“预期离店客人名单”“客房营业日报表”“营业情况对照表”等。

2）预订工作

（1）定期呈报“客情预报表”；

（2）每日递交“客情预测表”“次日抵店客人名单”；

（3）递交“贵宾接待规格审批表”，报告已预订客房的贵宾情况；贵宾抵店前，递交“贵宾接待通知单”；

（4）每月递交“房价及预订情况分析表”“客源分析表”“客源地理分布表”。

3）问讯工作

转交有关邮件、留言。

4）电话总机工作

（1）了解经理的值班安排及去向；

（2）提供呼叫找人服务。

6.1.2 前厅部与客房部之间的沟通协调

许多饭店的前厅部与客房部同属于房务部。这两个部门被看作不可分割的整体。可以想象，这两个部门之间保持良好的沟通具有何等重要的意义。

1）接待工作

（1）为了协调好客房销售与客房管理之间的关系，“楼层报告”“客房状况差异表”就成了最重要的信息沟通内容；

（2）团队客人抵店前，送交“团队用房分配表”；

（3）用“特殊服务通知单”将客人提出的房内特殊服务要求通知客房部；

（4）把客人入住及退房的情况通知客房部；

（5）用“房间/房价变更通知单”将客人用房的变动情况通知客房部；

（6）每日送交“预期离店客人名单”“在店贵宾/团队名单”“待修房报告”。

2）预订工作

（1）每日送交“客情预测表”；

（2）书面通知房内布置的要求；

（3）书面通知订房客人所需的房内特殊服务要求；

（4）贵宾抵店前，递交“贵宾接待通知单”；

（5）贵宾抵店的当天，将准备好的欢迎信、欢迎卡送交客房部，以便客房部作贵宾房的布置。

3）问讯工作

客房部应将走客房内所发现的遗留物品的情况通知问讯处。

4）大厅服务工作

递送抵店的团队客人行李或其他客人物品时，如客人不在客房，请客房服务员打开房门，以便把行李或客人用品放入客房。

5）电话总机工作

如发现客人对叫醒通知无反应，应请客房部派员工前去探视。

6.1.3 前厅部与销售部之间的沟通协调

前厅部与销售部都对饭店的客房销售工作负有责任。销售部不但对眼前的客房销售负有责任，更重要的是对饭店长期的、整体的销售，尤其是对团队、会议的客房销售负责，所以不少饭店将负责接待团队客人的团队联络员职能归于销售部。前厅部对零星散客，尤其是当天的客房销售工作负有更直接的责任。前厅部与销售部之间必须加强信息沟通，才能圆满完成客房销售任务。

1）接待工作

（1）制定来年客房销售预测前进行磋商；

（2）超订过度情况发生时进行磋商；

（3）团队客人抵店前，将团队客人的用房安排情况书面通知销售部；

（4）团队抵店后，销售部的团队联络员将客人用房等变更情况书面通知开房组；

（5）每日送交“在店贵宾/团队名单”“预期离店客人名单”“客房营业日报表”“营业情况对照表”等。

2）预订工作

（1）旺季来临，为避免超订过度情况发生，及时与销售部沟通，研究决定团队客人与散客的接待比例；

（2）销售部将已获总经理室批准的各种订房合同的副本交预订组；

（3）销售部将团队客人的订房资料、“团队接待通知单”通知预订组；

（4）核对年度、每日客情预报；

（5）每日递交“客情预测表”“贵宾接待通知单”“次日抵店客人名单”“房价及预订情况分析表”“客源分析表”；

（6）每月递送“客源地理分布表”。

3）问讯工作

（1）将了解到的团队客人需提供叫醒服务的时间通知电话总机；

（2）发放与回收团队客人房卡；

（3）了解团队活动日程安排，以便回答客人的询问。

4）大厅服务工作

（1）团队客人抵离店时，核对行李件数；

（2）了解离店团队的取出行李时间及离店时间。

5）电话总机工作

（1）了解客人需要提供叫醒服务的时间；

（2）了解团队活动的日程安排。

同步案例 6-1

房价纠纷

背景与情境：一次，某公司工作人员一行两人，住进厦门市某三星级商务型酒店。由于他们事先已向该酒店销售部预订了房间，所以到总台登记入住时十分顺利，只在登记表上签个字交上押金就算办完了入住手续。

住下后的两天里倒也相安无事，然而不愉快的事情却在他们离店结账时发生了。“预订时不是讲好房价是每晚330元吗？现在怎么变成580元了？”客人不解地向总台收银员问道。

收银员小宋耐心地解答说："预订时讲的是330元没错，但您入住的那一天刚好遇上全国煤炭订货会在厦门召开，客房紧张，全市酒店的房价普遍上调，所以现在是按上调后的房价结算的。"

某公司工作人员认定，一旦预订时讲好了价钱，入住后就必须按此价钱结算，因此他们对收银员小宋的回答十分不满，并立即找到销售部，与当时接受预订的销售部林经理交涉此事。林经理也感到总台的做法不妥，马上亲自到总台解释，希望总台立即予以更正。

可是总台收银员小宋认为，她是凭客人入住当天签字认可的登记表上的房价结算的，她并无过错，而且若要更改房价，她没有这个权力。

林经理问小宋："预订单上已写明房价是330元，怎么登记表上变成了580元呢？"小宋说："客人抵店之前，我们已先依据预订客户姓名等资料填好登记表，房价是按当天收费标准改过来的，而且客人当时签字时也无异议。"

客人说："我们签字时没有去看登记表上的房价，因为我们历来认为房价肯定按预订时说好的计算，没有疑问地就签了字，这不是我们的错。"在一旁的该公司另一位职员插话道："按理说，你们酒店只能按预订时确认的房价收费，怎么突然变卦了？你们究竟讲不讲诚信？"总台的气氛一度紧张起来。

林经理出于无奈，只好请大堂副理出面解决。然而大堂副理听完情况介绍后，对客人说道："反正你们回公司可以报销，也不在乎多出多少钱，我看就这样算了。"客人原以为事情大概会有转机，没想到大堂副理是这样一种态度，不满的情绪陡然增长。其中一位客人抬高了声音："我们是你们的长期客户，要是按580元房价拿回去报销，公司还不怀疑我们拿了好处？"客人的话不无道理。林经理见此情形，又气又急，立即把大堂副理拉到一边，悄悄地说："请你马上叫总台更正，否则这个长期客户今后可能就不住我们这里了，损失就更大了。"谁知大堂副理却振振有词地说："客人自己已经在登记表上签字了，白纸黑字，并且当时资料也输入了电脑，怎么改？要改只有找总经理了。"两个人的脸色显然都不好看。

也许是这两位客人不想再为难林经理，也许是急于赶车，他们走过来对林经理说："算了，这次就把这个账结了，请你用电话向我们公司解释一下，下回不住你们酒店就是了。"林经理一时怔住，当他缓过神来还想再讲什么时，客人中的一位已经匆匆回到总台结账去了。

资料来源　佚名．酒店案例：房价纠纷［EB/OL］．［2022-04-07］．https：//wenku.baidu.com/view/8f0e7a414bd7c1c708a1284ac850ad02de8007c3.html.

问题：

1）客人还会住这家酒店吗？

2）这个案例暴露出了什么问题？

分析提示：可想而知，这个公司的客人再到厦门，是绝对不会再入住这家酒店了。本可以挽回的事情，却因酒店内部的扯皮没能补救过来，更别说留住一个长期客户了。这个案例暴露出的问题至少有两个：一是总台人员对业务不熟或对操作规则不明。二是该酒店还缺乏对员工进行营销理念和整体协调意识的培养，缺少必要的授权。争取新客户靠销售部，而留住回头客要靠包括总台人员在内的酒店员工集体的努力。

6.1.4 前厅部与财务部之间的沟通协调

为了保证对客服务的质量及客房销售的经济效益的正确回收，前厅部应加强与财务部（包括前厅收银处）之间的信息沟通。

1）接待工作

（1）就给予散客的信用限额进行沟通，控制客人住店期间的信用限额；

（2）根据饭店政策收取预收款；

（3）将打印好的已抵店的散客的账单及登记表送交收款组；

（4）送交打印好的信用卡签购单；

（5）送交打印好的已抵店的团队客人的总账单与分账单；

（6）送交“房间/房价变更通知单”；

（7）每日送交“预期离店客人名单”“在店客人名单”“在店贵宾/团队名单”“客房营业日报表”“营业情况对照表”；

（8）就过了离店时间后退房的客人的超时房费收取问题进行沟通；

（9）进行客房营业收入的夜审核对工作。

2）预订工作

（1）就定金（预付款）的收取问题进行沟通；

（2）就订房客人信用限额问题进行沟通；

（3）每日递交“客情预测表”“贵宾接待通知单”。

3）问讯工作

（1）送交“电传收费单”及“电传营业收入日报表”；

（2）将邮费记录交财务部审查；

（3）离店客人钥匙的回收。

4）大厅服务工作

（1）填写已结账客人的离店单；

（2）如已结账的客人再次发生费用，收银处与大厅服务组应及时沟通，以便大厅服务人员采取恰当的方法提醒客人；

（3）递送“服务费收入日报表”；

（4）根据客情预测，每月递交报纸订购预算申请。

5）电话总机工作

（1）递交“长途电话收费单”与“长途电话营业日报表”；

（2）对已结账的客人挂拨长途事宜进行沟通。

6.1.5 前厅部与餐饮部之间的沟通协调

食、宿是住店客人最基本的需求，也是饭店两大主要收入来源。前厅部必须重视与餐饮部的信息沟通。

1）接待工作

（1）书面通知房内的布置要求，如在房内放置水果、点心等；

（2）发放团队客人用餐券；

（3）每日送交“在店贵宾/团队名单”“在店客人名单”“预期离店客人名单”。

2）预订工作

（1）每月送交“客情预报表”；

（2）每日送交“客情预测表”“贵宾接待通知单”；

（3）书面通知订房客人的用餐要求及房内布置要求。

3）问讯工作

（1）每日从餐饮部的宴会预订组取得“宴会/会议活动安排表”；

（2）向客人散发餐饮活动的宣传资料；

（3）随时掌握餐饮部营业点的服务内容、服务时间及收费标准的变动情况。

4）大厅服务工作

更新每日宴会/会议、饮食推广活动的布告牌。

5）电话总机工作

随时掌握餐饮部各营业点的服务内容、服务时间及收费标准的变动情况。

6.1.6 前厅部与其他部门之间的沟通协调

1）接待工作

（1）提供客人抵店、住店、离店的情况；

（2）按规定为值班负责人员安排用房；

（3）送交“维修通知单”（工程部）；

（4）送交“待修房报告”（工程部）；

（5）送交“在店贵宾/团队名单”等。

2）预订工作

（1）送交“客情预测表”；

（2）送交“贵宾接待通知单”。

3）问讯工作

（1）收发邮件；

（2）客房钥匙遗失后进行处理（保安部、工程部）。

4）电话总机工作

（1）转接电话；

（2）留言服务；

（3）了解各部门负责人的值班安排及去向；

（4）呼叫找人服务；

（5）出现紧急情况时的沟通联络服务。

课程思政 6-1

个性化服务赢得客户好评

背景与情境：某度假酒店前厅部在接待一对新婚夫妇时，主动了解他们的特殊需求，为他们安排了一间带有浪漫氛围的婚房，并赠送了鲜花与红酒。此外，前厅部还安排了专人陪同新人参观度假村的各项设施，并提供拍照服务。新人对前厅部的贴心服务表示感激，并在社交媒体上分享了自己的美好经历，为酒店赢得了良好口碑。

资料来源　根据相关资料整理。

问题： 如何做好前厅部沟通协调服务？

研判提示： 以党的二十大精神为指引，前厅部应当不断提升自身的沟通协调能力，积极应对各种挑战。通过耐心倾听、灵活应对、提供个性化服务等手段，前厅部可以有效地提升顾客满意度，塑造良好的企业形象。同时，前厅部还应加强与其他部门的协作与配合，共同推动服务行业的高质量发展。

6.2 客人投诉处理

学习微平台

视频 6-1

学习微平台

视频 6-2

学习微平台

视频 6-3

投诉是客人对饭店提供的服务设施设备、项目及行动的结果表示不满而提出的批评、抱怨或控告。由于饭店是一个复杂的整体运作系统，而且客人对服务的需求又是多种多样的，因此无论饭店经营得多么出色，都不可能百分之百地让客人满意，客人的投诉也是不可能完全避免的。饭店投诉管理的目的在于减少客人的投诉，以及使因客人的投诉而造成的危害降到最低程度，最终使客人对投诉的处理感到满意。

6.2.1 正确认识客人投诉的价值

客人投诉的基本原因是饭店的某些设施和服务未能达到应有的标准，不能给客人以“物有所值”的满足感，即客人感觉到的服务与其所期望的服务有差异。事实上，投诉产生后，引起客人投诉的原因并不重要，关键是服务人员自己怎样看待客人的投诉，采取怎样的态度来面对、解决客人投诉。

1）投诉的顾客是饭店真正的朋友

哈佛大学教授李维特（Ted Levitt）说过：“与顾客的关系走下坡路的一个信号就是顾客不抱怨了。”客人投诉给了饭店与顾客深入沟通、建立顾客忠诚度的机会。顾客肯花时间来投诉，表明他对饭店还抱有一些信心。因此，那些肯投诉的人可能是我们的忠实顾客，我们要保持一种积极健康的留住顾客的态度。

同步资料 6-1

重视投诉

统计资料显示，在服务业中，每27个不满意的顾客中有26个不会提出投诉，而每5个不满意的顾客中，就有1个会选择向别人诉说，其会向8~10个人倾诉他们的遭遇。

要是顾客觉得企业成功地处理了他的投诉，那他会告诉5个人，但如果企业的服务一开始就很好的话，顾客只会对3个人说。

如果一个顾客对某饭店的投诉获得圆满解决，他就有92%的可能性会再次光临。如果问题没有得到解决，顾客再次订房的可能性不到50%。

顾客流失率降低5%，就可将利润提高25%~85%。

资料来源　巴诺，等. 抱怨是金［M］. 熊莉，译. 成都：西南财经大学出版社，2001.

2）投诉可以让饭店认识到不足并加以改进

对饭店服务的不满或责难，表示顾客仍旧对饭店抱有期待，希望饭店能改善服务水平。顾客的投诉可以帮助饭店改进和创新服务业务。他们指出饭店的系统在什么地方出了问题，哪里是薄弱环节；他们告诉你服务产品在哪些方面不能满足他们的期望，或是饭店的工作没有起色；他们指出你的竞争对手在哪些方面超过了你，或是你的员工在哪些地方落后于人家……

投诉是饭店服务质量的晴雨表，是提高服务质量的推动力。顾客投诉是饭店的“治病良药”，企业在顾客的不满中成长。

3）投诉给了饭店第二次机会避免顾客的流失

客人直接向饭店投诉给饭店提供了挽回自身声誉的机会。如前所述，绝大多数不满意的客人不投诉，但他们会通过其他途径来进行宣泄；或自我告诫，以后不再到该饭店消费；或向亲朋好友诉说令人不快的消费经历，传播饭店不好的口碑。这就意味着饭店将永远失去这些客人，饭店就连向客人道歉、纠正错误、改进服务的机会也没有了。

在以投诉方式表达自己意见的客人中，也存在着几种不同的方式。除了直接向饭店投诉外，有些客人选择向旅行代理商投诉，或是向新闻媒体投诉，或是向消费者协会、旅游管理部门投诉，甚至运用法律武器起诉饭店。

显然，从维护饭店声誉的角度来看，客人直接向饭店投诉是对饭店声誉影响最小的一种方式。直接向饭店投诉的客人不管其投诉的原因、动机如何，都给饭店提供了及时做出补救、保全声誉的机会和作周全应对准备的余地。

4）投诉信息是饭店的宝贵资源

投诉能够使饭店更好地了解顾客需求。饭店要善于从客人投诉中发现商机。顾客投诉的信息如果能被正确对待和处理，将是饭店非常有价值的资源。顾客投诉的内容多种多样，其中可能隐藏着我们容易忽视但又非常有价值的信息，可以帮助我们在服务产品设计、服务流程、服务规范等方面进一步改进。

因此，饭店对客人的投诉应持积极、欢迎的态度，无论客人出于何种原因、何种动机进行投诉，饭店方面都要理解客人心理，都要给予充分重视，及时做出补救。只有这样才可能消除客人的不满，重新赢得客人的好感及信任，改变客人对饭店的不良印象。“闻过则喜”应成为饭店对待客人投诉的基本态度。

同步思考6-1

怎样正确认识客人投诉的价值？

理解要点：(1) 投诉的顾客是饭店真正的朋友。(2) 投诉可以让饭店认识到不足并加以改进。(3) 投诉给了饭店第二次机会来避免顾客的流失。(4) 投诉信息是饭店的宝贵资源。

教学互动6-1

互动问题：“宾客至上”“员工第一”是现代饭店重要的经营理念。

(1) 如何看待两者的关系？

(2) 如何正确认识客人（客人是什么）？

要求：同“教学互动1-1”的“要求”。

6.2.2 易于受到投诉的环节

从整个饭店经营和运作系统来看，容易被客人投诉的环节主要有以下几方面：

1）饭店的硬件设施设备

此类投诉是指由于饭店的设施设备不能正常运行而给客人带来不便，甚至伤害，引起客人的投诉。它包括客人对空调、照明、供暖、供水、供电、家具、门锁、钥匙、管道、电器、电梯等设施设备的投诉。此类投诉一般占很大比例。我国饭店与国际饭店相比，存在的突出问题之一就是设施设备保养不善，“未老先衰”，一些老店更是“千疮百孔”，常引起客人的投诉。当然，即使饭店采取了全方位的预防性维修与保养措施，也很难杜绝所有运转中的设施设备可能出现的故障。因此，前台工作人员在受理此类投诉时，最好是协同相关环节的工作人员去实地查看，然后根据实际情况，配合有关部门一起采取措施解决。

2）饭店的软件服务

此类投诉是指服务人员在服务态度、服务礼节、服务技能、服务效率、服务纪律等方面达不到饭店服务标准或客人的要求与期望，引起客人的投诉，例如，服务人员对客服务中不主动、不热情、结账时间过长、出现差错、索要小费等。据调查，此类投诉一般要占总投诉的一半以上。

3）饭店的食物及饮料

此类投诉是指由于饭店食物及饮料出现的卫生及质量问题，如不清洁、过期变质、口味不佳等而引起客人的投诉。饭店的食物及饮料是除客房及其他设施设备外另一重要的有形产品，此类质量问题直接影响饭店的声誉及其他服务产品的销售。

4）饭店安全状况

此类投诉是指客人在饭店因人身安全、财产安全或心理安全受到侵犯而引起的投诉。例如，因饭店管理不善而使住客在房间内受到骚扰，客人的隐私不被尊重，客人的财物丢失等。

5）饭店相应的规定及制度

此类投诉是指客人由于对饭店的有关政策规定及制度产生不满而引起的投诉。例如，对饭店内房价、预订、入住手续办理、通信、会客等方面的相应规定表示不认同或感到不方便等。此时，前台工作人员应努力为客人做好解释工作，指明这些规定是为了保障客人的利益而专设的。同时，要在规定范围内，从多角度、多方面帮助客人，消除客人疑虑。在多次接到此类投诉的情况下，饭店方面应不断加以归类总结，完善相应规定及制度，使其成为对客服务的更好依据。

在实际工作中一定要注意尽量减少客人投诉。要做到这一点，就要求我们在饭店的营运管理中注意容易受到投诉的环节，并采取相应的措施，做好预前控制。

6.2.3　客人投诉时的心理分析

从消费者气质特征分析，可以把消费者分为四大类：胆汁质型、多血质型、黏液质型和忧郁质型。经研究，大多数重复投诉的客人属于胆汁质型和多血质型客人，这两种类型客人的高级神经活动类型属于兴奋型和活泼型，他们的情绪兴奋性高，抑制能力差，特别容易冲动，因此，他们在投诉时的心理主要有三种：

1）发泄的心理

这类客人在接受饭店服务受到挫折时，通常会抱怨或带着怒气投诉，把自己的怨气发泄出来，这样客人的忧郁或不快的心情由此会得到释放和缓解，以维持心理上的平衡。

2）尊重的心理

多血质客人的情感极为丰富，他们对在接受饭店服务产品过程中产生的挫折和不快进行投诉时，总认为他的投诉是对的和有道理的，他们最希望得到的是同情、尊重和重视，并向其表示歉意和立即采取相应的措施等。

3）补偿的心理

客人投诉的目的在于补偿，包括财产上的补偿和精神上的补偿。当客人的权益受到损害时，他们不仅希望在身心方面得到慰藉，而且希望在物质方面也有所获取。因此，客人在投诉时，需要在这两方面同时得到补偿。

同步业务6-1

客人投诉时的心理主要有几种？

业务解析：主要有三种：(1) 发泄的心理；(2) 尊重的心理；(3) 补偿的心理。

6.2.4 投诉处理的原则

饭店方面在处理客人投诉的过程中要注意和把握以下几个原则，认真做好投诉的处理工作。

1）真心诚意帮助客人解决问题

处理客人投诉，“真诚”两字非常重要。应理解客人的心情，同情客人的处境，努力识别和满足他们的真实需求，满怀诚意地帮助客人解决问题。只有这样，才能赢得客人的信任和好感，才能有助于问题的解决。饭店要制定合理的、行之有效的有关处理投诉的规定，以便服务人员在处理投诉时有据可依。自己不能处理的事，要及时转交上级，要有一个引导交接的过程，不能在投诉过程中出现“空白”和“断层”。有些简单的投诉，凡本人能处理好的，更不能推诿和转移，否则将会引起客人更大的不满。如果缺乏诚意，即便暂时得到了解决，也不能赢得客人的好感。

2）绝不与客人争辩

处理客人投诉时，要有心理准备，即使客人使用过激的语言及行为，也一定要在冷静的状态下同客人沟通。当客人怒气冲冲前来投诉时，首先，应适当选择处理投诉的地点，避免在公共场合接受投诉；其次，应让客人把话讲完，然后对客人的遭遇表示同情，还应感谢客人对饭店的关心。一定要注意冷静和礼貌，绝对不要与客人争辩。“客人永远是正确的”是美国商业饭店之父斯塔特勒提出的一句行业名言。我们必须清楚，客人不是我们争论斗智的对象，我们永远不会赢得争辩。也不要试图说服客人，因为任何解释都隐含着“客人错了”的意思。态度鲜明地承认客人的投诉是正确的，能使客人的心理得到满足，尽快把客人情绪稳定下来，显示了饭店对客人的尊重和对投诉的重视，有助于问题的解决。

同步案例6-2

火上浇油的解释

背景与情境：黄昏时分，某五星级饭店到了一个旅行团。行李已运到楼层的电梯厅。当时楼面一个台班有三个人，一个是值班的服务员，另外两个是实习生。

客人已经到了，楼面有很多的行李、很多人。

当楼层主管欧阳经过这里时，正赶上旅行团的领队气势汹汹地冲着值班服务员发火。见到欧阳，领队立即投诉："为什么只有一个人动手帮助客人？那两个人站在那里，像是在欣赏星期天的歌剧一样……"

欧阳马上解释道："对不起，那两个是实习生……"

领队一听就火了，陡然大声地嚷嚷起来："你这是狡辩！什么实习生？穿上饭店的制服，就要为客人服务……"

欧阳又向他解释，根据饭店的规定，实习生只有在跟班一定时间后，才能直接动手参加"服务"。

这一解释，如同火上浇油，那个领队怒不可遏地一挥手："我们不要听你说废话，只要得到满意的服务！"说着，他抓起电话，厉声向总经理"投诉"。

资料来源　瞿琮．霍英东与白天鹅［M］．广州：广东旅游出版社，1993.

问题：

（1）客人为什么会被激怒，进而向总经理投诉？

（2）楼层主管应如何处理才能避免客人投诉？

分析提示：客人有抱怨，绝不要解释，而应立即动手帮助解决问题。不解释，可能会大事化小；一解释，反而会把事情闹大。

3）不损害饭店的利益和形象

处理投诉时，应真诚为客人解决问题，保护客人利益，但同时也要注意保护饭店的正当利益，维护饭店整体形象。不能仅仅注重客人的陈述，讨好客人，轻易表态，给饭店造成不该有的损失，更不能顺着或诱导客人抱怨饭店某一部门，贬低他人，推卸责任，使客人对饭店整体形象产生怀疑。对涉及经济问题的投诉，要以事实为依据，具体问题具体对待，不使客人蒙受不应蒙受的经济损失，饭店也不无故承担赔偿责任。仅从经济上补偿客人的损失和伤害不是解决问题的唯一有效方法。

在处理投诉时，既要一视同仁，又要区别对待。既要看投诉问题的情节，又要看问题的影响大小，以维护饭店的声誉和良好形象。

课程思政6-2

背景与情境1：一住店客人清晨给大堂副理打来电话说，他与几位朋友昨晚在中餐厅用餐后，均出现腹泻情况，遂对饭店的食品卫生表示极大的不满，请店方予以处理。

背景与情境2：一位入住饭店的VIP客人通过其随行人员告诉大堂副理，饭店电话总机的服务不好。

资料来源　根据相关资料整理。

问题：饭店大堂副理应怎样处理这两起投诉？为什么？

研判提示：一视同仁是饭店正确处理主客关系的一项基本行为准则。一视同仁就是要求我们在各种客人面前不分厚薄，真诚公道地为他们服务，切实地维护他们的权益，一样地尊重他们的人格。在具体处理投诉时，一定要把握好一视同仁与区别对待的关系。

同步业务6-2

学习微平台

延伸阅读6-1

投诉处理的原则是什么？

业务解析：(1) 真心诚意帮助客人解决问题。(2) 绝不与客人争辩。(3) 不损害饭店的利益和形象。

6.2.5 处理投诉的基本程序

每个饭店有关投诉处理的规定各有不同，但综合起来，处理投诉的程序一般有以下几个步骤：

(1) 承认客人投诉的事实；

(2) 表示同情和歉意；

(3) 感谢客人的投诉；

(4) 尽快采取措施解决客人的投诉；

(5) 落实、监督、检查投诉的处理；

(6) 总结提高。

具体处理投诉的程序要求是：

1) 认真聆听客人的投诉内容

聆听客人投诉时也可以通过提问的方式来弄清症结所在，集中注意力，节约对话时间，在聆听的过程中要注意：

(1) 保持冷静。客人投诉时，心中往往充满了怒火，要使客人“降温”，不能反驳客人的意见，不要与客人争辩。对于那些情绪激动的客人，为了不影响其他客人，不便于在公共场合处理，可请客人到办公室或其房间个别地听取意见，这样容易使客人平静。

(2) 表示同情。设身处地考虑分析，对客人感受表示理解，可用适当的语言和行为给予客人安慰，从而将其不满情绪转化为感谢的心情，如“谢谢您告诉我这件事”“对不起，发生这类事，我感到很遗憾”“我完全理解您的心情”等。因为此时尚未核实客人投诉的真实与否，所以只能对客人表示理解与同情，不能肯定是饭店的过错。

(3) 充分关心。不能对客人的投诉采取“大事化小，小事化了”的态度，应该用诸如“这件事情发生在您身上，我感到十分抱歉”等语言来表达对客人投诉的关心，并把注意力集中在客人提出的问题上，不随便引申，扩大态势，也不推卸责任。

2) 认真做好记录

边倾听边记录客人的投诉内容，不但可以使客人讲话的速度放慢，缓和客人的情绪，还可以使客人确信，饭店对其反映的问题是重视的。同时，记录的资料也是为解决问题提供的依据。

3) 把将要采取的措施和所需时间告诉客人并征得客人的同意

如有可能，可请客人选择解决问题的方案或补救措施。不能对客人表示由于权力有限而无能为力，但也千万不能向客人做出不切实际的许诺。要充分估计解决问题所需要的时间，最好能告诉客人具体时间，不含糊其词，又要留有一定余地。

4) 采取行动，为客人解决问题

这是最关键的一个环节。为了不使问题进一步复杂化，为了节约时间，也为了不失信于客人，表示诚意，必须认真做好这一环节的工作。如果是自己能够解决的，应迅速回复客人，告诉客人处理意见；对于确实是饭店服务工作的失误，应立即向客人致歉，在征得客人同意后，做出补偿性处理。对客人投诉的处理如果超出自己的权限，须及时向上级报告；的确暂时不能解决的投诉，要耐心向客人解释，取得谅解，并请客人留下地址和姓名，以便日后告诉客人最终的处理结果。

5）检查落实并记录存档

现场处理完客人的投诉，事后还要及时地与客人取得联系，检查、核实客人的投诉是否已得到圆满解决，并将整个过程写成报告，并记录存档，举一反三，以利于今后工作的完善。

在处理客人投诉的全过程中，要坚持做到三个不放过：事实不清不放过；处理不当、客人不满意不放过；责任人员未接受教训不放过。

同步业务6-3

投诉处理的一般程序是什么？

业务解析：（1）承认客人投诉的事实；（2）表示同情和歉意；（3）感谢客人的投诉；（4）尽快采取措施解决客人的投诉；（5）落实、监督、检查投诉的处理；（6）总结提高。

同步思考6-2

在处理客人投诉的全过程中，要怎样做？

理解要点：坚持做到三个不放过：（1）事实不清不放过；（2）处理不当、客人不满意不放过；（3）责任人员未接受教训不放过。

6.3 客史档案管理

客史档案又称宾客档案，是饭店在对客服务过程中对客人的自然情况、消费行为、信用状况、癖好和期望等作的历史记录。建立客史档案是现代饭店经营管理的重要一环。

6.3.1 建立客史档案的意义

加强客史档案的管理对提高饭店服务质量、提高饭店经营管理水平具有重要意义。

（1）建立客史档案有助于饭店了解客人，掌握客人的需求特点，是饭店提供个性化、定制化服务必不可少的依据。

（2）建立客史档案有助于饭店做好有针对性的促销工作，与宾客保持良好、稳定的关系，争取更多的回头客，培养忠诚顾客。研究表明，争取1位新顾客的成本是留住1位老顾客成本的5倍。而流失1位老顾客的损失，只有争取10位新顾客才能弥补。

（3）建立客史档案有助于饭店研究客源市场动态，不断改进饭店产品与服务质量，提高经营管理水平。

如果饭店未能对这一潜力极大的资料库加以很好利用，忽视了它的作用，将影响饭店的经营管理工作。

同步案例6-3

曼谷东方饭店员工的“特异功能”

背景与情境：一次，一位客人到曼谷出差，曼谷东方饭店的机场代表前来迎接。客人刚下飞机，机场代表就说：××先生，您好！要是我没记错的话，您有一年多没来我们饭店住了，是不是我们的服务不好，还是哪些方面有所怠慢？客人赶紧回答：不，不，饭店很好，主要是这段时间在泰国没有业务，来泰国肯定住你们饭店……

到达饭店以后，从门童到总台接待员，再到客房服务员，见到他都像见到老朋友一样，第一句话都是：××先生，您好！这一切都令这位客人既惊奇又感动，他想：他们怎么都知道我的姓名呢？我多长时间没来饭店他们都知道。但不管怎么说，这一点令人感到高兴，就像回到家里一样。

资料来源　佚名．前厅部的沟通与协调［EB/OL］．［2022-05-20］．https://wenku.baidu.com/view/a7c1703d497302768e9951e79b89680203d86b36.html.

问题：曼谷东方饭店员工的“特异功能”是什么？它起到什么作用？

分析提示：客史档案既是饭店促销的重要工具，也是饭店改善经营管理和接待服务工作应采取的一项必要措施。通过客史档案，饭店可以更全面地掌握客人信息，提前对接待回头客做好准备，提供令客人满意的个性化服务。

6.3.2　客史档案的内容

客史档案通常可分为两种，即住客客史和宴会客史。

1）住客客史

（1）常规档案，主要包括来宾姓名、国籍、电话号码、单位名称、出生日期、性别、职务、同行人数等。饭店收集和保存这些资料，可以了解市场基本情况，掌握客源市场的动向及客源数量等。

（2）消费特征档案，主要包括：

① 客人租用客房的种类、房价、每天费用支出的数额、付款方式、所接受的服务种类以及欠款、漏账等。饭店收集和保存这些资料，能了解每位客人的支付能力、客人的信用程度等。同时，还可以反映客人对服务设施的要求、喜好、倾向以及所能接受的费用水平。

② 客人来店住宿的季节和月份、住宿时间、订房的方式、来店住宿是否通过中介等。通过这些资料，饭店可以了解客源市场状况、不同类型客人的特点、客人的入住途径等情况，为饭店争取客源提供有用的信息，从而有助于改进饭店的销售、推广手段。

（3）个性档案，主要包括客人脾气、性格、兴趣、爱好、习惯、宗教信仰、生活禁忌、特殊日期和要求等。这些资料有助于饭店有针对性地提供服务，改进服务质量、提高服务效率。

（4）反馈意见档案，包括客人对饭店的表扬、批评、建议、投诉记录等。

2）宴会客史

宴会客史的内容与住客客史相似，主要记录选订宴会者的情况，即来宾的姓名、单位地址、电话号码。每次宴会或酒会的情况也要详细记录在案，包括宴会日期、种类、出席人数、出席宴会者中有特殊要求的客人的身份、要求的内容等，还有宴会的收费标准、宴会举行的地点、所需的额外服务、所用饮料及菜品名称、出席者事后评价等。这些资料由餐饮部收集，反馈给前厅部。

6.3.3　客史档案资料的收集与管理

1）客史档案资料的收集

及时、准确地收集和整理客史档案资料，是做好客史档案管理工作的基础。这既要求饭店有切实可行的信息收集方法，又要求前台和饭店其他对客服务部门的员工用心服务，善于捕捉有用信息。

收集客史档案资料的主要途径有：

（1）总服务台通过预订单、入住登记表、退房结账等途径收集有关信息。有些信息从客人的证件和登记资料中无法获得，应从其他途径寻觅，如索取客人的名片、与客人交谈等。

（2）大堂副理每天拜访宾客，了解并记录宾客的服务需求和对饭店的评价，接受并处理宾客投诉，分析并记录投诉产生的原因、处理经过及宾客对投诉处理结果的满意程度。

（3）客房、餐饮、康乐、营销等服务部门的全体员工主动与客人交流，对客人反映的意见、建议和特殊需求认真记录，并及时反馈。

（4）饭店有关部门及时收集客人在报刊、电视台、互联网等媒体上发表的有关饭店服务与管理、声誉与形象等方面的评价。

2）客史档案的管理

饭店的客史档案管理工作一般由前厅部承担，而客史信息的收集工作要依赖于饭店的各个服务部门。所以，做好这项工作必须依靠前厅部员工的努力，同时需要饭店其他部门的大力支持和密切配合。

客史档案的管理工作主要有以下几方面内容：

（1）分类整理

为了便于客史档案的管理和使用，应对客史档案进行分类整理。如按国别和地区划分，可分为国外客人、国内客人；如按信誉程度划分，可分为信誉良好客人、信誉较好客人、黑名单客人等。经过分类整理的客史档案是有效运行的基础和保证。

（2）有效运行

建立客史档案的目的是使其在有效运行中发挥作用，不断提高经营管理水平和服务质量。客人订房时，预订员可以了解其是否曾住过该店。属重新订房的，可直接调用以往客史，打印客史档案卡，与订房资料一道存放，并按时传递给总台接待员。属首次订房的，应将常规资料和特殊要求录入电脑，并按时传递给总台接待员。总台接待员将次日抵店的客人档案卡取出，做好抵店前的准备工作。未经预订的常客抵店，总台接待员在客人填写登记表时，调出该客人的客史档案，以提供个性化服务。未经预订的客人第一次住店，总台接待员应将有关信息录入电脑。对涉及客房、餐饮、康乐、保卫、电话总机等部门服务要求的，要及时将信息传递到位。同时，也要注意收集和整理来自其他服务部门的有关客史信息，并在客人离店后，将新的内容输入客人的客史档案中，使客史档案的内容不断得到补充。

（3）定期清理

为了充分发挥客史档案的作用，饭店应每年系统地对客史档案进行1～2次的检查和整理，检查资料的准确性，整理和删除过期档案。在对久未住店的客人档案予以清理前，最好给客人寄一份“召回书”，以唤起客人对曾住过的饭店的美好回忆，再做一次促销努力。

同步业务6-4

在清理久未住店的客人档案前，应如何做？

业务解析： 最好给客人寄一份“召回书”，以唤起客人对曾住过的饭店的美好回忆，再做一次促销努力。

本章概要

□ 内容提要

饭店的对客服务具有整体性和系统性。前厅部作为饭店的“神经中枢”，在沟通协调饭店各部门的高效运行、解决处理各种矛盾冲突、建立良好的宾客关系方面起着十分重要的作用。本章介绍了前厅部与各部门沟通协调的主要内容，并对如何处理客人投诉，如何做好客史档案管理工作做了论述和探讨。

□ 主要概念和观念

▲ 主要概念

投诉　客史档案

▲ 主要观念

沟通协调

□ 重点实务

客人投诉处理

基本训练

□ 知识训练

▲ 复习题

1）如何正确认识客人投诉的价值？

2）饭店服务的哪些环节易受到客人投诉？

3）试进行客人投诉时的心理分析。

4）投诉处理的原则是什么？

5）倾听客人投诉时要注意哪些问题？

6）建立客史档案的作用是什么？

▲ 讨论题

1）为什么说投诉的顾客是饭店真正的朋友？

2）在处理投诉时，为什么既要一视同仁，又要区别对待？

□ 能力训练

▲ 理解与评价

怎样理解与评价“客人永远是正确的”这句服务信条？

▲ 案例题

【训练项目】

案例分析-VI。

【相关案例】

一起电梯“关人”事件

背景与情境：晚饭时分，客人张山乘车回到其下榻的上海某酒店，这是他在上海旅行的最后一天。美丽的上海给他留下了深刻的印象，然而几天的旅行也使他感到几分疲惫。在回酒店的路上，他就想好回房后痛快地洗个澡，再美美地品尝一顿上海菜肴，为他在上海的旅行画上一个圆满的句号。

张山兴冲冲地乘上酒店的3号客梯回房。同往常一样，他按了30层的按键，电梯迅速上升。在电梯运行过程中，意外发生了，电梯停在15楼处不动了，令他怎么按键，电梯就是没有反应。张山被“关”在电梯里了。无奈，他只得按警铃求救。1分钟、2分钟……10分钟过去了，电梯仍然一动不动。张山有点不耐烦了，再按警铃，仍没得到任何回应。无助的张山十分紧张，先前的兴致全没了，疲劳感和饥饿感阵阵袭来，继而又都转化为怒气。大概又过了10多分钟，电梯动了一下，门在15楼打开了，张山走了出来。这时的张山心中十分不满，在被关的20多分钟里，他没有得到酒店的任何解释和安慰，出了电梯又无人接应，张山此时怒气冲冲，再次乘电梯下楼直奔大堂，到大堂副经理处投诉……

其实，电梯发生故障后，酒店很快就采取了抢修措施，一刻也没懈怠。电梯值班工小恽得知客人被“关”后，放下刚刚端起的饭碗，马上赶到楼顶电梯机房排除故障，但电梯控制闸失灵，无法操作。小恽赶紧将电梯控制闸由“自动状态”转换到“手动状态”，然后自己赶到15楼，拉开外门一看，发现电梯停在15楼至16楼之间，内门无法打开。为了使客人尽快出来，小恽带上工具，爬到电梯轿厢顶上，用手动模式将故障电梯迫降到位，终于将门打开，放出客人。

从发生故障到客人走出电梯共23分钟。23分钟对维修工来说，可能已经是竭尽全力，以最快的速度排除故障所使用的最短时间，而对客人来说，这23分钟则是难熬而漫长的。

资料来源　佚名．电梯关人23分钟［EB/OL］．［2011-06-12］．https：//wenku.baidu.com/view/cb28aede5022aaea998f0f9f? bfetype=new&_wkts_ =1729237238853&bdQuery= % E7%94%B5%E6%A2%AF%E5%85%B3%E4%BA%BA23%E5%88%86%E9%92%9F&needWelcomeRecommand=1.

问题：这起客人投诉暴露了酒店服务与管理的哪些问题？

【训练要求】

同第1章“基本训练”中本题型的“训练要求”。

▲ 实训操练

【训练项目】

客人投诉处理。

【训练要求】

将班级学生分成若干小组，分别就训练项目进行情境设计、角色分工和操作体验，完成各自的实训课业。

【训练步骤】

1）将班级学生分成若干组，每组确定一人负责。

2）各组学习和讨论重点实务教学内容，作为本次实训的知识准备。

3）各组分别查阅相关案例，或走访星级饭店大堂副理，就客人投诉处理问题，请他（她）谈谈投诉处理工作规程、案例和心得，并以此为素材进行“情境设计”和“投诉处理”角色分工。

4）各组以相关实务教学内容为规范，进入角色，体验本项目模拟实训的全过程。

5）各组学生交换角色分工，再次体验本项目模拟实训的全过程。

6）各组学生记录本次模拟实训的主要情节，总结实训操练的成功经验、存在的问题及解决的办法，在此基础上撰写实训课业。

7）在班级讨论交流、相互点评与修订各组的实训课业。

8）在校园网的本课程平台上展出经过修订并附有教师点评的各组实训课业，供学生相互借鉴。

【训练课业】

《客人投诉处理实训报告》。

□ 课程思政

【训练项目】

课程思政–VI。

【相关案例】

“聪明”的大堂副理

背景与情境：下午1时，北京某饭店前台收银处，住店的李先生前来办理退房手续。由于超过了中午12时的退房时间，按规定要加收半天的房费。

李先生很不满意，与前台服务员争执起来。李先生认为，自己是饭店的常客，晚退了一会儿房，饭店不应计较这1小时，应给老顾客方便。而收银员解释说：“这是饭店的统一规定，超时退房计算机会自动计房费，况且，如果有事需在房间耽搁一会儿，也应提前与收银处联系，以便采取相应措施，现在房费已经计算完毕，再处理起来是很麻烦的。”李先生感到很不满。

远处的大堂副理看到此情景，知道肯定出了“问题”，便从副理台往服务室打电话询问情况。服务员把事情的原委讲清楚后，他又请服务员用计算机快速查一下客史档案。经查，李先生虽是第二次住店，却是酒店富城餐厅的常客，并且已是富城餐厅的金卡会员。

大堂副理这时快步走到李先生的身后，用手轻拍一下李先生的肩膀，亲切地说：“这不是李先生吗？”李先生一怔，马上回过头来说：“副理，您认识我？”大堂副理立即说：“我当然认识您啦，您是我们酒店常客，总到富城餐厅就餐，李先生这是遇到了什么麻烦啦？”李先生便说：“我晚退了一会儿房，她们硬要多收我半天房费。”

这时，副理假装生气地对收银员说：一定是你们没讲清楚，让李先生耽搁了这么长时间。李先生，您还没吃午饭吧？”李先生说：“还没有。”副理马上说：“我亲自送您到富城餐厅就餐，请餐厅给您最优惠的待遇，您看可以吗？”李先生说：“那太感谢您了。”

副理陪着李先生来到富城餐厅，领班快速迎上去，大堂副理对领班说：“李先生是客房的常客，你们一定要给李先生最优惠的待遇。”领班马上说：“李先生也是我们餐厅的金卡会员，而且今天又由大堂副理亲自送来，您放心，我们一定会让李先生满意的。”说完便立即安排李先生就餐。在李先生感激目光的伴送下，大堂副理离开了餐厅。

李先生在热情的氛围中吃完饭，也没有计较半天房费，去大厅结账离开了。

资料来源　佚名. 酒店案例——大堂篇［EB/OL］.［2022-06-07］. https://wenku.baidu.com/view/7df65095f624ccbff121dd36a32d7375a517c670.html.

问题：

1）大堂副理处理投诉的巧妙之处在哪里？

2）案例中还有什么可称道的？

3）通过网络等途径收集作为思政研判的规范或标准。

【训练要求】

同第 1 章“基本训练”中本题型的“训练要求”。

客房篇

第7章 客房部概述

● 学习目标

通过本章学习，应该达到以下目标：

职业知识：学习和把握客房部的地位与功能、客房部的组织机构及主要岗位的职责、客房的类型以及“延伸阅读”等理论与实务知识；能用其指导本章“同步思考”、“教学互动”和“基本训练”的“知识训练”中各题型的认知活动，正确解答其相关问题。

职业能力：点评“客房服务的发展趋势”，训练专业理解力与评价力；运用“客房部概述”的职业知识研究相关案例，训练对特定情境下当事者行为的“多元表征”专业能力和“与人交流”的通用能力；参加“自主学习－Ⅶ”的训练，通过收集、整理与综合关于“客房部与其他部门的沟通”的前沿知识，依照“文献综述格式、范文及书写规范要求”，撰写、讨论与交流《“客房部与其他部门的沟通”最新文献综述》，培养“自主学习”、“团队协作”和“与人交流”的通用能力。

课程思政：结合“客房部概述”教学内容，依照相关规范或标准，对“课程思政7-1”和章后“课程思政－Ⅶ”中的企业及其从业人员行为进行思政研判，培养高尚的道德情操，树立社会主义核心价值观。

学习微平台

思维导图7-1

引例：房价对客人是敏感的

背景与情境：9：15，从饭店一楼电梯内走出一位客人，他径直走向总台，总台服务员小周迎着客人微笑着说："李先生，早上好！"李先生点头示意并把钥匙放在台面上说："哦，办理退房。""现在就为您办理，马上就好。"说完，服务员小周便进行查房、核实、打账单，很快账单就放在了李先生的面前，请客人核查并签字认可。

客人在看完账单之后，紧锁眉头严肃地对服务员小周说："我昨天早上入住的，怎么给我算了两天的房费？"小周微笑着说："李先生，是这样的，您线上的预订入住时间为3：00，您实际入住时间是4：30，酒店规定凌晨5：00以前入住至当日12：00算一天，因此说您住了两天。"李先生听了服务员小周的解释之后，情绪有些缓和，并说："当时你们服务员怎么没有讲明5：00以前入住要算一天房费……算了算了，账单给我"，客人十分不悦地拿着账单又看了一下，正欲提笔签字时，突然抬头说："这账单上明明写的入住时间是5：18，你怎么说是4：30呢？"面对客人的质疑，服务员小周耐心地对客人说："我们电脑上的时间比正常的北京时间快了48分钟，没有调整过来，您的确是4：30入住的。"在向客人解释的同时，服务员小周把电脑显示屏转过去让客人看，又拿出了客人入住登记单上接待员填写的入住时间让客人看，客人仍不能理解。李先生反问道："酒店规定凌晨5：00以前入住算一天，账单上白纸黑字打印的是5：18，电脑上的时间不准确，是你们自己的责任，入住登记单是后写的真实性有待考察，如果让我付两天的房费，这不成了欺诈？就凭这张账单上的入住时间5：18，我不会结账的。"在客人有理有据的陈述面前，所有的解释都不能成为有力的证据，服务员小周便打电话将这件事情上报了相关的领导，在得到领导的批准之后，客人付了一天的房费，服务员向客人道了歉，在愉快的气氛中送走了客人。

这个案例说明，客人对房价这个问题是十分敏感的，对凌晨入住的客人，要向客人讲明入住时间与房费的关系，不能回避这个敏感话题，以免造成工作的被动。同时由于电脑上的时间没有调准，造成了失误，说明酒店在电脑的使用、管理上存在漏洞，而正是一个小小的疏忽，给酒店造成了一定的经济损失。客房是饭店的核心产品。客房服务员的主动、热情、周到、细致的服务会给客人留下美好而深刻的印象，服务质量也直接影响客人的住宿体验和满意度。本章将概述客房部管理的主要内容。

7.1 客房部的功能与地位

客房部又称房务部、管家部，是饭店管理有关客房事务，向客人提供住宿服务的部门。客房是饭店的基本设施和主体部分，客房部是饭店的主要创收和创利部门。

7.1.1 客房部的功能

客房部在饭店中的地位是由其特殊功能所决定的。客房部的基本功能如下：

1）生产客房商品

客房是饭店出售的最重要的商品。完整的客房商品包括房间、设备设施、用品和客房综合服务。客房属高级消费品，要能满足客人的多方面需要。因此，客房布置要高雅美观，设备设施要完备、舒适耐用，日用品方便齐全，服务项目全面周到，客人财物和人身安全有保障。总之，要为客人提供清洁、美观、舒适、安全的居住空间。

2）为饭店创造清洁幽雅的环境

客房部要负责饭店内所有公共区域的清洁、美化、设备设施及植物养护、环境布置，使饭店时刻处于清洁、幽雅、常新的状态，让饭店各处都能给住客留下美好印象。

3）为饭店各部门提供洁净美观的棉织品

饭店的棉织品除了客房使用的一系列品种外，还有餐饮部门的台布、餐巾以及饭店所有窗帘、沙发套、员工制服。在附设洗衣房的饭店，这些棉织品的选购、洗涤、收发、保管、缝补和熨烫，都由客房部所属的洗衣房负责。

同步业务7-1

客房部的基本功能有哪些？

业务解析：（1）生产客房商品。（2）为饭店创造清洁幽雅的环境。（3）为饭店各部门提供洁净美观的棉织品。

7.1.2 客房部在饭店中的地位

虽然现代饭店越来越向多功能方向发展，但满足客人住宿要求仍是其最基本、最重要的功能，客房仍是不可或缺的基本设施。

1）客房是饭店的基本设施和主体部分

人们外出旅行，无论是住招待所、旅馆还是饭店，从本质上说都是住客房。所以，客房是人们旅游投宿活动的最主要的场所，是饭店的最基本设施。

另外，客房的数量还决定着饭店的规模。国际上一般饭店规模划分如下：拥有300间以下客房的为小型饭店；拥有300~600间客房的为中型饭店；拥有600间以上客房的为大型饭店。饭店综合服务设施的数量一般也由客房数量决定，盲目配置将造成闲置浪费。从建筑面积来看，客房面积一般占饭店总面积的70%左右；如果加上客房商品营销活动所必需的前厅、洗衣房、客房库房等部门，总面积将达80%左右。客房及内部配备的设备物资无论种类、数量、价值都在饭店物资总量中占有较高比重，所以说客房是饭店设施的主体。

2）客房商品质量是饭店商品质量的重要标志

客房商品质量如何，直接关系到客人对饭店的印象和总体评价，如客房的清洁卫生、装饰布置，服务员的服务态度与效率等。

饭店公共区域，如前厅、洗手间、电梯、餐厅等，客人同样希望这些场所清洁、舒适、优雅，并能得到很好的服务。非住客对于饭店的印象更是主要来自公共区域的设施与服务，所以客房商品质量及其外延部分都是客人和公众评价饭店质量的重要依据。

3）客房收入是饭店经济收入的主要来源

饭店的经济收入主要来自三个部分：客房收入、饮食收入和综合服务设施收入。其中，饭店房费收入占饭店全部营业收入的50%~60%，功能少的小型饭店可以达到70%以上。从利润方面来分析，因为客房经营成本比饮食部、商场部等都低，所以其利润是饭店利润的主要来源，通常可占饭店总利润的60%~70%，高居首位。另外，客房出租又会带动其他部门设备设施的利用，给饭店带来更多的经济效益。

4）客房部的管理直接影响饭店的运行管理

如前所述，客房部能为饭店的总体形象和其他部门的正常运行创造良好的环境和物质条件，加之客房部员工占饭店员工总数的比例较大，其培训管理水平对饭店员工队伍整体素质的提高和服务质量的改善有着重要意义。另外，客房部的物资设备众多，对饭店成本控制计划的实现有直接作用。因此，客房部是影响整个饭店运行管理的关键部门之一。

同步思考7-1

客房部在饭店中的地位如何？

理解要点：（1）客房是饭店的基本设施和主体部分。（2）客房商品质量是饭店商品质量的重要标志。（3）客房收入是饭店经济收入的主要来源。（4）客房部的管理直接影响饭店的运行管理。

课程思政7-1

难道这就是五星级的服务？

背景与情境：一天上午，某公司在一家五星级酒店的多功能厅召开会议。其间该公司职员李小姐来到商务中心发传真，发完后李小姐要求借打一个电话给总公司，询问传真稿件是否清晰。“这里没有外线电话。”商务中心的服务员说。“没有外线电话稿件怎么传真出去的呢？”李小姐不悦地反问。“我们的外线电话不免费服务。”“我已经付了20元的传真费。”李小姐生气地说。“我收了你的传真费，并没有收你的电话费啊！更何况你的传真费也不够。”

李小姐说：“啊，还不够？到底你要收多少呢？开个收据我看一看。”

“我们传真收费的标准是：市内港币10元/页；服务费港币5元；3分钟通话费港币2元。您传真了2页应收港币27元，再以1：1.08的比价折合成人民币，我们要实收人民币29.16元。”

服务员立即开具了传真收据。

李小姐问：“传真收费是根据什么规定的？”

“这是我们酒店的规定。”服务员出口便说。

李小姐：“请你们出示书面规定。”

“这不就是价目表嘛。”服务员不耐烦地回答。

李小姐：“你的态度怎么这样？”

“你的态度也不见得比我好呀！”服务员反唇相讥。

李小姐气得付完钱就走了，心想：五星级服务，难道就是这样的吗？

资料来源　佚名．难道这就是五星级的服务［EB/OL］．［2024-10-15］．https：//www.docin.com/app/p？id=596882064．

问题：

(1) 商务中心这名服务员该帮客人办理的事宜都办了，收费也是完全按照酒店确认的标准，她到底哪里做得不妥？

(2) 作为同业人员，您对这个案例有何感想？

(3) 酒店服务质量的高低受哪些因素的影响，请具体地分析一下。

研判提示：商务中心作为酒店的重要组成部分，不仅为商务旅客提供便捷的工作空间，也是酒店服务和品牌展示的重要窗口。本案例应分析当前市场形势、客户需求以及运营状况，并提出相应的提升策略，以期提升商务中心的服务质量和市场竞争力。

7.2 客房部的组织机构与岗位职责

饭店各部门的正常运转依赖其科学、高效的组织管理。客房部的组织因饭店业务范围不同可以有若干不同的组织形式，其业务分工和员工的岗位职责也各不相同。

7.2.1 客房部的组织机构

科学、合理的组织机构是客房部顺利开展各项工作，提高管理工作效率的组织保证。客房部组织机构应是专业分工明确、统一指挥、沟通顺畅的有机整体。各饭店因规模、档次、业务范围、经营管理方式不同，在客房部组织机构的设置上是有所区别的。

常见的大、中、小型饭店客房部组织机构如图7-1和图7-2所示：

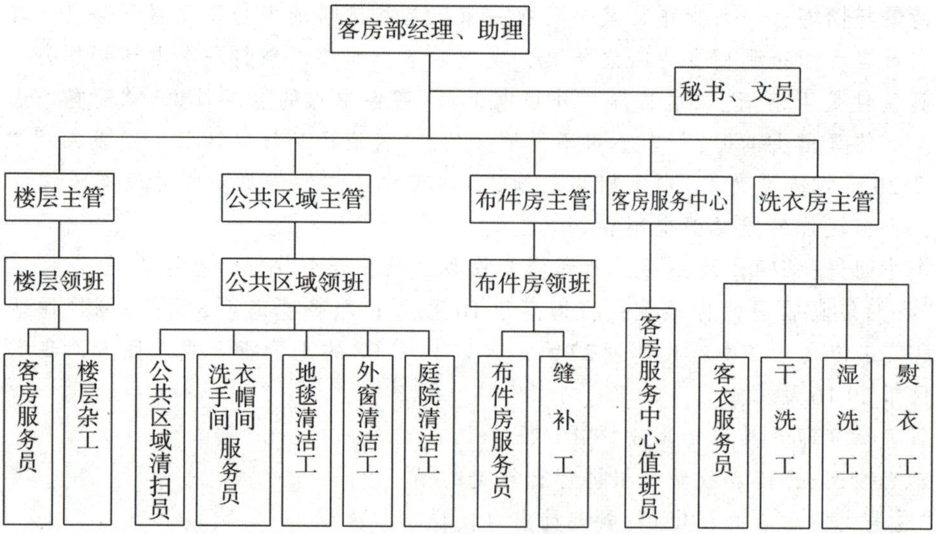

图7-1 大、中型饭店客房部组织机构图

7.2.2 客房部管理的主要工作与业务分工

1）客房部管理的主要工作内容

(1) 提供客房设备用品，如布件类用品、工作服、客人日用消耗品、备品、家具、地毯、床及床上用品等。

(2) 设计和布置室内陈设。

(3) 管理公共场所。

（4）承担客人需要的服务性工作。

（5）受理客人遗失物品。

（6）代办客人需求的各类事务。

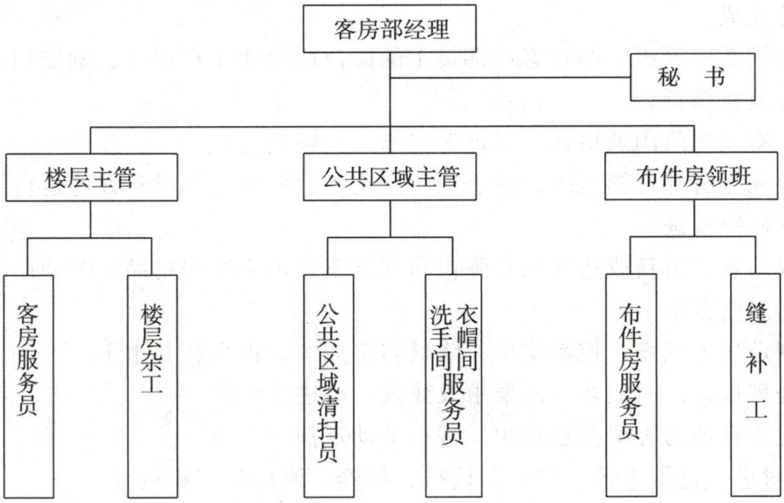

图7-2　小型饭店客房部组织机构图

2）客房部的业务分工

（1）经理办公室

通常设正、副经理各1名，配备秘书1名，文员若干名，主要负责客房部日常事务性工作及与其他部门的联络协调等事宜。

（2）楼层服务组

通常设主管1名，早、中、夜班领班若干名，负责所有住客楼层的客房、楼道、电梯口的清洁卫生和接待服务工作。大型饭店往往分设卫生班、台班和服务班。

（3）公共区域服务组

通常设主管1名，早、中、夜领班各1名，负责饭店除厨房外的所有公共区域的清洁卫生工作。

（4）布件房

通常设主管、领班各1名，下设布件、制服服务员和缝补工若干名，主要负责饭店布件、员工制服的收发、送洗、缝补和保管工作。

（5）客房服务中心

通常设主管1名，值班员若干名，下设早、中、夜三个班次。客房服务中心主要负责处理客房部信息，包括向客人提供服务信息和内部工作信息的传递；调度对客服务；控制员工出勤；管理工作钥匙；处理客人失物和遗留物品。

（6）洗衣房

通常设主管1名，早、中班领班若干名，下设客衣组、湿洗组、干洗组、熨衣组，主要负责洗涤客衣和饭店所有布件与员工制服。

7.2.3　客房部人员的岗位职责

由于各饭店客房部规模、管理方式不同，这里只介绍主要岗位的基本职责。

1）客房部经理

（1）主持客房部工作，向上对总经理或房务总监负责。

（2）负责计划、组织、指挥及调控所有房务事宜，确保客房部的正常运转和各项计划指标的完成。

（3）根据饭店等级，制定客房部员工的岗位职责和工作程序，确定用人标准和培训计划，并监督执行。

（4）同有关部门沟通协作，保证客房部工作顺利完成。

（5）巡视客房部管辖范围，检查卫生绿化、服务质量和设备设施运行情况，及时发现问题并研究改进。

（6）提出客房更新改造计划和陈设布置方案，确定客房物品、劳动用品、用具的配备，提出采购方案。

（7）制定房务预算，控制支出，降低客房成本，提高获利水平。

（8）处理投诉，收集客人的要求及建议，改进工作。

（9）建立合理的客房劳动组织，进行劳动定额和定员。

（10）对员工进行考核、奖惩、选拔、培养，调动员工积极性。

（11）抽查客房，检查VIP房。

（12）探访病客和长住客。

（13）监督客人遗留物品的处理。

（14）检查各项安全工作。

2）楼层主管

（1）接受客房部经理指挥，主持所分管楼层的房务工作。

（2）督导楼层领班和服务员的工作。

（3）巡视楼层，抽查客房卫生，查看VIP房和走客房。

（4）处理夜间突发事件及投诉。

（5）与前厅接待处密切合作，提供准确的客房状况。

3）楼层领班

（1）安排指导所分管楼层的服务员工作。

（2）负责楼层物品存储消耗的统计与管理工作。

（3）巡视楼层，全面检查客房卫生、设备维修保养、安全设施和服务质量，确保达到规定标准。

（4）熟练掌握操作程序与服务技能，能亲自示范和训练服务员。

（5）填写领班报告，向主管报告房况、住客特殊动向，以及客房、客人物品遗失损坏等情况。

（6）安排客房计划卫生工作。

4）客房服务员

（1）清洁整理客房，补充客用消耗品。

（2）填写做房报告，登记房态。

（3）为住客提供日常接待服务和委托代办服务。

（4）报告客房小酒吧的消耗情况并按规定补充。

（5）熟悉住客姓名、相貌特征，留心观察并报告特殊情况。

（6）检查及报告客房设备、物品遗失损坏情况。

（7）当有关部门员工需进房工作时，为其开门并在旁边照看。

5）客房服务中心值班员

（1）接收住客电话提出的服务要求，迅速通知楼层服务员，对该楼层无法解决的问题与主管协商解决。

（2）与前厅部、工程部等有关部门保持密切联系，尤其是与楼层和总台定时核对房态。

（3）接收楼层的客房消耗酒水报账，转报总台收银处入账，并与餐饮部联系补充物品事宜。

（4）负责楼层工作钥匙的保管、分发，严格执行借还制度。

（5）受理住客投诉。

（6）负责对客借用物品的保管、借还和保养。

（7）负责客房报纸的派发，并为VIP客人准备礼品。

（8）负责做好各种记录，填写统计报表。

（9）负责饭店拾遗物品的保存和认领事宜。

（10）负责员工考勤。

6）公共区域主管

（1）主管饭店所有公共区域的清洁卫生、绿化美化工作。

（2）督导领班和清扫员的工作。

（3）巡视公共区域，重点检查卫生。

（4）指导检查地毯保养、虫害防治、外窗清洁、庭院绿化等专业性工作。

（5）安排全面的清洁工作。

（6）控制清洁物料的耗用。

（7）协助部门经理对下属员工进行培训考评。

（8）安排工作班次和休假。

7）布件房主管

（1）主管饭店一切布件及员工制服事宜。

（2）督导下属员工工作。

（3）安排饭店员工量身定做制服。

（4）与客房楼面、餐饮部及洗衣房密切联系协作，保证工作任务顺利完成。

（5）控制布件和制服的运转、储存、缝补和再利用，制定保管领用制度，监察盘点工作。

（6）定期报告布件和制服损耗量，提出补充或更新计划。

7.3 客房部与其他部门的沟通

虽然客房是饭店向客人提供的最重要的商品，但是如果没有饭店其他部门的配合支持，将无法保证客房商品具有客人满意的质量，因此客房部必须与饭店各有关部门保持密切的沟通联系，使房务工作得以顺畅进行。

7.3.1 客房部与前厅部的沟通

客房部与前厅部的联系最为密切，很多酒店的前厅部与客房部是合二为一的。客房部每天需要随时从前厅获取客人入住信息，以便做好楼层接待服务；定时核对房态；接收前厅收银处传来的客人结账信息，立即查房并告知结果；协助行李员收取或存放行李；根据前厅提供的客情预报，安排客房维修改造和大清洁计划。

7.3.2 客房部与工程部的沟通

工程维修人员是除客房部楼面员工外被允许进入客房的少数员工之一。一旦客房设备设施发生故障，由房务员电话报修，维修人员要立即赶赴现场抢修。如果是住客房，应有房务员在一旁陪同。此外，客房部在工程部安排客房大修时，提供客情预报。

7.3.3 客房部与餐饮部的沟通

客房部要负责餐厅范围内的清洁卫生、布件和员工制服的洗涤熨烫工作，还要协助餐饮部做好客房送餐、客房小酒吧食品饮料的清点补充工作，以及配合餐饮促销活动，并在客房放置餐饮宣传材料。

7.3.4 客房部与保安部的沟通

客房部要协助保安部对客房和公共区域进行检查，做好防火、防盗等安全工作；提供访客和可疑住客的情况，并在必要时协助公安局、保安部打开客房门；对于重要外宾，提请保安部提供特别保卫；对住客报失案要会同保安部处理。

7.3.5 客房部与采购部的沟通

客房部所需物资种类繁多，为保证客房服务质量的稳定，应向采购部提供所需设备物资的规格、质量要求，特别是在客房更新改造前，要提出切合实际的采购建议；为控制客房成本，也应对价格问题提出建议。采购部应按要求采购美观适用、价格合理的设备物资，并保证及时足额地供应。

7.3.6 客房部与财务部的沟通

客房部要协助财务部做好客房有关账单的核对、固定资产的清点工作；在财务部的协助下制定房务预算、定期盘点布件和其他物料用品。

7.3.7 客房部与公关销售部的沟通

客房部应协助公关销售部的宣传活动，在客房内放置饭店宣传资料，宣传推销客房和饭店其他设施、服务；对由公关销售部陪同参观客房的客人，客房部要积极配合给予方便，并热情介绍房间内设施。

7.3.8 客房部与人力资源部的沟通

客房部员工较多，有的饭店在接待旺季还雇用临时工，为保证客房服务质量，应协调人力资源部做好客房部员工的招聘、录用与培训工作。

总之，为了做好对客人的各项服务工作，客房部与其他部门进行沟通与协调是非常重要的。而要做好协调工作，客房部与其他部门员工之间的互谅互让也是十分必要的。客房部与其他部门之间是合作关系，而非竞争关系。

同步案例7-1

从案例看工程部与客房部的关系

背景与情境： 下午2点，703房间的客人打开电视机，准备看一场期待已久的足球赛，却发现电视没有信号，换了几个台都一样，客人非常懊恼地打电话给房务中心要求修理。房务中心小陈立刻通知工程部要求急修，工程部值班的张师傅说："有没有维修单？"小陈说："您先派人去修，我们马上送单子。"张师傅说："你把单子拿来再说，没有单子我们没办法派工。"说完就将电话挂断了。小陈连忙写了一张注明"急修"的维修单，找人送到了工程部。10分钟以后，电话又响了，话筒里传来客人生气的声音："怎么搞的，到现在都没人来修电视机，比赛马上开始了，我要投诉你们。"小陈马上对客人说："饭店正在安排维修师傅去，请您稍等一下，马上就到。""还马上呢！都十几分钟了，效率够低的。我告诉你，如果耽误我们看球，我拒付房费。"客人重重地挂断电话。于是小陈询问工程部有没有派维修师傅去703房间，却得知维修师傅正在为另一个房间排除电视机故障，一时难以抽身。小陈想了一想，通知七楼服务员从另一个房间换了一台电视机到703房间。刚放下电话，客人的电话又打了过来："你们安排好没有？我们是铁杆球迷，还有2分钟比赛就开始了，再不解决问题我就要向饭店索赔了。"小陈连忙说："实在对不起，先生，我也是铁杆球迷，真的非常理解您，我现在已经让服务员从其他房间搬一台好的电视机到您的房间……"正说着，客人听到了门铃声，打开房门，服务员正抬着一台电视机走了进来。服务员以最快的速度插电源、调频道，球赛正好开始。客人围着电视机兴致勃勃地看了起来，似乎已经忘记了刚才的不快。

资料来源　赵永义．客房服务与管理［EB/OL］．［2023-06-23］．https：//www.renrendoc.com/paper/277336837.html.

问题：

① 造成客人抱怨的原因是什么？

② 结合本案例，简述饭店整体服务意识的重要性。

分析提示： 本案例中因电视机维修不及时而造成客人抱怨饭店效率太低，显然是由于工程部张师傅没有摆正自己的位置所致。饭店服务人员应充分认识到饭店是一个整体，只有各部门共同协作才会使饭店得以正常运转和发展。不论哪个部门、哪个环节的工作脱节都会影响饭店的正常运转和服务质量，进而影响饭店的效益。

同步思考7-2

如何密切客房部不同岗位之间的联系？

理解要点： 密切客房部不同岗位之间的联系，方便岗位之间的相互协作，为客人提供尽善尽美的服务，应做到：

（1）明确岗位之间的相互联系与协作关系，清楚其联系与协作的内容与方式。

（2）各下属部门相互主动配合，积极沟通，及时进行信息传递。

（3）客房部的一线服务人员应该作为客人与其他岗位员工沟通的桥梁，主动加强他们之间的联系。

7.4 客房的类型和设备用品配备

客房是饭店最基本、最主要的商品。不同类型、不同档次的饭店，为了满足客人住宿需要，设置了不同类型的客房。随着市场经济的发展和饭店之间竞争的加剧，饭店的客房种类、内部设备设施用品的配备趋向多样化，以适应不同类型客人的需求。

7.4.1 客房的类型

客房的分类方法很多，有按房间配备床的种类和数量划分的，有按房间所处的位置划分的等。只有客房类型多样，价格高低有别，才能满足不同客人、不同的消费能力的需要。

1）客房的基本分类

按房间中床的数量和规格进行分类，是客房的基本分类，通常可分为：

（1）单人房

单人房又称单人客房，是在房内放一张单人床的客房，适合单人客人使用。传统的单人间属于经济档，一般饭店单人房数量很少，并且多把面积较小或位置偏僻的房间作为单人房。

（2）大床房

大床房是在房内放一张双人床的客房，主要适用于夫妻旅行者居住。新婚夫妇使用时，称作“蜜月客房”。一些商务客人也很喜欢大床房的宽敞舒适，因此他们也是这种房间的适用对象。目前，高星级饭店出现的商务单人房就是以配备大床并增设先进办公通信设备为特色。在以接待商务客人为主的饭店，大床房的比例逐渐增加，可占客房总数的50%~60%。

（3）双床房

双床房的种类很多，可以满足不同层次客人的需求。

①配备两张单人床，中间用床头柜隔开，可供两位客人居住。这类客房占饭店客房数的绝大部分，适合于旅游团队和会议客人的需要。普通散客也多选择此类客房。

通常我们把拥有一个独立卫生间，并配备电视机、衣柜、办公桌、椅子等设备的这类双床房和大床房称为“**标准间**”。标准间面积一般为40~50㎡。

②配备两张双人床，可供两个单身旅行者居住，也可供夫妇或家庭旅行客人居住。这种客房的面积比普通标准间大。

③配备一张双人床、一张单人床，或配备一张大号双人床、一张普通双人床。这类房间能够满足家庭旅行客人的需求。

（4）三人房

三人房是在房内放3张单人床，属经济档客房。中、高档饭店这种类型的客房数量极少，有的甚至不设。当客人需要3人同住一间时，往往采用在标准间内加一张折叠床的办法。这种客房在新兴城镇或市郊的饭店还是有客源的。

（5）套房

套房也有多种类型：

① **标准套房**通常是一个标准间外加一个起居室，面积相当于一个半或两个标准

间。起居室可设供访客使用的盥洗室，内有便器与洗面盆，一般不设浴缸。

② **豪华套房**是指房间内的室内陈设、装饰布置、床具和卫生间用品等都比较高级豪华，通常配备大号双人床或特大号双人床。此类套房可以是双套间，也可以是3~5间，按功能可分为卧室、客厅、书房、娱乐室、餐室或酒吧等。

③ **复式套房**是一种两层楼套间，有楼上、楼下两层，一般楼上为卧室，楼下为起居室。

④ **总统套房**通常由5间以上的房间构成，多者达20间，套间内男女主人卧室分开，男女卫生间分用，还设有客厅、书房、娱乐室、会议室、随员室、警卫室、餐室或酒吧间以及厨房等，还有的设室内花园。房间内部装饰布置极其考究，设备用品富丽豪华。总统套房并非总统才能住，只是标志着该饭店已具备了接待国家元首的条件和档次。

2）按客房位置分类

饭店客房按位置划分，可分为：

（1）**外景房**，即窗户朝向公园、大海、湖泊或街道的客房。

（2）**内景房**，即窗户朝向饭店内庭院的客房。

（3）**角房**，即位于走廊过道尽头的客房。

（4）**连通房**，即隔墙有门连通的客房。

（5）**相邻房**，即室外两门毗连而室内无门相通的客房。

3）绿色客房

（1）"绿色饭店"与"绿色客房"

"绿色饭店"是一种新的理念，它的实质是为饭店客人提供符合环保要求的、高质量的产品，同时，在经营过程中节约能源、资源，减少排放，防止环境污染，不断提高饭店产品质量。

"绿色"一词往往和"环境保护""回归自然""生命"等相联系。"绿色饭店"只是一种比喻的说法，国际上一般把"绿色饭店"称为"生态效益型饭店"或"环境友好型饭店"。**"绿色饭店"**可以定义为：以可持续发展为理念，坚持清洁生产，倡导绿色消费，保护生态环境的饭店，其核心就是在生产经营过程中加强对环境的永续保护和资源的合理利用。

"绿色客房"是绿色饭店的重要组成部分，它是"绿色饭店"所提供的客房商品，是指无建筑、装修、噪声污染，室内环境符合人体健康要求的客房；客房内所有物品、用具及对它们的使用都符合环保要求。

（2）"绿色客房"的基本要求

① 有无烟客房楼层（无烟小楼）。

② 房间的牙刷、梳子、小香皂、拖鞋等一次性客用品不配备或按客人意愿配备，毛巾、枕套、床单、浴衣等客用棉织品，按客人意愿更换，以减少洗涤次数。

③ 改变（使用可降解的材料）、简化或取消客房内生活、卫浴用品的包装。

④ 放置对人体有益的绿色植物。

⑤ 供应洁净的饮用水。

⑥ 客房采光充足，有良好的新风系统，封闭状态下室内无异味、无噪声，各项

学习微平台

图片7-1

污染物及有害气体检测均符合国家标准。

4）主题客房

（1）主题客房的概念

饭店产品发展到今天，客人已经明显感觉到“标准房”的那种整齐划一、千店一面的乏味。为了满足客人的需求，一些有创新意识的饭店已经开始打造自己的特色，而客房的类型是其区别于其他饭店的一个重要方面，由此使得客房类型呈现多样化发展的趋势。其中主题客房以其鲜明的独特性、浓郁的文化气息和产品与服务的针对性，受到了市场的青睐。

主题客房就是运用多种艺术手段，通过空间、平面布局、光线、色彩、多种陈设与装饰等要素的设计与布置，烘托出某种独特的文化气氛，突出表现某种主题的客房。主题饭店中的客房一般都有明显的主题，其他饭店也会单独推出部分主题客房，以增加饭店产品的针对性及个性化。

（2）主题客房的风格类型

主题客房的风格类型是多种多样的，主要包括：

① 以客人年龄、性别和职业为主题，如老年客房、女子客房、蜜月客房、儿童客房、华侨怀旧客房等，这些都是主题客房中比较常见的类型。

② 以某种时尚、兴趣爱好为主题，如汽车客房、单车客房、足球客房、邮票客房、电影客房等。

学习微平台

图片 7-2

③ 以某种特定环境为主题，如监狱客房、梦幻客房、海底世界客房、太空客房等。

④ 其他主题，如以城市举办的重大国际性活动为主题的奥运主题客房、世博主题客房等；以健康为主题的健康客房、睡眠客房、养生客房等。

同步案例 7-2

巴厘岛硬石酒店一隅

背景与情境：巴厘岛硬石酒店（Hard Rock Hotel Bali）位于巴厘岛最热闹的海滩区，是硬石集团旗下的亚洲第一座以摇滚音乐为主题的地中海风情酒店，总占地面积3公顷，有418间客房。一进酒店大门，就能看到一个露天的、20多米高的大电吉他（这是巴厘岛硬石酒店的标志）。

酒店的418间客房分为六个区域并各以音乐命名，如摇滚、蓝调、另类、流行音乐等。每个房间都配备了个人CD音乐、交互式电玩游戏、自选电影等。

酒店有欧美乐队、澳大利亚乐队等摇滚乐队的现场表演，还有专业主题卡拉OK和酒廊，以及为体验者制作CD等体验项目。

资料来源 根据相关资料整理。

问题：主题客房与一般客房有什么不同？

分析提示：主题客房在产品和服务上比一般的客房更具有针对性，所以主题客房的功能不再局限于传统意义上的休息睡眠场所，更注重给予客人精神上的享受，一次在“文化之舟”上的体验，一段美好而难忘的经历。

教学互动 7-1

互动问题： 主题客房不同于一般客房，具有独特性、针对性、文化性的特点。请问：

(1) 你最喜欢什么类型的主题客房？为什么？

(2) 这种主题客房的消费群体是什么样的人？应当如何设计？

要求： 同"教学互动 1-1"的"要求"。

7.4.2 客房的功能区域

客房是客人在饭店逗留期间的主要休息和工作场所，因此满足客人的休息与工作需要是客房的基本功能。在客房室内空间处理上，通常可具体分为五个功能区域：睡眠空间、盥洗空间、起居空间、书写空间、储存空间。

标准间分为卧室和卫生间两部分，其中卧室需要集多种功能于一体。因此，首先考虑卧室空间的合理安排和使用，将卧室划分为各种不同的功能空间并合理布局。而套房则是分别用专设的房间来各司其职，或具有某项主要功能，并兼顾其他功能。

7.4.3 客房的设备用品配备

客房配备的设备用品主要包括：

(1) 布件类，如床罩、床单、枕头、枕袋、窗帘、遮光帘、毛巾等。

(2) 家具类，如衣柜、写字台、床、床头柜、行李架、电视机转盘等。

(3) 电器类，如电视机、电冰箱、电话机、各种灯具等。

(4) 文具类和低值易耗品，如服务指南、信纸、信封、烟灰缸、水杯、水壶等。

(5) 卫生间洁具及用品，如洗手盆、马桶、浴缸、淋浴器、浴室镜、香皂、浴液、牙具等。

不同档次的饭店对设备和用品的要求不同。高档饭店的设备用品应显示出名贵豪华；中档饭店的设备用品则要求美观、舒适、方便、安全；低档饭店应以实用、方便、经济、安全为原则。同一饭店的不同类型、不同档次的房间对设备用品的要求也是不相同的。但是，任何档次的饭店向客人提供的设备用品都必须是完好齐全的。各饭店可根据星级饭店标准，结合本饭店的具体情况进行客房设备用品的配备。值得一提的是，客房互联网接入已成为现代饭店客房必不可少的服务设施，饭店应高度重视。

本章概要

□ 内容提要

客房部是饭店的一个重要部门，客房收入是饭店经济收入的重要来源之一。客房部的设置直接关系到客房管理的科学性和合理性，而各岗位人员职责任务的落实、与其他部门的沟通与协调都是出色完成客房部工作的重要保证，客房的类型也直接影响饭店的经营。通过本章学习，使学生对客房部具有基本认识。

□ 主要概念和观念

▲ 主要概念

客房部　单人房　大床房　标准间　三人房　标准套房　豪华套房　复式套房

总统套房　外景房　内景房　角房　连通房　相邻房

▲ 主要观念

“绿色饭店”　“绿色客房”　主题客房

□ 重点实务

客房部组织和业务分工　客房类型与物品配置及摆放

基本训练

□ 知识训练

▲ 复习题

1）客房部在饭店中具有怎样的地位？

2）客房部的主要功能有哪些？

3）“绿色客房”的基本要求是什么？

4）客房的功能区域有哪些？

5）客房配备的设备用品主要包括哪些？

▲ 讨论题

1）通过案例分析，谈谈客房部与其他部门的沟通。

2）查阅相关资料，谈谈主题客房的设计。

□ 能力训练

▲ 理解与评价

查阅相关资料，理解与评价客房服务的发展趋势。

▲ 案例题

【训练项目】

案例分析-Ⅶ。

【相关案例】

让客人叫好的绿色饭店

背景与情境：某市机械进出口公司的戴副总经理，陪同几位泰国客人游览我国著名文化古城绍兴市，下榻在该市的某三星级饭店中。

办好住店手续，戴副总经理和几位泰国客人各自进入房间，服务员温文尔雅的举止和恰到好处的言谈使戴副总经理不由得感叹道：毕竟是文化古城的人，处处显出儒雅之态。

因为白天一连游览了兰亭等景点，戴副总经理感到腿酸、浑身乏力，脱下皮鞋便一头倒到床上。

“叮铃铃……”忽然电话铃响了，原来是同行的泰国客人从隔壁打来的，其询问国际电话如何打。戴副总经理翻开《服务指南》，把打电话的程序原原本本地翻译成泰语告诉他。这时一眼瞥到一串很有新意的句子：

“请您用正楷全称填写住房登记表。”

“请写清您的房间号码。”

“请您不要将客房改变用途。”

“请您使用客房内的保险箱。”

……

戴副总经理感触很深，回过头去，又一眼瞅到床头柜上写着标题为“欢迎参加我们的环保活动”的醒目牌子，内容是“欢迎参加我们的活动，您只需在离开房间前做几件事：将房间的灯熄灭，关掉暖气、空调、电视、收音机；减少被单、浴巾的更换次数，节约用水。我们饭店的全体同仁对您为节约大地资源所做的一切表示衷心的感谢！对环保活动有何建议，请拨打分机7。再次对您表示感谢”。牌子的另一面则写着“床上请勿吸烟”。

戴副总经理脑海中立刻浮现出另一幅画面：3天前，他们一行人在另一座中等城市入住的一家规格不低的酒店里，床头柜上白底红字写着“严禁在床上吸烟”，后面还有一个硕大的感叹号。在这儿，“严禁”换成了“请勿”，戴副总经理感到非常人性化，他一时兴起，躺不住了，干脆朝四周环视，看看还有什么新鲜事物。他又发现镜台上有一块色彩素雅的牌子，上面写着几行字，便读起来：“为了您的方便，客房内已为您提供了备用物品，这些物品是客房备品的一部分，请您协助服务员做好房内设备、用品的保管、保养工作。如因使用不当而造成房内设备损坏和用品失少等，饭店将向您收取一定的费用作为补偿。如果您想选购，请与客房部联系。”

戴副总经理又来到卫生间，贴在梳妆镜旁边的草绿色的牌子吸引了他的目光：“世界各地千万家旅馆中所使用的床单、浴巾每天都需要更换清洗，用掉了以几百万加仑计的水和以吨计的清洁剂。通常我们每天都对客人的浴巾、毛巾进行换洗，如果您觉得不必换洗，请将继续使用的浴巾、毛巾放到毛巾架上；如果需要换洗，请将它们放在梳妆台下的藤筐里。”温文尔雅的表述中充满了环保意识，戴副总经理不禁拍手叫好！

资料来源　佚名．酒店成本管理案例分析［EB/OL］．［2017-09-30］．https：//max.book118.com/html/2011/0613/290018.shtm.

问题：

1）客人为什么对该饭店客房的服务用语设计叫好？

2）结合本案例，谈谈创建绿色客房的重要性。

【训练要求】

同第1章“基本训练”中本题型的“训练要求”。

▲ 自主学习

【训练项目】

自主学习-Ⅳ。

【训练步骤】

1）将班级同学组成若干“自主学习”训练团队，每队确定一人负责。

2）各团队根据训练项目需要进行角色分工。

3）通过校图书馆、院资料室和互联网，查阅“文献综述格式、范文及书写规范要求”和近3年关于“客房部与其他部门的沟通协调”研究的前沿学术文献资料。

4）综合和整理“客房部与其他部门的沟通协调”研究的前沿学术文献资料，依照“文献综述格式、范文及书写规范要求”，撰写《“客房部与其他部门的沟通”最新文献综述》。

5）在班级交流各团队的《“客房部与其他部门的沟通”最新文献综述》。

6）在校园网的本课程平台上展出经过修订并附有教师点评的各组《“客房部与

其他部门的沟通”最新文献综述》，供学生相互借鉴。

□ 课程思政

【训练项目】

课程思政-Ⅶ。

【相关案例】

该不该透露住客房号

背景与情境：一天，两位客人来到某酒店前厅接待处，询问有没有一位杨×先生入住在此酒店。前厅接待员首先询问了访客的基本情况后，立即进行了查询，确实有一位杨××先生入住，接待员立刻接通了杨先生的房间电话，但是很长时间没有人应答。接待员便礼貌地告诉来访客人，确有一位杨××先生在本酒店入住，但是此刻不在房间，接待员请两位客人在大堂休息处等候，或在前厅留言，与杨先生另行安排时间会面。两位来访客人对接待员的答复并不满意，并一再声称他们与杨先生有急事要联系，请接待员告诉他们杨先生的房间号码。接待员礼貌而又耐心地向他们解释，为了保障住客的安全，本酒店规定在未征得住店客人同意的情况下，不能将其房号告诉他人。同时建议来访客人在前厅给杨先生留个便条，或随时与酒店前厅联系。两位客人听后给杨先生留下便条便离开了酒店。杨先生回到酒店后，接待员将来访者留下的便条交给了他，并说明为了安全起见，前厅没有将他的房号告诉来访者，请杨先生谅解。杨先生当即表示理解并向接待员致以谢意。

资料来源 佚名．该不该透露住客房号［EB/OL］．［2022-04-21］．https：//wenku.baidu.com/view/6ad61f0ca6e9856a561252d380eb6294dc882245.html.

【问题】

1）为客人保密是酒店员工的基本职责，您认为接待员的做法是否正确？

2）满足顾客求安全的需要，为什么对于酒店经营与管理非常重要？

3）假设访客也是酒店以往的熟客，并且您认识，您会不会告诉杨先生的房号？

4）通过上网等途径则集作为思政研判的规范或标准。

【训练要求】

同第1章“基本训练”中本题型的“训练要求”。

第8章 客房及公共区域清洁卫生

● 学习目标

通过本章学习，应该达到以下目标：

职业知识：学习和把握客房清洁整理工作的内容、规程和注意事项，客房卫生质量控制的方法和标准，饭店公共区域清洁卫生工作的特点、业务范围和主要部位清洁卫生的要求以及“延伸阅读”等理论与实务知识；能用其指导本章“同步思考”、“教学互动”和“基本训练”的“知识训练”中各题型的认知活动，正确解答其相关问题。

职业能力：点评“客房清洁整理的重要性”，训练专业理解力与评价力；运用“客房及公共区域清洁卫生”的职业知识研究相关案例，训练对特定情境下当事者行为的“多元表征”专业能力和“与人交流”的通用能力；参加“自主学习-Ⅷ”的训练，通过“客房清洁整理”的实训操练及实训课业的撰写、讨论与交流，训练相关专业技能。

课程思政：结合“客房及公共区域清洁卫生”教学内容，依照相关规范或标准，对“课程思政8-1”、“课程思政8-2”和章后“课程思政-Ⅷ”中的企业及其从业人员行为进行思政研判，培养高尚的道德情操，树立社会主义核心价值观。

学习微平台

思维导图8-1

引例：洁癖绅士住店

背景与情境：在全世界享有盛誉的北京××饭店之所以能赢得中外客人的青睐，是因为饭店能够针对每位客人的特殊需求提供个性化服务。而提供个性化服务需要熟悉每位客人的习惯、性格、信仰、爱好、脾气等，因此必须建立详细的客史档案。该店客史档案中有这么一条：史密斯先生，美国加州旧金山人，45岁，爱好清洁，经常住408房……

有一次，前厅部接到史密斯先生预订房间的传真，他将于下周二抵达北京。于是，客房部立即着手准备接待工作。这位美国客人每次来北京都住在××饭店，先后已有10次之多。客房部几乎每个服务员都知道他对卫生清洁的苛求，所以接待他时特别小心，唯恐稍有不慎惹他不满。在史密斯先生到达前两天，楼层服务员开始忙碌起来。大家都知道，这位客人对白色有着独特的偏爱，房内布件必须清一色洁白。这两天，408房不再接待别的客人，窗帘、毛巾、浴巾、睡衣……统统换成白色的。沙发不是白色的，怎么办？饭店早已专门为他定制了纯白色的沙发套，此时房内变成了一个白色的世界。深色的地毯与周围一片白色形成了明显的反差。客房部为购买白色地毯曾走遍了北京城，竟没有找到。一位服务员提议买块厚实的白布把地毯包起来，这个意见得到了领导的认可。这样一来，408房从上到下白得无懈可击。史密斯先生深知××饭店极其尊重他的这一怪癖，他发来预订传真就是希望酒店能早些按“老规矩”准备。即使如此，他一踏进408房还是立刻在屋角、床边、桌脚细细检查起来。史密斯先生容不得房里有一粒肉眼可辨的尘埃，也不许有一丝毛发。他在四周察看一番后才肯在沙发上坐下。客房部还为他的房间制定了特殊的打扫制度：每天增加打扫次数，而且必须当着他的面打扫。经理把最细心、最负责的服务员分配到408房，沙发套、窗帘、桌布每天都得更换，他的私人物品绝不容许他人触摸或挪动位置……

史密斯先生说：他在国外住过许多饭店，服务质量都不能与××饭店相比，那些饭店没有专用沙发套，只是用一块白布罩一下而已，也没有专门的服务员，只有常规的打扫……

资料来源　李作华. 酒店前厅客房部服务案例［EB/OL］.［2023-10-20］. https://doc.mbalib.com/view/7707af3aa92ec2494e5db3a198966080.html.

客房清洁卫生是住店客人最敏感的问题，上述案例告诉我们，客房服务员要严格执行清洁卫生规程与标准，确保客房卫生质量，使住店客人放心、满意；同时，又要灵活运用这些规程与标准，使日常操作升华为个性化服务，以满足客人的特殊需要。本章将介绍客房及公共区域的清洁整理与质量控制。

8.1 客房清洁整理与质量控制

清洁卫生工作是客房部的一项主要任务，同时，也是饭店一切工作的基础和前提。客房是客人在饭店逗留时间最长的地方，也是其真正拥有的空间，因此客人对于客房的要求也往往比较高。市场调查表明，客人选择饭店需要考虑各种要素，这些要素对不同类型、不同层次的客人来讲是不尽相同的或侧重点不同，但是对客房清洁卫生的要求却是相同的。因此，搞好客房的清洁整理，保证客房清洁卫生、舒适典雅、用品齐全是客房部的一项重要任务。

同步资料8-1

美国康奈尔大学饭店管理学院的学生曾花了1年的时间，调查了3万名顾客，其中60%的人把清洁、整齐作为对饭店服务的“第一要求”。美国拉斯维加斯米高梅大饭店的一位客房部经理曾经说过：“客房是饭店的心脏，除非客房的装修完好、空气新鲜、家具一尘不染，否则你将无法让客人再次光顾。”

学习微平台

视频8-1

8.1.1 客房清洁整理的准备工作

为了保证客房清洁整理的质量，提高工作效率，必须做好客房清洁整理前的准备工作。

1）签领客房钥匙

客房服务员应准时上岗，上岗前应按饭店的规定换好工作服，整齐着装，整理好仪容仪表，然后到客房中心签到。值班经理或领班须对服务员的仪容仪表、精神状态进行检查，然后下达工作任务。下达工作任务时，需要使每位服务员明确自己的工作楼层、客房号、当日客情、房态以及特殊要求或特殊任务等。

服务员接受工作任务后，要领取工作钥匙。工作钥匙由客房中心值班员统一收发保管。领取工作钥匙时，必须履行签字手续，填写“钥匙收发登记表”。服务员领取钥匙后必须随身携带，然后尽快到达自己的工作岗位并立即进入工作状态。

2）了解分析房态，决定客房清扫程度和清扫顺序

服务员在开始清扫整理前，须了解核实客房状况，其目的是确定房间清扫的程度和清扫顺序，这是必不可少的程序。

（1）不同状况的房间，其清扫要求不同

① 简单清扫的房间。空房属于这一类房间，一般只需要清理房间的表面卫生和放掉水箱、水龙头内积存的陈水。

② 一般清扫的房间，如长住房。

③ 彻底清扫的房间，如住房和走客房都属于此类房间。

（2）决定清扫顺序

服务员在了解核实了自己所要打扫的客房状态后，应根据开房的急缓先后、客人情况或领班的特别交代，决定房间的清扫顺序。客房的一般清扫顺序为：

① VIP房。此类房间须在接到清扫通知的第一时间清扫，并按饭店规定的礼遇规格要求进行布置。

② 挂有“请清理房间”牌子的房间。

③ 住客房。

④ 走客房。

⑤ 空房。

合理安排清扫顺序，其目的在于既要满足客人的特殊需求，又要优先考虑加速客房出租的周转。因此，以上清扫顺序不是一成不变的，如遇特殊情况可做灵活变动。例如，在旅游旺季，客房较为紧张时，也可考虑先打扫走客房，使客房能尽快重新出租。

长住房应与客人协商，定时打扫。待修房因房内有质量问题需要维修，应检查是否修好。如果尚未修好，一般不予清扫。“请勿打扰”房的客人要求不受打扰，一般在客人没有取消这一要求前，不予打扫客房。但是，如果客房长时间挂着“请勿打扰”的牌子或亮着指示灯超过饭店规定的时间，则应按规定的程序和方法进行处理。

同步业务8-1

客房的一般清扫顺序是怎样的？

业务解析：（1）VIP房。（2）挂有“请清理房间”牌子的房间。（3）住客房。（4）走客房。（5）空房。

3）准备工作车和清洁工具

工作车是客房服务员清扫整理房间的重要工具。准备工作车，就是将其内外擦拭整理干净，然后将干净的垃圾袋和布草袋挂在挂钩上，再把棉织品、水杯、烟灰缸、文具用品及其他各种客用消耗品备齐（准备数量为客房一天的消耗量），按规定的标准整齐地摆放在车上，要求工作车完好无损，车上房间用品和清洁工具齐全整洁，摆放有序。最后备齐各种清扫工具。

吸尘器是客房清扫不可缺少的清洁工具，使用前，要检查各部件是否严密，有无漏电现象，如有问题要及时修好，还要检查蓄尘袋内的灰尘是否倒掉。

工作车和清洁工具的准备工作，一般要求在头天下班前做好，第二天进房前，还须做一次检查。

服务员在做好以上准备工作后，应再次检查一下自己的仪容仪表，然后将工作车推到自己负责的清扫区域，停在走廊靠墙的一侧，以免影响客人行走。吸尘器也应摆放好。

同步思考8-1

合理安排清扫顺序的目的是什么？

理解要点：既要满足客人的特殊要求，又要优先考虑加速客房的出租周转。

课程思政8-1

更换新床单

背景与情境：住在8252房间的客人是酒店的老客户。21点36分，他来电反映床上的床单有污渍，要求换新的，台班马上告诉服务员去补；21点52分，客人又来电询问此事。经过落实，第一次打电话后服务员未及时去补，这引起了客人的不满。第二次台班又告诉中班，中班补充后向客人道歉。

资料来源　根据相关资料整理。

问题：为什么酒店服务要不断升级和创新？

研判提示：服务员忘记客人交办的事情，这是绝对不该犯的错误。客人每次所期望的服务质量都会比上一次高，当我们为客人提供过一次个性化服务，那么第二次客人已经把对我们的期望提升了一个层次，哪怕是我们再一次提供个性化服务，客人都会感觉很正常，可是一旦我们不向客人提供个性化服务，客人就会很失望，因为他所期望的比他实际得到的要高，所以我们只有不断提升我们的服务标准，才能达到客人的期望。

8.1.2　房间的清洁整理

为了保证房间的清洁整理工作能够有条不紊地进行，提高劳动效率，同时避免过多的体力消耗和意外事故的发生，客房部要制定卫生操作程序，实行标准化管理，这是客房清洁卫生管理的首要内容。这些卫生操作程序规定了服务员的操作步骤、操作方法、具体要求、质量标准等。客房服务员应根据不同的客房类型，严格按照清扫的程序和方法进行，使之达到饭店规定的质量标准。

1）走客房和住客房的清洁整理

走客房和住客房的清洁整理程序可概括为八个字：进、撤、铺、抹、洗、补、吸、检。

（1）进：敲门进入房间

① 检查工作车上的备品是否齐全，然后将工作车停放在待清洁房间一侧的房门口，吸尘器放在工作车一侧。

② 轻轻敲门两次，每次相隔3秒，每次敲3下，并按门铃一次，报称“客房服务员”，等客人反应。需要注意的是：声音要适度，不要垂下头或东张西望，不得从门缝或门视镜向内窥视，不得耳贴房门倾听。

③ 如果听到客人有回音，服务员应说明来意，等客人开门后方可进入。如果房内无反应，可用钥匙慢慢地把门打开，并再次报称“客房服务员”。如果进房后发现客人在卫生间，或正在睡觉，或正在更衣，应立即道歉，退出房间，并轻轻把房门关好。

学习微平台

视频8-2

④ 进房清扫整理前，将“正在清扫”的牌子挂在门把手上。

在整个清扫过程中，房门必须始终敞开。清扫一间开启一间，不得同时打开几个房间，以免客人物品被盗。

（2）撤：撤走用过的客房用品

①进入卫生间，撤下客人用过的布草（客人自带的巾类除外），要将布草一件件打开检查是否夹带其他物品；要注意消耗品的回收和再利用，将客人用过的香皂、浴液、洗发液分类放在清洁篮内，同时注意如有剃须刀等尖利物品和废电池等对环境有污染的物品应单独处理；用过的牙具等杂物应放入垃圾桶内，然后把垃圾桶内的垃圾袋卷起放于卫生间门侧的地板上。

②把空调出风调至最大，温度调至最低，以加快房间空气对流，使房间空气清新。

③依次将在衣柜、行李柜、组合柜、冰箱、咖啡台、床头柜等处放置的客人用过的物品撤走。如果房间内有免费招待的水果，要将不新鲜的水果及果皮盘一同撤走。在走客房状态下，还应检查是否有客人的遗留物品。清理住客房的垃圾杂物时，不经客人同意，不得私自将客人的剩余食品、酒水饮料及其他用品撤出房间。

教学互动 8-1

互动问题： 住客房与走客房的清扫有什么区别？

要求： 同“教学互动 1-1”的“要求”。

同步案例 8-1

隐形眼镜不翼而飞

背景与情境： 王先生夫妇来广州旅游，住进了一家五星级酒店。第二天一早他们去吃早餐，准备回来后去越秀公园转一转。可是当他们回到房间时，王夫人发现自己的隐形眼镜不见了。她说：“刚才去吃早餐前我还看见了呢。”于是，他们四处寻找未果，无奈，王先生向酒店提出投诉。

经核实，王先生夫妇去吃早餐从出门到回房，准确的时间是50分钟，而在这一段时间内，只有实习生小平进入过房间打扫卫生。小平回忆当时的情景，发现自己把杯子里的隐形眼镜和药水当作剩水给倒掉了。对此，她后悔莫及。

资料来源 佚名. 客房服务与管理案例分析［EB/OL］.［2022-05-07］. https: //wenku.baidu.com/view/2dfac106925f804d2b160b4e767f5acfa1c78336.html.

问题： 从本案例中可吸取的教训是什么？

分析提示： 饭店服务无小事。客房清洁整理工作必须严格按操作规程进行，服务员要有良好的职业素养和高度的责任心，要尊重客人对客房的使用权。清扫客房时，对客人的一切物品只能稍加整理，不能随意移动位置，更不能随便扔掉。

④拉开窗帘、窗纱至窗户中间位置，让光线照射进来。

⑤逐条撤下用过的被套、枕袋和床单，放进工作车，并带入相应数量的干净床单和枕袋。床单要一张张撤，并抖动一下以确定未夹带客人的物品；床上有客人衣物时，要整理好；脏床单要卷好放在布草袋里，不要放在地上；切忌将脏床单和干净的床单混放，以免沾染细菌。

学习微平台

视频 8-3

⑥把电热水壶、冰壶拿到卫生间倒掉剩水，用过的烟灰缸要冲洗；把客人用过的杯具撤出放于工作车上。

（3）铺：铺床

铺床可分为西式铺床和中式铺床两种。现在大多数饭店取消了传统的西式铺床，而采用中式铺床的方式。中式铺床的一般程序为：

① 拉床。站在床尾将床连同床垫同时慢慢拉出离床头板 50cm，对正床垫，并根据床垫四边所标明的月份字样，将床垫按期翻转，使其受力均匀。

② 开单。用左手抓住床单一头，用右手提住床单另一头，并将其抛向床头边缘，顺势打开床单。

③ 甩单。两手相距 80~100cm，手心向下，抓住床单头，提起约 70cm 高，身体稍向前倾，用力甩出去，床单在床四周均匀垂下。床单应正面朝上，中线居中。

④ 包床头和包角。包床头时，应将床头下垂的床单掖进床垫下面。包角时，右手将右侧下垂床单拉起折角，左手将右角部分床单折成直角，然后右手将折角向下垂直拉紧、包成直角，右手将余出下垂的床单掖入床垫下面。每个角要紧而且成直角。

⑤ 套枕套。将枕芯反折 90°，压在枕套口上，把枕芯一次放到位；套好的枕头必须四周饱满平整，枕芯不外露。

⑥ 放枕头。将两个枕头放置居中，距床头约 10cm 处，枕套口反向床头柜。

⑦ 套被套。被套展开一次到位，被子四角以饱满为准，正面朝上。

⑧ 铺被子。被边反折回 30cm，与枕头成切线，两侧自然下垂；被尾自然下垂，两角折成 90°，中线与床单中线对齐。

⑨ 铺床尾巾。将床尾巾平铺于床尾，不偏离中线，两侧自然下垂，距离相等。

⑩ 将床复位。弯腰将做好的床缓缓推回原位置，最后再将做完的床查看一次。对不够整齐、造型不够美观的床面（尤其是床头部分）稍加整理。

（4）抹：抹尘

① 从门外门铃开始抹至门框。按顺时针或逆时针方向抹尘，先上后下，先里后外，先湿后干，不留死角。灯泡、镜面、电视机等要用干布抹尘。

② 将物品按规定摆放整齐，抹尘的过程中应默记待补充的物品。

③ 抹尘时，每一件家具、设备，都要逐一认真检查，如有损坏，应在“楼层服务员做房日报表”上做好记录。

抹尘时，房间用抹布和卫生间用抹布必须分开。不得用客人“四巾”做抹布。

（5）洗：清洗卫生间

卫生间是客人最容易挑剔的地方，因为卫生间是否清洁美观、是否符合规定的卫生标准，直接关系到客人的身体健康，所以卫生间清洁工作是客房清扫服务的重点。

① 进入浴室，撤出客人用过的皂头、浴液、洗发液及其他杂物，清理纸篓，用清洁剂全面喷一次“三缸”（浴缸、洗脸盆、马桶）。

② 用毛球刷擦洗脸盆、云石台面和浴缸，然后用花洒放水冲洗。用专用的毛刷洗刷马桶。

③ 用抹布擦洗“三缸”及镜面、浴帘。马桶要用专用抹布擦洗，注意两块盖板及底座的卫生，擦洗完毕后加封“已消毒”的纸条。

④ 用干布抹干净卫生间的水渍，要求除马桶水箱蓄水外，所有物体表面都应是干燥的。不锈钢器具应光亮无迹，同时默记卫生间需补充的物品。

清洗卫生间时必须注意不同项目使用不同的清洁工具和清洁剂。清洁后的卫生间必须做到整洁干净，干燥，无异味，无脏迹、皂迹和水迹。

（6）补：更换补充客房用品

补充房间和卫生间内的备品，按规定的位置摆放好。整理房间时，将客人的文件、杂志、书报等稍加整理，放回原来的位置，不得翻看。尽量不触动客人的物品，更不要随意触摸客人的照相机、计算器、笔记本和钱包之类的物品。

学习微平台

视频 8-4

同步案例 8-2

没有补上的洗衣袋

背景与情境：早上客人退房时，在结账清单上发现多收了 20 元，就问是怎么回事，当班服务员解释说：“在查房时，发现少了洗衣袋。按酒店规定，如果客人拿走一个洗衣袋，前台就要加收客人 20 元。”客人听了很生气：“什么洗衣袋？我没有拿过，是你们的服务员昨天拿了没有补回去。”于是，客人在大堂里大吵大闹。

房务中心打电话给当天值早班的服务员小芹及清洁服务员和领班，清洁服务员和领班都没注意，也没印象，而小芹想起来了，这完全是她的错，她确实收了客人的衣袋洗衣，却没有补回去，也没有登记交班。最终由经理出面向客人赔礼道歉，并给客人的房费打了八折，客人才罢休。

资料来源 林玉娇. 客房投诉案例分析［EB/OL］.［2015-06-30］. https: //wenku.baidu.com/view/f7ed3d5f195f312b3069a57e.html.

问题：怎样杜绝类似的事情发生？

分析提示：客房服务一定要按照工作程序进行，不能因图快而忽视质量；工作时一定要注意客人房间里的物品和设施，多了什么，少了什么，心里一定要有数。既要保证酒店在经济上不受损失，也要尽量减少客人的投诉，维护酒店的声誉。

（7）吸：吸尘

吸尘时要由里往外吸，先吸房间，后吸卫生间。注意行李架、写字台底、床头柜底等边角位的吸尘。

（8）检：检查清扫质量

① 吸尘后，客房的清扫工作结束，服务员应回顾一下房间、卫生间是否干净，家具、用具是否摆放整齐，清洁用品是否遗留在房间等。

② 关好总电开关，锁好门，取下“正在清扫”的牌子。若客人在房间，要礼貌地向客人表示谢意，然后退出房间，轻轻将房门关上。

③ 填写“楼层服务员做房日报表”。

同步业务8-2

走客房（或住客房）的清洁整理程序是怎样的？

业务解析：可概括为八个字：进、撤、铺、抹、洗、补、吸、检。

同步资料8-2

浙江省绍兴咸亨大酒店的客房里放着一封致宾客的信，上面写道：

“为了节约水资源、减少污染，通常我们将不再更换可重复使用的棉织品，客房内备有卡片和告示，您若需要更换可告知我们。”

“一次性消耗用品的过度使用导致污染和浪费，因此请您尽量减少使用。在您用完之前我们将不再添加，您需要时可以致电服务中心。”

“鉴于废电池对土壤的严重污染，大堂设有废电池收集箱，请您将废电池放入此箱，我们将统一处理。”

资料来源 曾雪近，程春红. 浙江饭店业掀“绿浪”［J］. 中国旅游报，2000-12-15.

课程思政8-2

脏毛巾擦完马桶再擦茶杯

背景与情境：某著名酒店集团的宣传的口号是为客人提供“干净、温馨”的服务。入住过的客人，对其干净、温馨的房间都有印象。那么这家酒店集团是否真如它宣传中所说的那样干净、温馨呢？某日，某报记者应聘这家酒店集团的一个分店，以客房服务人员的身份卧底暗访，发现的问题却令人吃惊！

记者看到，酒店的清理箱里很多白刷成了“黑刷”，脸盆刷和卫生间刷挨着放，沾满头发的地刷和清理杯子的毛巾放在一起，白抹布脏成黑抹布也不换新的。清洁车上的抹布基本都是乱挂的，擦马桶、脸盆、杯子的抹布不区分。一位服务员告诉记者，“酒店脏死了，我从来不敢住”。

在清理卫生间时，一位服务员用一块粉红色的小毛巾擦洗脸盆，擦完洗脸盆后又拿着擦马桶，擦完马桶后直接拿起来擦茶杯。跟着另一位客房服务员干活时，记者看到她也用同一块抹布擦拭马桶、马桶盖和洗脸池。擦完后不清洗直接放到清理箱里，下一间房继续用这块抹布。而挂在清洁车一侧的几条抹布却从来不用。

在酒店的布草间里，记者看到墙上布告栏里写着“地脚线清洁”“遥控器消毒”“电话机消毒”的清洁规章。但记者发现，在实际操作过程中这些规章制度几乎成了“一纸空文”。打扫房间时没有人擦遥控器，更没有人去消毒。

记者看到了一扇用粉红色纸写着“消毒间”的门，推开后记者看到，里面有一些消毒设备；一块写着消毒间操作规范的布告栏，下面贴着“百洁布”“口杯布”“消毒记录表”三个小纸条，消毒记录表上写了十多行后就没有了，过洗池、消毒池里面没有水，一侧摆放着一个没有插电的消毒柜和一个蓝色的杯具消毒桶。

按照该酒店的消毒间操作规范，客人用的烧水壶、口杯和茶杯都需要经过消毒处理。于是，记者问客房服务员：“杯子是不是要拿到消毒间消毒？”客房服务员告诉记者：“不用消毒，我们从来不用那个消毒间，都消毒那得多累呀。”

打扫房间时记者看到，客人用过的茶杯，客房服务员会拿到卫生间用水冲冲擦干，然后重新放到桌子上，没有经过任何消毒处理。而烧水壶也没有像布告栏中写的那样用“白醋消毒清洗”，大多数情况下将水倒掉就摆上了。抹布天天用，也没有消毒处理。清理卫生间时，洗脸池、马桶也都是直接用刷子、抹布擦擦，基本不用清洁剂，更没有用消毒液消毒。

……

这样的酒店谁敢住？

资料来源　半岛网. 如家快捷酒店被曝光脏毛巾擦完马桶再擦茶杯［EB/OL］.［2012-04-11］. https://go.huanqiu.com/article/9CaKrnJwA0r.

问题：

（1）本案例反映了该酒店服务员存在哪些职业道德问题？

（2）为什么会出现如此严重的问题？

（3）酒店管理者应如何杜绝此类问题？

研判提示：酒店是客人的家外之家，客房是客人真正拥有的私人空间，卫生是客人对房间最重要的要求。对客房卫生管理工作，酒店都有健全的操作规程和质量控制标准。按照这些操作规程工作，为客人提供干净、整洁、舒适和安全的住宿环境，是客房服务员的基本职责，也是起码的职业操守。但是，服务员在清扫房间时，都是单独作业，整个工作过程没有管理者（或客人）监督。如果服务员缺乏职业道德和责任心，制度就会成为一纸空文，工作就会出现问题。问题出在员工身上，责任在于管理不到位。管理者要杜绝此类问题，必须真正地把制度执行到位。要从员工招聘、职业素养教育与技能培训、监督检查、薪酬以及工作量的安排等方面加强管理力度。

2）空房的清洁整理

空房是客人走后经过清扫尚未出租的房间。空房的清洁整理，主要是擦净家具、设备，检查房间用品是否齐备。虽然空房的整理较为简单，但是却必须每天进行，以保持其良好的状况，随时能住进新客人。具体做法是：

（1）仔细查看房间有无异常情况。

（2）用干湿适宜的抹布擦拭家具、设备、门窗等（与住客房程序相同）。

（3）卫生间马桶、地漏放水排异味，抹卫生间浮灰。

（4）连续空着的房间，要每隔3~4天吸尘一次，同时卫生间的各水龙头放水1~3分钟，直到水清为止，以保证水质的洁净。

（5）卫生间“四巾”因干燥失去柔软性，须在客人入住前更换新的。

（6）检查房间设备情况。

（7）看天花板、墙角有无蜘蛛网，地面有无虫类。

3）小整理服务

小整理服务是对住客房而言的，就是在住客外出后，客房服务员对其房间进行简单的整理。其目的是让客人回房后有一种清新舒适的感觉，使客房经常处于干净整洁的状态。小整理服务是充分体现饭店优质服务的一个重要方面。各饭店应根据自己的经营方针和房价的高低等实际情况，决定是否需要提供小整理服务。一般应至少对VIP房间和高档房间提供这项服务。具体做法是：

（1）拉回窗帘，整理客人午睡后的床铺。

（2）清理桌面、烟灰缸、纸篓内和地面的垃圾杂物，注意有无未熄灭的烟头。

（3）简单清洗整理卫生间，更换客人用过的“四巾”、杯具等。

（4）补充房间茶叶和其他用品。

4）夜床服务

夜床服务就是对住客房进行晚间寝前整理，又称“做夜床”或“晚间服务”。夜床服务是一种高雅而亲切的服务，其作用主要是方便客人休息；整理干净使客人感到舒适；表示对客人的欢迎和礼遇规格。

夜床服务通常是从晚5点开始或按客人要求做，在晚9点之前做完，因为晚9点以后再去敲门会打扰客人休息。夜床服务主要包括房间整理、开夜床、卫生间整理、设施设备运行状态检查等项工作。其基本操作规程是：

（1）敲门进入房间。敲门时报称“客房服务员”。如客人在房内，先礼貌地询问客人是否要做夜床，征得同意后方可进入。如客人不需要做夜床，要向客人表示歉意，并道晚安。若房内无人，则应启门进入房间。

（2）开灯，将空调开到适宜的温度。

（3）整理清理烟灰缸、废纸杂物，同时查看物品有无短缺。

（4）开夜床。根据住客人数开床，遇有客人摆放较多物品在床上，或需把行李搬开的情况下不用开夜床。小件物品可移开，但切记开完夜床后把物品归位。一室两床的房间，如果只有一个客人住，则开靠卫生间墙面的那张床，或按客人习惯开床。具体做法如下：

① 将床头柜一侧的棉被向外掀起，折成45°。

② 折松枕头并将其摆正，如有睡衣应叠好放在枕头上，同时摆好拖鞋。

③ 按饭店的规定在床头的枕头上放上晚安致意品。

（5）除夜灯、通道灯、近墙的床头灯和台灯之外，其他灯应关上。

（6）轻轻拉上窗帘，关好衣柜门，回头检视一圈。

（7）整理卫生间包括：

① 将客人使用的“三缸”，用清水冲洗擦干，将防滑垫平面向上，铺在浴缸正中。床巾、浴帘拉上1/3，浴帘底部抛进浴缸。

② 将客人使用过的“四巾”、杯具进行更换补充，更换VIP房间的香皂。

③ 垃圾倒在卫生间垃圾桶内。

④ 卫生间地面较脏时，应用湿抹布擦干净。

⑤ 回头巡视一遍，关灯，掩门。

（8）断电，退出房间，关好门。

若客人在房间，以上操作程序应简化，动作要快捷，在退出房间时，要向客人道声“打扰了，晚安”，将门轻轻地关好。

（9）填写“晚间服务记录单”。

同步思考8-2

夜床服务的作用是什么？

理解要点：（1）方便客人休息。（2）整理干净房间使客人感到舒适。（3）表示对客人的欢迎和礼遇规格。

夜床服务是高星级饭店对住店客人提供的必备服务项目。对预抵房也应直接开好夜床，欢迎客人的到来，而不是客人到店后才做夜床服务。同时，根据以往的经验，可以预开一定数量空房的夜床，以保证晚上陆续到店的未预订客人也可以享受无打扰的夜床服务。中、低星级饭店和经济型饭店根据饭店的档次、经营成本和客人情况等确定是否提供此项服务。

8.1.3　客房计划卫生

计划卫生，即周期性的清洁保养工作。**客房计划卫生**是指在搞好客房日常清洁工作的基础上，拟订一个周期性清洁计划，采取定期循环的方式，对客房的死角或容易忽视的部位及家具设备进行彻底的清扫和维护保养，以进一步保证客房的清洁保养质量，使客房设施设备维持良好状态。

各饭店根据自己的设施设备和淡旺季合理地安排客房计划卫生的内容、周期和时间。

饭店的客房计划卫生一般分为两类：

（1）除日常的清扫整理外，规定每天对某一部位或区域进行彻底的大扫除。例如，客房服务员负责12间客房的清扫，每天彻底大扫除一间，则12天即可完成其负责的所有客房的彻底清扫。也可以采用每天对几个房间的某一部位进行彻底清扫的办法。例如，对日常清扫不到的地方通过计划日程，每天或隔天彻底清扫一部分，经过若干天后，也可以完成全部房间的大扫除。

（2）季节性大扫除或年度性大扫除。这种大扫除只能在淡季进行，清扫的内容不仅包括家具，还包括对某一楼层实行封房，以便维修人员利用此时对设备进行定期的检查和维修保养。

8.1.4 清洁整理质量控制

客房卫生管理的特点是管理面积大，人员分散，时间性强，质量不易控制。而客房卫生工作又要求高质量、高标准、高效率，其管理好坏是服务质量和管理水平的综合反映。因此，客房部管理人员必须抽出大量时间，深入现场，加强督导检查，以保证客房卫生质量。

1）客房的逐级检查制度

客房的逐级检查制度主要是指对客房的清洁卫生质量进行检查，实行服务员自查、领班全面检查和管理人员抽查的逐级检查制度。这是确保客房清洁质量的有效方法。

（1）服务员自查

服务员每整理完一间客房，应对客房的清洁卫生状况、物品的摆放和设备的完好等做自我检查。这在服务员客房清扫程序中要予以规定。通过自查，可以加强员工的工作责任心和服务质量意识，以提高客房质量的合格率，同时也可以减轻领班查房的工作量。

（2）领班全面检查

服务员整理好客房并自查完毕，由楼层领班对所负责区域内的每间客房进行全面检查，并保证客房质量合格。领班查房是服务员自查之后的第一道关，往往也是最后一道关，是客房清洁卫生质量控制的关键。如果是走客房，经领班检查合格后，才可成为OK房，总台才可据此将该客房向客人出租。因此领班的责任重大，必须由工作责任心强、业务熟练的员工来担任。一般情况下，楼层领班应专职负责楼层客房的检查和协调工作，应加强领班的监督职能，防止检查流于形式。

通常，领班每天要对其所负责的全部房间进行普查，并填写“楼层客房每日检查表”。但有的饭店领班负责的工作区域较大，工作量较重，则每天至少应检查90%的房间，一般可以对住客房或优秀员工所负责的房间进行抽查。

领班查房时如发现问题，要及时记录并加以解决。对不合格的项目，应开出“做房返工单”，令服务员返工，直到达到客房质量标准。对于业务尚不熟练的服务员，领班查房时要给予帮助和指导，这种检查实际上就是一种岗位培训。

同步案例8-3

OK房不OK

背景与情境：一辆旅游大巴车在某一刚被评上三星级的新饭店门前停下，车上50余位客人鱼贯而出，大堂里接待员、行李员、保安员互相配合，客人很快便被一一安排进了房间。

20分钟后，大堂副理接到612房一位老妇人打来的电话，客人投诉说洗手间马桶水箱里没水。大堂副理答应马上派人前去修理。不到5分钟，一名维修人员出现在612房。他先代表饭店向客人道歉，接着便熟练地动手干起来。一会儿工夫，故障就被全部排除了，水箱里很快便注满了水。

大堂副理做出修理安排后又立即与客房部联系，了解该房情况，后查明这是一位领班的责任：把非OK房报成了OK房。

这个旅游团早在2周前就在该饭店预订了房间，前厅部在入住前一天已做了安排。原住在612的客人上午办了离店手续，服务员清扫了房间，领班也按程序检查过了，但未发现抽水马桶水箱无水的问题，便报告说这间走客房一切正常。中午前厅部又一次通知客房部，证实612房确为走客房要求再检查一遍，但领班又把水箱给疏忽了。领班两次查房均未发现洗手间的问题，最终导致客人投诉。事后，大堂副理赶到612房，再次郑重地向客人致歉，同时要求客房部按程序再认真检查一遍所有客房并把该事情的经过写进大事记录本中。

资料来源　佚名．OK房不OK［EB/OL］．［2022-05-01］．https：//wenku.baidu.com/view/78ba361f3a68011ca300a6c30c2259010202f3e8.html.

问题：结合本案例，谈谈领班查房工作的重要性。

分析提示：领班查房是服务员自查之后的第一道关，往往也是最后一道关，是客房清洁卫生质量控制的关键。如果是走客房，经领班检查合格后，才可成为OK房，总台才可据此将该客房向客人出租。因此领班的责任重大，必须由工作责任心强、业务熟练的员工来担任。一般情况下，楼层领班应专职负责楼层客房的检查和协调工作，应加强领班的监督职能，防止检查流于形式。

（3）管理人员抽查

管理人员抽查主要是指主管抽查和经理抽查。在设置主管职位的饭店中，客房主管是客房清洁卫生工作的主要指挥者，加强服务现场的督导和检查是其主要职责之一。客房主管抽查客房的数量一般为领班查房数的10%以上。客房主管检查的重点是每间VIP房，并抽查长住房、OK房、住客房和计划卫生的大清扫房。另外，客房主管还要检查维修房，促使其尽快投入使用。客房主管查房也是对领班工作的一种监督和考核。

客房部经理每天要拿出一定时间到楼层巡视，抽查客房的清洁卫生质量，特别要注意对VIP房的检查。通过巡视抽查掌握员工的工作状况，了解客人的意见，不断改进管理方法。同时客房部经理还应定期协同其他有关部门经理对客房内的设施设备进行检查，确保其正常运转。

饭店总经理也要定期或不定期地亲自抽查客房，或派值班经理代表自己进行抽查，以保证客房的服务质量。

同步思考8-3

为什么说领班全面检查是客房清洁卫生质量控制的关键？

理解要点：服务员整理好客房并自查完毕，由楼层领班对所负责区域内的每间客房进行全面检查，并保证客房质量合格。领班查房是服务员自查之后的第一道关，往往也是最后一道关。

2）客房质量检查的内容和标准

（1）客房质量检查的内容

各饭店设施设备条件不同，客房质量检查的具体内容也不尽相同，一般包括清洁卫生质量、物品摆放、设备状况和整体效果四个方面。

（2）客房质量标准

客房质量标准含有两个方面的内容：感官标准和生化标准。**感官标准**是凭视觉或嗅觉等感觉器官感受到的标准，它是客房管理人员进行客房质量检查必须把握的标准。例如，客房卫生是否达到窗明几亮、一尘不染，就是凭管理者的视觉来判断的。客房部必须研究客人的需求，从中总结出规律性的东西，制定出具体的客房质量标准，并依据标准进行认真的检查、监督，以确保客房整洁、舒适。但由于个体的感受不同，视觉标准只是停留在表面上。**生化标准**是由专业卫生防疫人员采用专业仪器采样与检测的标准。例如，茶具、水具的消毒标准、房间空气卫生标准等。

3）发挥客人的监督作用

客房卫生质量的好坏最终取决于客人的满意程度，所以搞好客房清洁卫生管理工作，要发挥客人的监督作用，满足客人需求，重视客人的意见和反馈，有针对性地改进工作。其主要做法有：

（1）拜访客人

客房部管理人员要经常拜访住店客人，了解客人的需求，征求客人的意见和建议，及时发现客房服务中存在的问题，以便进一步制订和修改客房清洁卫生工作的标准和计划，不断提高服务水平。

（2）客房设置"客人意见表"

客房部在客房放置"客人意见表"，以征询客人对客房卫生、客房服务以及整个饭店的主要服务项目的意见和评判。该意见表的设计应简单易填，要统一编号，及时汇总，以此作为考核服务员工作情况的依据。

（3）邀请第三方检查

饭店聘请店外专家、同行、住店客人，通过明察或暗访的形式，检查客房的清洁卫生质量乃至整个饭店的服务质量。这些人员看问题比较专业、客观，能发现一些饭店自己不易觉察的问题，有利于找到问题的症结。

同步业务8-3

客房质量检查的内容包括哪些？

业务解析：一般包括清洁卫生质量、物品摆放、设备状况和整体效果四个方面。

8.2 公共区域清洁卫生控制

凡是公众共有的活动区域都可以称为**公共区域**。饭店公共区域包括两个部分，即客用部分和员工使用部分。客用部分主要包括饭店前厅、公共洗手间、餐厅、宴会厅、会议室、楼梯、走廊、建筑物外部玻璃和墙壁、花园、停车场以及饭店周边等。员工使用部分主要包括员工电梯和通道、更衣室、员工食堂、员工休息娱乐室、倒班宿舍等。饭店客房部一般下设公共区域组，专门负责公共区域的清洁保养及绿化布置工作。做好公共区域清洁卫生工作，是客房部服务与管理工作的重要组成部分。

8.2.1 公共区域清洁卫生的特点

与客房清洁卫生相比，公共区域（主要是客用公共区域）的清洁卫生有其自己的特点：

1）客流量大，对饭店声誉影响大

公共区域是人流交汇、活动频繁的地方。汇集在饭店公共区域的大量客人中，有的是住客，有的是前来就餐、开会、购物、娱乐的，他们往往停留在公共区域评头论足，将其作为衡量整个饭店的标准，他们对饭店的第一印象往往就是从这里获得的。因此，公共区域是饭店的门面，是饭店规格档次的标志。公共区域的服务人员被誉为饭店的“化妆师”“美容师”。公共区域清洁卫生管理工作的好坏直接关系到饭店在客人心目中的形象。

2）范围广大，项目繁杂琐碎

公共区域清洁卫生的范围涉及饭店的每一个角落，从餐厅到商场，从公共场所到综合服务设施、内庭花园、门前“三包”区域，是饭店中管理范围最广的一个部分。其卫生项目包括地面、墙面、天花板、门窗、灯具、绿化、公共卫生间，以及除虫防害等，十分繁杂。服务人员既有白班，又有夜班，而且工作地点分散，清洁卫生质量不易控制。由于各区域的卫生项目多，对这些项目的清洁方法和要求各不相同，而这些区域又大多是客人交会集结的场所，客流量大，不易清洁和保持，因此要求每个服务员都具有较高的质量意识和工作自觉性，管理人员要加强巡视和督导，以保证公共区域卫生的质量。

3）工作条件差，而专业性、技术性又强

公共区域清洁卫生工作比较繁重，劳动条件和环境比较差。比如，负责停车场和饭店周边卫生的服务员，无论是烈日炎炎，还是数九寒天，都在室外作业，还要尽心尽力、尽职尽责。因此，不少服务员不愿意干。另外，这些工作又具有较强的专业性和技术性，因为工作中所接触的设备、工具、材料及清洁剂种类繁多，不是一般人能够胜任的。这就要求管理人员根据员工队伍的实际情况，既要加强管理，又要关心爱护他们，尽量改善工作条件，同时要重视对他们的技术培训并合理安排工作任务。

8.2.2 公共区域清洁卫生的业务范围

公共区域清洁卫生的业务范围是根据饭店的规模、档次和其他实际情况而定的，一般主要包括：

（1）负责大厅、门前、花园、客用电梯及饭店周围的清洁卫生。

（2）负责餐厅、咖啡厅、宴会厅等场所清洁保养工作。

（3）负责饭店所有公共洗手间的清洁卫生。

（4）负责行政办公区域、员工通道、员工更衣室等员工使用区域的清洁卫生。

（5）负责饭店所有下水道、排水排污等管道系统和垃圾房的清洁整理工作。

（6）负责饭店卫生防疫工作，定期喷洒药物，杜绝“四害”。

（7）负责饭店的绿化布置和苗木的养护繁殖工作。

8.2.3 公共区域主要部位的清洁卫生

饭店公共区域管辖范围大，不同地点的清洁卫生由于所处的位置不同，功能不同，设备材料不同，其任务和要求也不完全相同。下面简要介绍主要部位的清洁卫生任务和要求。

1）大厅

大厅是饭店一天24小时使用的场所，是饭店中客流量最大、最繁忙的地方，需要进行连续不断的清洁保养，使大厅始终保持清洁美观，给客人留下美好的印象。大厅清洁的主要任务有：

（1）推尘和抹尘

大厅的大理石地面在客人活动频繁的白天需不断地进行推尘工作。遇到雨雪天，要在门中放上存伞架，并在大门内外铺上踏垫和小地毯，同时要在入口处不停地擦洗地面的泥尘和水迹。每天夜间12点以后打薄蜡一次，并用磨光机磨光，使之光亮如镜。大厅内有地毯处每天要吸尘3~4次，每周清洗一次。

服务员必须不断地巡视大厅各处，对大厅的柱面、墙面、台面、栏杆、座椅、沙发、玻璃门、指示牌等要不间断地擦拭，使各处达到光亮、无浮尘、无水迹、无手印，定时给家具上蜡并擦拭铜器。

（2）倒烟灰

大厅休息处要随时清理、更换烟灰缸，保证烟灰缸内不能积两个以上的烟头。替换烟灰缸时，必须用托盘将干净的烟灰缸盛着，先用干净的烟灰缸将有烟头的烟灰缸盖上并一起拿掉，放到托盘里，然后将另一个干净的烟灰缸换上。

（3）整理座位

将客人使用过的沙发、茶几、桌椅及桌上的台灯等随时整理归位，如有垃圾、果皮、纸屑等应立即清理。

2）公共洗手间

公共洗手间是客人最挑剔的地方，如果有异味或不整洁，会给客人留下很不好的印象，所以饭店必须保证公共洗手间清洁卫生、设备完好、用品齐全。

公共洗手间的清洁工作可分为一般性清洁工作和全面清洗工作两个部分。一般性清洁工作主要包括：及时做好洗手间的清洗消毒工作，做到干净、无异味；将卫生间的香水、香皂、小方巾、鲜花等摆放整齐，并及时补充更换；擦亮不锈钢或电镀器具，使之光亮、无水点、无污迹；热情为客人递送香皂、小毛巾，定时喷洒香水。

全面的清洗工作主要是洗刷地面并打蜡、清除水箱水垢、洗刷墙壁等。为了不影响客人使用洗手间，此项工作通常安排在夜间或在白天客人较少时进行。

3）电梯

饭店的电梯有客用电梯、员工用梯、行李电梯及运货电梯等多种，尤其以客用电梯的清洁最为重要，因为客用电梯也是客人使用频繁的地方，卫生质量要求很高。

客用电梯的厢壁、镜面、按钮、电话机、栏杆及地面等需要经常不断地进行清洁和保养，对电梯内的烟头、纸屑、杂物等，要随时清理干净。电梯的地毯特别容易脏，一般可采取每天更换地毯的办法来保持其干净。

4）饭店周围环境

这里所说的周围环境是指饭店外、属饭店负责的区域、地段以及饭店周围。对于饭店负责的区域、地段必须每天多次清扫，并定期进行水洗，以保持饭店周围的环境优美，给客人及社会公众留以整洁、美好的印象。

5）垃圾处理

饭店内的所有垃圾，包括定期从垃圾管道里清除的垃圾，都要集中到垃圾房，然后统一处理。要经常对垃圾喷洒药物，装进垃圾桶加盖，以便杀死害虫和细菌，并定时将垃圾运往垃圾处理场。必须保持垃圾房的清洁卫生，垃圾桶要摆放整齐，保证地面无遗留垃圾，尽量减少异味。

8.2.4　公共区域清洁卫生的质量控制

1）定岗划片，包干负责

公共区域卫生管辖范围广，工作繁杂琐碎，需要实行定岗划片、包干负责的措施，才能有利于管理和保证卫生质量。例如，可将服务员划分成若干个小组，如前厅及门前组、办公室及楼道组、花园组等，每组可根据实际需要将服务员定岗，使每一位员工每天需要完成的主要工作相对固定，每人都有明确的责任范围，各负其责。定岗划片要做到无遗漏、不交叉。

2）制定卫生制度

为了保证卫生质量的稳定性，控制成本和合理地调配人力和物力，必须对公共区域的某些大型清洁保养工作采用计划卫生管理的方法，制定计划卫生制度。例如，公共区域的墙面、高处玻璃、各种灯具、窗帘、地毯、地面等，不能每天清扫，需要像客房计划卫生一样，制订一份详细的、切实可行的卫生计划，循环清洁。在计划中要落实清扫项目、间隔时间、人员安排等，在正常情况下按计划执行。对交通密度大和卫生不易控制的公共场所卫生，必要时应统一调配人力，进行定期突击，以确保整个饭店的环境清新。

3）加强巡视检查

公共区域管理人员要加强巡视，检查卫生质量，了解员工工作状态，及时发现问题并整改，并填好检查记录。客房部经理也要对公共区域卫生进行定期或不定期的检查或抽查。

本章概要

□ 内容提要

清洁卫生工作是客房部的一项主要任务，也是饭店各项服务工作的基础和前提。本章介绍了客房清洁整理工作的基本内容和操作程序，讲述了客房清洁整理质量控制的方法和要求，简要介绍了饭店公共区域卫生的特点、业务范围、主要部位清洁卫生要求和质量控制方法。

□ 主要概念和观念

▲ 主要概念

小整理服务　夜床服务　客房计划卫生　感官标准　生化标准　公共区域

▲ 主要观念

客房的逐级检查制度　客房质量标准

□ 重点实务

客房清洁整理的基本规程　夜床服务的基本规程

基本训练

□ 知识训练

▲ 复习题

1）客房清洁整理的准备工作有哪些？

2）客房的一般清扫顺序是什么？

3）怎样做好客房清洁卫生质量控制？

4）公共区域清洁卫生的特点是什么？

5）公共区域清洁卫生质量控制的方法有哪些？

▲ 讨论题

查阅相关资料，谈谈服务员整理房间时应注意哪些问题。

□ 能力训练

▲ 理解与评价

点评客房清洁整理的重要性。

▲ 案例题

【训练项目】

案例分析-Ⅷ。

【相关案例】

Ⅷ-A：丢了一包黄土

背景与情境：一位我国台湾地区的客人住进一家大酒店，在即将离店时找到客房部经理投诉，说他在客房中丢了一包黄土。这包土对他很重要，是专程从他家的祖坟上取来要带回台湾的。客人即将登机返回，黄土丢了怎么办？客房部经理接到投诉，立即找当班服务员进行调查。服务员回想起在打扫那位客人的房间时，确实看到过一包黄土，以为是没用的东西，就随手扔掉了。客房部经理了解了情况后，再次向客人致歉，并请客人留下通信地址，然后马上带领多名员工，到垃圾堆里去寻找那包黄土。客房部经理和服务员在垃圾堆里一点一点扒开污物，细心查找了3个多小时，终于找到了那个不起眼的纸包，并按地址寄给了客人。

Ⅷ-B：一位女顾客的投诉

背景与情境：服务员在清理房间时，见客人自带的护发素只剩了一点，估计没什么用了，便自作主张地将其处理掉了。客人回房后发现护发素不见了，非常生气，找到大堂副理投诉。因为她多年来一直使用这种品牌的护发素，仅剩的一点是她留着最后一晚用的，明天她就离开了。

Ⅷ-C：扔掉了白金戒指

背景与情境：服务员小张打扫客房时，发现桌腿边有一枚银白色的细小的戒指，看上去有点粗糙。他以为是该客房小朋友的玩具（假戒指），因而就把它扔到了工作台的抽屉里。第二天，该房客人打电话投诉戒指丢失，说此戒指是白金的。可当班的同事小赵在“拾遗物品登记单”中并未发现有关戒指的记录。后经调查，终于找到了这枚白金戒指的下落。

Ⅷ-D：重要的便笺

背景与情境：某四星级酒店客房部的实习生服务员小任在清扫一间走客房时，她看到客人的行李已经全部收拾好，整齐地摆放在行李架上，便开始去收拾垃圾。她看到床头柜上有一张皱巴巴的便笺纸，就认为是客人不要的废纸，于是顺手丢进了垃圾袋中。此房间整理就绪后，小任就去整理其他房间了。不一会儿，那个房间尚未离店的客人急匆匆地找到小任说：“小姐，你有没有看到一张记有电话号码的小纸条？那个电话号码对我很重要。”

小任一听就傻眼了，问道：“您的电话号码是不是在床头柜的便笺纸上写的？”客人说：“我记得好像是在床头柜那儿。”

“对不起，我马上去找。”小任边说边来到工作车的垃圾袋旁，翻了半天，终于找回了客人记有电话号码的便笺纸。客人不停地向小任道谢。而此时作为实习生的小任，为自己的粗心（扔掉了客人记有电话号码的便笺纸）给客人添了麻烦而深感自责，幸亏及时找到了，没有耽误客人的事。经此事后，小任便懂得了客房内无论什么东西，哪怕是张小纸片，只要是客人的东西，都要保存好，不能随便扔进垃圾袋，否则不仅会引起投诉，而且会给客人带来很大的麻烦。

资料来源　根据相关资料整理。

问题：

1）上述各案例中，服务员工作失误出现在哪些环节？为什么会出现失误？

2）结合上述案例，谈谈服务员应怎样做好客房卫生工作。

【训练要求】

同第1章“基本训练”中本题型的“训练要求”。

▲ 实训操练

【训练项目】

客房清洁整理。

【训练要求】将班级学生分成若干小组，分别就训练项目进行情境设计、角色分工和操作体验，完成各自的实训课业。

【训练步骤】

1）将班级学生分成若干组，每组确定一人负责。

2）各组学习和讨论重点实务教学内容，作为本次实训的知识准备。

3）各组结合校实训基地的客房或实习饭店的实际情况，就训练项目进行“情境设计”和“客房清洁整理”角色分工。

4）教师说明操作要求和考核标准，各组以相关实务教学内容为规范，进入角色，体验本项目模拟实训的全过程。

5）教师依据饭店客房清扫的操作规范和考核检查标准对实训操作过程和结果进行打分和点评。

6）各组学生记录本次模拟实训的主要情节，总结实训操练的成功经验、存在的问题及解决的办法，在此基础上撰写实训课业。

【训练课业】

《客房清洁整理实训报告》。

□ 课程思政

【训练项目】

课程思政-Ⅷ。

【相关案例】

服务员盗取客人财物受惩罚

背景与情境：21岁的男子李某在工地做泥水工，他觉得这样的工作既辛苦又挣不了多少钱，遂想起之前在饭店做服务员时可以进入客人住的房间清扫卫生，如果客人不在房间就可趁机窃取客人留在客房内的钱财，于是，李某决定再干回客房服务员。为了便于作案后不留下线索，李某特意做了一张名为“黄某某”的假身份证，应聘到某国际大饭店做服务员。李某到该饭店做客房服务员后一有机会就单独进入客房清扫卫生，并留意客人的行李。一日，李某利用打扫客房卫生之机，使用房卡打开该饭店8815客房，并盗走了客人放在行李包内的4万元人民币。随后，李某换下工作服一走了之。

虽然李某用的是假身份证到饭店应聘，可其进入客房时的影像还是被饭店的监控摄像记录了下来。2个月后，李某在其租房处被公安人员抓获，李某向公安人员如实供述了作案过程。

资料来源　根据相关资料整理。

问题：

1）结合本案例，谈谈客房服务员应具备的职业道德。

2）饭店在选聘客房服务员时应注意哪些问题，结合案例做出思政研判。

3）通过上网等途径收集作为思政研判的规范或标准。

【训练要求】

同第1章“基本训练”中本题型的“训练要求”。

第9章 客房服务

学习目标

通过本章学习，应该达到以下目标：

职业知识： 学习和把握客房服务组织模式、客房服务内容和要求，以及客房服务质量的基本理念和基本规程以及“延伸阅读”等理论与实务知识；能用其指导本章“同步思考”、“教学互动”和“基本训练”的“知识训练”中各题型的认知活动，正确解答其相关问题。

职业能力： 点评“客房优质服务”和“个性化服务”的基本含义，训练专业理解力与评价力；运用“客房服务”职业知识研究相关案例，训练对特定情境下当事者行为的“多元表征”专业能力和“与人交流”的通用能力；参加“自主学习-IX”的训练，通过收集、整理与综合关于“客房优质服务”的前沿知识，依照“文献综述格式、范文及书写规范要求”撰写、讨论与交流《“客房优质服务”最新文献综述》，培养“自主学习”、“团队协作”和“与人交流”的通用能力。

课程思政： 结合“客房服务”教学内容，依照相关规范或标准，对“课程思政 9-1”、“课程思政 9-2”和章后“课程思政-XI”中的企业及其从业人员行为进行思政研判，培养高尚的道德情操，树立社会主义核心价值观。

学习微平台

思维导图 9-1

引例：房客的“笔误”

背景和情境：一天，一位刘先生致电酒店，声称要预订2日后一间客房，入住期限为5天。预订部为他确认预订。当时时值“五一”假期期间，酒店已接受超额5%的订房了。2天后刘先生来到酒店办理入住登记，填写的入住期限却只有1天。因与订房单上的期限不符，接待员让他再次确认入住天数时，刘先生仍说没错。于是接待员就把刘先生原预订的之后4天的房间，安排给了另一位客人。到了第二天中午，刘先生却没有退房，当前厅接待员打电话确认时，他说自己预订的是5天，而且他确实要住5天。前厅接待员告诉他登记单上预住天数只有1天。刘先生说登记表上是他的“笔误”，反正他不退房。酒店如硬要他走，他就把“酒店赶走客人的行为”曝光……

资料来源　根据相关资料整理。

学习微平台

视频 9-1

上述案例告诉我们：客房服务是饭店服务的重要组成部分，在很大程度上体现了饭店的管理水平。客房服务质量的高低直接影响着客人的满意度及对饭店的整体评价。本章将介绍客房服务的主要内容、客房服务质量的控制以及客房优质服务的含义和方法。

9.1 客房服务的组织模式

客房服务的组织模式是影响客房服务质量和客人满意度的一个极为重要的因素。目前，国内的饭店客房对客服务的组织模式主要有两种：一是设立楼层服务台；二是设立客房服务中心。国内传统饭店多采用楼层服务台模式，国外饭店以及中外合资（合作）饭店多采用客房服务中心模式。

9.1.1 楼层服务台模式

设置楼层服务台的目的主要是保障客房楼层的安全和为客人提供方便，因此楼层服务台模式的特点是：

（1）能够为客人提供更加主动、热情、及时、周到的服务。

（2）有利于显示饭店的服务具有“人情味”，使客人一踏入楼层就能够感受到温馨的气氛。

（3）能够有效地保障客房安全。楼层值台员24小时值班，对各类人员进出情况尽收眼底，可以及时发现可疑迹象，报告处理。

但是，楼层服务台的设置也有其不利的一面，主要表现为：

（1）增加成本。设置楼层服务台必然要安排值台人员，从而增加劳动力成本。

（2）客人有受监视的感觉。客房是住店客人的私密空间，客人会认为在楼层受到监视，是对其隐私权的侵犯。

（3）打破楼层的安静。客房是客人休息的场所，要求绝对安静，而楼层服务台的设置往往会破坏这种气氛。

9.1.2 客房服务中心模式

客房服务中心模式是世界上大部分国家和地区的饭店所采用的服务模式，它将客房部各楼层的对客服务工作集中在一起。这种模式克服了楼层服务台服务的诸多弊端。其主要特点是：

（1）减少客房服务人员编制，降低劳动力成本。

（2）有利于对客服务工作的集中统一调控，强化客房管理，服务更加专业化。

（3）安静并且私密性强，可以提高饭店客人的满意度。

但采用这种模式，会使面对面的服务相对减少，随机性服务差，服务缺乏亲切感和针对性。另外，它对硬件设施的要求也比较高。

客房服务中心配备专职联络员，负责客房服务工作的联络协调。客人需要服务时，可用客房内线电话通知客房服务中心。联络员进行详细记录，并迅速将客人的需求通知有关楼层的服务员，服务员则根据有关要求和标准完成对客服务工作。必要时，联络员可以跟踪、了解、观察服务员的服务工作效率和质量。客房服务中心大多24小时运行，如果夜间客房楼层没有服务员，可以安排专职夜班服务员，负责夜间的对客服务工作，从而保证全天24小时的对客服务。客房服务中心的联络员必须知识全面、反应敏捷，能够熟练地处理各种情况。

饭店设立客房服务中心必须具有完善的安全措施。一方面，客房楼层应与其他区域分开；另一方面，楼层出入口等关键部位应有安全监控设备。另外，应加强安保人员对客房楼层的巡视。

同步思考9-1

客房服务中心模式的特点是什么？

理解要点：（1）减少客房服务人员编制，降低劳动力成本。（2）有利于对客服务工作的集中统一调控，强化客房管理，服务更加专业化。（3）安静并且私密性强，可以提高饭店客人的满意度。

课程思政9-1

服务人员要"能说会道"

背景与情境：清晨，一位客人打开客房门，楼层服务员微笑着和他打招呼："早上好，×先生。"这位客人非常惊讶，没有料到楼层服务员竟然知道自己的名字。服务员解释说："×先生，我们每一层的当班都要记住每一个房间客人的名字。"客人一听，感到非常温馨。在服务员的带领下，这位客人来到餐厅就餐，餐厅服务人员上菜时，都尊敬地称呼他×先生。这时上了一盘点心，点心的样子很奇怪，客人就问站在旁边的服务员："中间这个绿色的是什么？"服务员看了一下，后退一步并作了解释。当客人又提问时，她上前看了一眼，又后退一步才作回答。原来这个后退一步是防止说话时其口水溅到菜里。客人对这种细致的服务非常满意。

这位客人退房准备离开饭店时，饭店服务员把收据折好放在信封里，还给这位客人的时候说："谢谢您，×先生，真希望第6次再看到您。"

资料来源　佚名．泰国曼谷的一个真实服务案例，酒店人值得学习［EB/OL］．［2022-03-03］．https：//baijiahao.baidu.com/s？id=1726228368570929303&wfr=spider&for=pc.

问题：如何理解服务员在服务中遵循"让客人满意"的原则时，细节的重要性？

研判提示：这家饭店细致入微的服务无疑赢得了客人的心。不要忽略每一个细节，也许，影响全局的就是这一细微之处。我们不缺少雄才伟略的战略家，缺少的是精益求精的执行者。与细节的疏忽会毁坏一个宏伟的规划一样，细节的准确、生动也可以起到锦上添花的效果，甚至能成就一件伟大的作品。

9.2 客房服务内容

客房服务可分为清洁卫生服务和接待服务两个部分。有关客房的清洁卫生服务已在上一章讲述过，这里主要介绍楼面接待、贵宾接待、小酒吧服务、送餐服务、洗衣服务、访客接待服务、擦鞋服务和其他服务。

9.2.1 楼面接待

对采用楼层服务台模式的饭店来说，这是一项十分重要的服务内容。客房楼面接待工作包括三大环节：迎客服务的准备、客人到店的应接服务和送客服务。

1）迎客服务的准备

客人到达前的准备工作是楼面接待服务过程的第一个环节，又是使其他环节得以顺利进行的基础环节。准备工作一定要充分、周密，要求做到以下几点：

（1）了解客情。楼面服务台接到总台传来的接待通知单后，应详细了解客人的人数、国籍、抵离店时间、宗教信仰、风俗习惯和接待单位、接待标准要求、付费方式、活动日程等信息，做到情况明确、任务清楚。

（2）布置房间。要根据客人的风俗习惯、生活特点和接待规格，调整家具设备，备齐日用品，补充小冰箱的食品饮料。对客人宗教信仰方面忌讳的用品要暂时撤换，以示对客人的尊重。房间布置完，还要对室内家具、水电设备及门锁等再进行一次全面检查，发现有损坏失效的，要及时报修更换。

2）客人到店的应接服务

客房服务的应接服务是在客人乘电梯上楼进入房间过程中进行的。客人经过旅途跋涉，抵达后一般比较疲乏，需要尽快妥善安顿，以便及时用餐或休息。因此，这个环节的工作必须热情礼貌，服务迅速，介绍情况简明扼要，分送行李及时准确。

（1）梯口迎宾。客人步出电梯，服务员应微笑问候。无行李员引领时，服务员应帮助客人提拿行李引领入房，对第一次住店的客人，应介绍房内设施设备的使用方法。

（2）分送行李。分送行李主要指的是团体客人的行李，由于团体客人的行李常常是先于或后于客人到达饭店，因此行李的分送方式有所不同。先到的行李由行李员送到楼层，排列整齐，由楼层服务员核实件数；待客人临近到达时，再按行李标签上的房号逐一分送。如发现行李标签失落或房号模糊不清，应暂时存放，待客人到达时，陪同客人或由客人自己认领。后到或随客人到的行李，则由行李员负责分送到房间。

同步案例9-1

一路顺风

背景与情境：欢乐的时光总是过得特别快，五天的旅程转眼就结束了。今天李先生一家人就要离开广州了，当他们准备离开客房办理退房手续时，站在门口的客房服务员小张马上迎上来帮助李先生提行李，并微笑着对他说："先生，祝您一路顺风！"听见这句话后，李先生顿时面露不悦，他恼怒地对小张说道："有什么好顺风的！我一会还要去坐飞机呢！你这是诅咒我吗？"

小张听了李先生的一番话后，大感困惑。他心想：这明明就是一句普通的问候语，为什么在别人听来是那样的称心，而这位先生却会有这样的反应呢？正当小张想不通的时候，站在旁边目睹了全过程的一位房客提醒说："在他看来，'顺风'两个字十分不祥，有坠落的意思。因为他一会儿还要坐飞机，所以听了你这句话当然会恼羞成怒了！"此时，小张终于明白了其中的道理。

于是，小张立刻走到李先生跟前，解释说："对不起先生，其实我刚才的话并没有什么不好的意思，我就是想祝您旅途愉快，请您不要误会！"李先生也明白了他的意思，微笑着回答道："谢谢！"

资料来源　佚名．酒店服务案例心理解析［EB/OL］．［2022-11-29］．https：//wenku.baidu.com/view/3862710830687e21af45b307e87101f69e31fb2c.html.

问题：

1）客房服务员小张为什么要为礼貌用语道歉？

2）举一些不同背景条件下的不同服务用语。

分析提示："先生，祝您一路顺风！"在一般的情况下，是我们常用的欢送服务用语。但是，知觉的背景条件发生了变化后，客人的理解也就发生了变化。这句话用到客人即将乘坐飞机的背景中，就是一句不吉利的用语，因为飞机的起飞和降落过程中需要逆风，而顺风会对起飞和降落产生不利影响。于是，原来受欢迎的祝福语，现在却变成了令人听起来不快的表述了。在不同的背景条件下客人要求不同的服务，服务员应根据具体的情况提供具体的服务，讲究语言的技巧性和灵活性，了解一些语言忌讳，而不是一成不变的、完全标准化的服务。

3）送客服务

客人离店前的服务是楼面接待工作的最后一个环节。服务工作在最后环节不应有丝毫松懈怠慢，以免前功尽弃。

（1）行前准备工作。服务员应掌握客人离店的准确时间，检查客人的洗烫衣物是否送回，交办的事是否完成。要主动征求客人意见，提醒客人收拾好行李物品，不要将物品遗忘在房间。送别团体客人时，要按规定时间，将行李集中放到指定地点，清点数量，以防遗漏。

（2）行时送别工作。如客人有需要，可代为通知行李处派人员到房间取送行李；客人离房时要送到电梯口，并热情道别。对老弱病残客人，要护送下楼至大门。

（3）善后工作。客人下楼后，服务员要迅速进房检查，主要查看有无客人遗留物品。发现遗留物品要立即通知总台转告客人。若发现小冰箱食品饮料有消耗、客房设备有损坏、物品有丢失，也要立即通知总台收银处请客人付账或赔偿。最后做好客人离房记录，修正客房房态。有的客人因急事提前退房，委托服务员处理未尽事宜，服务员承接后要做好记录并履行诺言，不要因工作忙而丢在一旁。

课程思政 9-2

在爱挑剔的客人面前

背景与情境：一位客人入住江南某市一家饭店，行李员帮他把行李送进客房刚刚退出，服务员小汤提着一瓶开水走进房间，她面带微笑地把暖瓶轻轻放到茶几上，主动询问客人："先生，您有什么事需要我做吗？"客人说："小姐，请给我一条毛巾。""好的。"小汤满口答应，一会儿便端着一条干净的毛巾来到客人面前，用夹子夹住毛巾，递给客人说："先生，请用。"没想到客人却很不高兴，责备道："我不要旧的，我要没有用过的新毛巾！"小汤一愣，却不动声色，即刻对客人表示："对不起，我给您拿错了。"说完便出去换了一条新毛巾来，客人这才满意。

客人泡上一杯茶并打开电视，一边喝茶，一边看电视。茶喝过后再加水味道稍淡，他又把剩下的两袋茶叶泡了一杯。当他感觉味道不够浓时发现茶叶已没有了。于是，客人打电话给楼层服务台，请服务员再送一些茶叶来，小汤很快就拿了几包同样的茶叶进来送给客人，没想到他大为不满："我不要这种绿茶，我要喝浓一点的红茶！"这时小汤心里很委屈，但丝毫没有流露出来，再次向客人道歉说："对不起，马上给您换。"接着又去换了红茶来送给客人。

此刻，客人发觉自己刚才两次对服务员发火太过分了，不由连声向小汤道谢："小姐，谢谢你！"并且脸上露出愧疚的神色。

资料来源 佚名．酒店服务经典案例［EB/OL］．［2020-09-26］．https：//wenku.baidu.com/view/840608dbca50ad02de80d4d8d15abe23492f0369.html.

问题：怎样评价服务员小汤的表现？

研判提示：案例中显然是客人的过错，因为他既没有说清楚要用新毛巾，也没有明确交代要换红茶。而小汤对客人的服务并没有错，小汤主动向客人认"错"，自觉地承受委屈，用自己的委屈换取了客人的满意，说明她对"客人永远是对的"这句饭店服务信条有着正确的认识，并具有服务员出色的素质和修养，难能可贵，值得称赞。

学习微平台

视频 9-2

9.2.2 贵宾接待

贵宾是指有较高身份地位或因各种原因对饭店有较大影响力的客人，在接待中会得到较高礼遇。

1）贵宾范围

各饭店对于贵宾范围规定不一，大致包括：

（1）对饭店的业务发展有极大帮助，或者可能给饭店带来业务的人。

（2）知名度很高的政界要人、艺术家、学者、经济界人士、影视名人、社会名流。

（3）本饭店系统的高级职员。

（4）其他饭店的高级负责人。

（5）饭店董事会高级成员。

对贵宾的接待，从客房布置、礼品提供，到客房服务的规格内容，都要高出普通客人，使其感到饭店对自己确实特别关照。

2）贵宾服务

客房部接待贵宾要提前做好充分准备。

（1）接到贵宾接待通知书后，要选派经验丰富的服务员将房间彻底清扫，按规格配备好各种物品，并在客房内摆放有总经理签名的欢迎信、名片；摆放饭店的赠品，如鲜花、果篮、饮料等。

（2）房间要由客房部经理或主管严格检查，然后由大堂副理最后检查认可。

（3）贵宾在饭店有关人员陪同下抵达楼面时，客房部主管、服务员要在梯口迎接问候。贵宾享有在房间登记的特权，由总台负责办理。贵宾住店期间，服务员应特别注意房间卫生，增加清扫次数。对特别重要的贵宾，应提供专人服务，随叫随到，保持高标准的服务。贵宾接待通知书见表9-1。

表9-1　贵宾接待通知书

姓名	国籍	身份	到达日期、时间及航班、车次	离店日期、时间及航班、车次	安排房号	陪同姓名	陪同房号

接待规格：

（1）迎送

A.大堂副理　　B.部门经理　　C.副总经理　　D.总经理

（2）入住

（A）总台登记　　B.客房登记　　C.陪同登记　　D.团体迎候

（3）看望

A.部门经理　　B.大堂副理　　C.总经理

（4）鲜花

A.花束　　B.花篮

（5）水果

A.果盘　　B.果篮

（6）饮料

A.一次性　　B.折扣　　C.全免　　D.每天

（7）点心

A.巧克力　　B.蛋糕（一般/生日）

（8）用车

A.折扣　　B.全免　　C.专车

（9）用餐

A.标准收费　元　　B.优惠收费　%　　C.全免　　D.专座

（10）用房

A.折扣　%　　B.套房　　C.全免

（11）其他

接待人：__________　　检查时间：__________

填表人：__________　　批 准 人：__________

日　期：__________

分送：总经理　大堂副理　公关部　保安部　客房部　总机

9.2.3 小酒吧服务

为方便客人在房间享用酒水、饮料，同时增加饭店客房收入，高星级饭店的客房必须配备小冰箱或微型酒吧，存放一定数量的干果和软、硬饮料，如烈性酒、啤酒、果汁、汽水等，供客人自行取用。收费单放在柜面，一式三联，上面注明各项饮料食品的储存数量和单价，请客人自行填写耗用数量并签名。

服务员每天上午清点冰箱内饮料食品的耗用量，与收费单核对。如客人未填写，则由服务员代填。核对无误后，交客房服务中心。单据的第一联、第二联转给前厅收银处，费用填入客人账单。第三联由领班统计，填写楼层饮料日报表，作为到食品仓库领取补充品的依据。

9.2.4 送餐服务

送餐服务（Room Service）*是指某些客人由于生活习惯或特殊需要，如起早、患病、会客等，要求在客房用餐的一种送餐到房的服务。*送餐服务是高星级饭店客房服务特色与品质的体现，也是饭店重要的收入渠道。这项服务多由餐饮部的客房餐饮服务部专司其职。中、低档饭店在客人提出要求时也应当尽力满足，可由客房服务员兼管。

1）订餐

客房用餐分为早餐、便饭、小吃、点心、夜宵等。客人若需要在客房用早餐，应于前一天晚上在客房备有的早餐牌上选好食物种类，注明用餐时间，然后将其挂在房门把手上，由服务员定时收集，向餐饮部订餐。客人也可以直接打电话订餐。

2）送餐

送餐由餐饮部送餐员直接送进客房。无专门送餐员的饭店可由餐厅服务员送到楼面，再由客房服务员送进客房。送餐车必须有保温装置，防止送到时饭菜温度不够，影响食品口味。

9.2.5 洗衣服务

客人在饭店居住期间，可能会需要饭店提供洗衣服务，尤其是商务客人和因公长住饭店的客人。洗衣服务是客房服务的延伸，饭店可采用自设洗衣房或委托服务的方式予以提供。

1）服务内容

洗衣服务分为水洗、干洗、熨烫三种。时间上分正常洗和加急洗两种。正常洗多为上午交洗，晚上送回；若下午交洗，则次日送回。加急洗一般自收取衣物时起3~5小时内交回客人，但要加收一定的加急费。

2）服务方式

最常见的送洗方式是：客人将要洗的衣物和填好的洗衣单放进洗衣袋，留在床上或挂在门把手上，也有客人请服务员代填，但要由客人过目签名。洗衣单一式三联，一联留在楼面，另两联随衣物送到洗衣房。为了防止洗涤和递送过程中出差错，有的饭店规定，客人未填洗衣单的不予送洗，并在洗衣单上醒目注明。送洗客衣工作由楼面台班服务员承担。

送回洗衣也有不同方式。或由洗衣房收发员送进客房，或仅送到楼面，由台班服务员送进客房并放置在床上，让客人知道送洗的衣物已送回，并可以检查衣物是否受损。

送洗客衣是一件十分细致的工作。按照国际惯例，由于饭店方面原因造成衣物缺损的，赔偿金额一般以洗涤费用的10倍为限。由于我国洗涤费用便宜，按10倍赔偿客人也不满意，因此要求经手员工认真负责，不能出一点差错，否则会招致投诉，给饭店造成经济损失，影响声誉。

同步业务9-1

洗衣服务的内容是什么？

业务解析： 洗衣服务分为水洗、干洗、熨烫三种。时间上分正常洗和加急洗两种。

同步案例9-2

纽扣的故事

背景与情境： 一天上午，某酒店洗衣场员工小袁像往常一样，认真地检查收洗的客衣。当检查到937房客人的衣物时，她发现一件蓝衬衫上的小领扣碎了。她立即征求了客人的意见，客人说这件衣服是在国外买的，扣子是特制的，可能不好配，但因为碎的是领扣，客人请小袁尽量想办法配上，同色相似的也可以，他第二天要穿这件衬衫会客。小袁答应了客人的要求，回到洗衣场，找遍了酒店的所有备用扣，发现确实没有这样的扣子。情急之下，聪明的小袁灵机一动，想到了用强力胶把它粘上。事不宜迟，小袁立即去工程部借来最好的强力胶，在台灯下仔细地拼接纽扣，20分钟后，扣子终于被完整无缺地粘好了，小袁又一针针仔细地把它缝在衬衣上。当完整洁净的衬衫被送回客人房间时，客人惊叹不已，忙问扣子是在哪里买的，他的朋友有一件衬衫也配不上这种扣子，当得知扣子是用胶粘上的，他竖起了大拇指，夸奖道："一流的服务，加上聪明的员工，我服了！"可以肯定的是，这位客人下次一定还会住这家酒店，他也一定会常向他人提起纽扣的故事。

资料来源　佚名．酒店销售案例分析［EB/OL］．［2022-04-22］．https：//wenku.baidu.com/view/4287e7fa87254b35eefdc8d376eeaead1f316e5.html.

问题：

结合本案例中小袁的用心服务谈谈酒店的全员促销。

分析提示： 在市场竞争的环境下，许多酒店都在搞全员促销。其实，全员促销的本质是，酒店员工在各自的岗位上做好本职工作，通过提供令客人满意的服务争取回头客，用优质服务树立酒店整体良好形象，并通过客人对酒店的良好印象对外宣传。同时，员工的优质服务能够提高顾客人均消费额。

9.2.6　访客接待服务

楼层服务员对访客的接待，应该像对待住客一样热情礼貌。在得到住客同意后，可引领访客进入客房。访客常常是饭店潜在的购买对象或者对住客有相当大的影响力的人。如果忽略对访客的服务，必会引起双方客人的不快，影响其对饭店服务的总体印象，甚至会促使住客搬出饭店另寻居所。

9.2.7 擦鞋服务

客房内通常备有擦鞋纸、擦鞋巾，以方便客人擦鞋。高档饭店还会备有擦鞋机。但真正的擦鞋服务是为客人人工免费擦鞋，这是向客人提供的超值服务项目。在设此项服务的饭店，客房壁橱中放置了标有房间号码的鞋篮，并在服务指南中告知客人。客人如需要擦鞋，可将鞋放入篮内，于晚间放在房间门口，由夜班服务员收集到工作间，免费擦拭，擦拭完毕后送到客房门口。

同步案例9-3

免费擦鞋

背景与情境：一天，某饭店客房部的一位服务员在为一位客人做夜床时，发现鞋篓里有一双沾满泥土的脏皮鞋，就用湿布将鞋擦干净，上完鞋油后放回原处。这位常住客一连几天从工地回来，都把沾满泥土的皮鞋放在鞋篓里，而那位服务员每天都不厌其烦地将皮鞋擦得油光锃亮。客人被服务员毫无怨言而又有耐心的服务感动了，悄悄将10美元小费放进了鞋篓。服务员照常将皮鞋刷净擦亮，放进鞋篓，却未将钱拿走。饭店免费提供的擦鞋服务使客人在佩服之余又有几分不安，因此，向饭店总经理发了一封表扬信，表扬这种无私奉献的精神。

资料来源　佚名．酒店服务案例评析［EB/OL］．［2024-10-18］．https：//www.docin.com/p-1101247503.html.

问题：怎样评价该饭店的擦鞋服务？

分析提示：该饭店为客人提供免费擦鞋服务，是其开展超值服务活动的内容。超值服务，是指饭店为客人提供超出其所付费用价值的服务，这种服务会给客人带来意外的惊喜和超值的享受。该饭店正是通过这些细致入微而又倾注员工真挚情感的服务，赢得了客人的赞誉。这位服务员的可贵之处在于主动、耐心和不计回报，值得称赞。

9.2.8 其他服务

上述服务是星级饭店客房的基本服务项目。此外，饭店还会视自身客源特点开设其他的特别服务项目。

1）托婴服务

托婴服务<u>*就是为外出办事的住客提供短时间的照管婴幼儿童的有偿服务。*</u>这项服务在中国饭店业兴起的时间不长，但很受长住客和度假客人的欢迎。饭店并不配备专职人员从事此项服务，而是向社会服务机构代雇临时保育员，或由客房部女服务员利用业余时间照管。一般以3小时为计费起点，超过3小时的，按小时增收费用。托婴服务责任重大，绝不能掉以轻心。担任此项工作的人员必须有责任心，正直可靠，受过专门训练，掌握照管婴孩的基本知识和技能，并略懂外语。

2）私人管家服务

私人管家服务<u>*是一种贴身的、“一对一”的高度定制化的服务模式。*</u>客人入住后只需面对私人管家而无须再找其他人就可享受各种服务，私人管家负责帮客人协调和解决从入住到离店的所有问题。

私人管家服务在国外高档饭店很盛行，在国内的高星级饭店中也日渐时兴，已成为体现豪华饭店高品位、个性化、私人化服务的标志。有的饭店在客房部设立专门的私人管家部，精心挑选形象气质佳、具有丰富对客服务经验的员工担任私人管家，形成一支私人管家团队。

私人管家既是服务员，又是秘书，专责料理客人的起居饮食，为客人排忧解难。私人管家关注客人住店期间的每一个细节，客人入住饭店，私人管家立即为其办理登记，引领入房，端茶送巾，详细介绍饭店情况。此后客人的生活琐事、外出交通、商务活动等也均由其一手操办，直到客人离开饭店。私人管家在生活上要会熨烫衣物、调酒，要熟悉餐牌、嘘寒问暖、调解纠纷；在工作上要能操作电脑、翻译、熟练打字复印等。显然，私人管家要具备极高的自身素质，拥有丰富的服务经验与专业素养。由于私人管家服务细致周到、体贴入微，因此深受客人欢迎。许多客人与曾为自己当过私人管家的服务员结下了深厚情谊，为此成为饭店的回头客。

3）叫醒服务

叫醒服务由饭店总机室负责提供，但如果电话振铃无法叫醒熟睡中的客人，接线员必须请客房服务员前去敲门，直到叫醒为止。虽然星级标准中未规定必须有此服务，但在低星级饭店中客房服务员仍会按客人的需要在早晨某一时间叫醒客人。在讲究细心服务的饭店，客房服务员还会应客人需要按时提醒客人与客户电话联系、外出会客、吃药、办事等，将单纯叫醒服务扩大为“提示服务”。

4）借用物品服务

客房内配备的物资用品不可能满足客人的全部需要，尤其是女客人，常会要求借用一些物品，如电吹风、电熨斗、熨衣架、婴儿摇床等。客房部应配备这类客人可能需要的物品，在服务指南中标明，以示服务周到。

9.3 客房服务质量

“质量是企业的生命”这一观念已经成为当代企业的基本共识。在市场竞争条件下，饭店经营成败的关键在于服务质量。客房服务是饭店服务的重要组成部分，其质量高低直接影响饭店的整体服务质量和收益。

9.3.1 客房服务质量及构成

服务质量是指以设备或产品为依托所提供的劳务适合和满足客人物质和精神需求的程度。适合和满足的程度越高，服务质量就越好。客房服务质量是由以下三个方面内容构成的：

（1）客房设备设施用品质量。其包括客房家具、电器设备、卫生间设备、防火防盗设施、客房备品和客房供应品的质量。这些都是客房服务提供的物质基础，其舒适完好程度如何，直接影响到整个客房服务的质量。

（2）客房环境质量。其主要是指客房设施设备的布局和装饰美化、客房的采光、照明、通风、温湿度的适宜程度等。良好的客房环境能使客人感到舒适惬意，给人以美的享受。

（3）劳务质量。劳务质量是客房部一线服务员对客人提供服务本身的质量。它包括服务态度、服务语言、服务的礼节礼貌、服务方法、服务技能技巧、服务效率、安全与卫生。

在这三个方面中，客房设备设施用品质量和客房环境质量都是有形的，劳务质量是无形的，却又是服务质量的最终表现形式。

同步业务9-2

客房服务质量管理文件包括哪些内容？

业务解析： 客房服务质量管理文件包括：

（1）质量手册。其包括质量方针、质量目标、程序文件（如采购控制、客人财物的保存、服务过程质量控制、服务质量检查与评价、服务设施和测量设备的操作程序等）。

（2）管理规范。例如，散客接待服务管理规范、团队接待服务管理规范、贵宾（VIP）接待服务管理规范、行李寄存服务管理规范、住房清扫服务管理规范等。

（3）质量计划。对特定的客人或团体客人，要制订专门的服务计划。

（4）服务规范。明确规定各岗位的岗位职责、上岗条件、服务流程、服务内容与要求。

（5）质量记录。饭店对各项服务活动或达到的结果应设计统一的质量记录，如客人住宿登记、行李寄存记录、楼层服务员工作记录、客人投诉记录、内部质量审核报告等。

资料来源 根据《金陵饭店工作手册》整理。

9.3.2 客房服务质量控制的主要环节

控制客房服务质量的主要环节分为服务准备过程、接待服务过程、接待服务结束过程三大环节。

1）服务准备过程的质量控制

（1）精神准备。服务员必须精神饱满、着装整洁，必要时要事先了解客人的身份、生活习惯等，以便有针对性地提供服务。每天岗前管理人员要对服务员的仪容仪表进行检查。

（2）物资准备。服务员要检查客人即将入住的房间是否完全符合出租质量标准。清扫客房卫生前，服务员要先准备好工作车、清扫工具，装好准备换用的布件和客房用品。

2）接待服务过程的质量控制

（1）按接待服务规范和服务标准，严格检查各环节服务质量。已制定的服务规范和标准必须严格执行，不能束之高阁。质量控制要以预防为主，发现质量问题要及时纠正，并避免重复出现。对接待服务的薄弱环节要实行重点控制。

（2）收集质量信息，分析产生质量问题的原因，尽快研究改进。对客人投诉要及时妥善处理。如果发现是服务质量标准本身存在问题，要认真研究修订，确保这一质量管理“法”的严密性与合理性。

3）接待服务结束过程的质量控制

（1）征求客人意见。对重要客人（如贵宾、常客、长住客），管理者要亲自登门征求意见，以示重视。

(2) 善后处理，办好客人交办之事。在客房服务质量控制工作中，楼面领班、主管的作用至关重要。要充分调动基层管理人员对服务质量管理的积极性，把好客房服务质量这一关。

9.4 客房优质服务

在客房服务的实际工作中，人们往往把服务理解为态度，即态度好就是服务好。其实不然，客房服务有其更深刻的内涵，并且与不同的服务方式有着密不可分的联系。

9.4.1 客房优质服务的内涵

服务是饭店的形象之本，是饭店的竞争之道，因此必须向客人提供优质服务，这已经是我国饭店业的共识。

1) 优质服务的含义

所谓优质服务就是最大限度地满足客人的正当需求。在我国饭店业发展的初期，我们曾把标准化服务作为优质服务的标志，但是随着饭店业的发展和客人需求的不断变化，仅仅提供标准化的服务是不能使不同的客人完全满意的。因为客人的需求变化莫测，标准化的服务只能满足大多数客人表面的基本需求，而不能满足客人更深层次的不可捉摸的个别需求。因此，**客房优质服务**必须是站在客人的角度，以客人之需而随机应变，在标准化服务的基础上提供有针对性的、超常的、个性化的服务，以达到或超过不同住宿客人的期望。

2) 个性化服务

由于住客来自不同的国家和地区，其民族、宗教、风俗习惯方面有较大差异，又有年龄、性别、文化、职业、消费水平等区别，仅靠规范服务不可能满足客人的所有需求。而饭店是以出售服务为特征的经营性企业，按这一行业的宗旨和信条，客人的要求永远是对的（违反法律的除外），饭店必须千方百计满足客人的各种需求，包括那些偶然的、特殊的需求，让客人满意，使他们成为回头客。

个性化服务就是以客人为本，并根据客人层次及需求上的差异，对不同客人采取不同的服务方式。这就要求服务人员要有强烈的服务意识去主动接近客人、了解客人，设身处地地揣度客人的心理，从而有针对性地提供服务。个性化服务分为两个层次：第一个层次是被动的，是由客人提出非规范需求；第二个层次是主动的，是服务人员主动提供的有针对性的服务。例如，客人生病时，除可以主动帮客人联系医生、提供特殊照顾外，还可以送束鲜花或一张贺卡表示安慰和祝福。另外，熟记客人的名字并用于称呼，与客人谈话时要有礼貌，使客人有一种被重视和被尊重的感觉。总之，个性化服务的内容相当广泛。

要达到优质服务水平，饭店员工尤其是一线员工必须有高度的责任心，有强烈的服务意识，处处以客人为重。可见要做一个能为客人提供优质服务的客房服务员也不是件容易的事。

9.4.2 客人类型和服务方法

饭店的客人来自五湖四海、四面八方，由于他们的身份地位、宗教信仰、文化修养、兴趣爱好、生活习惯、社会背景等各不相同，因此对饭店的服务有不同的要求。了解他们的需求特点，采取有针对性的服务是客房管理者和服务人员提高对客服务的前提。

1）商务旅游型

商务客人是一个高消费的群体，无论国内还是国外都是如此。他们的需求是：对客房设施设备和服务的要求较高，生活上要舒适，工作上要方便，尤其通信设施要齐全，并保证客房安全。商务客人非常重视保持良好的个人形象，因此在服务方面首先要求有24小时的洗熨衣物服务，对美容服务也很欢迎。商务客人讲究饮食，还有约1/3的人喜欢在客房用餐，对饭店娱乐健身等项目也有兴趣。随着女性商务客人的增多，女性对客房的要求更加受关注。商务客人一般有较高的文化修养，公务繁忙，对服务方式、服务效率都很讲究，并希望得到更多的尊重。

服务方式：推荐豪华客房，选派素质高、外语好、业务精的服务员为商务客人服务，以高质、高效为第一要求；为客房增添办公设备，改善办公条件；对立国家的客人或商业竞争对手不要安排在同一楼层。对客人的需求要尽快满足，有邮件要立即送进房间。

许多高档饭店为商务客人开设了商务行政楼层，集中管理，提供有针对性的服务，很受客人欢迎。

2）蜜月旅游型

旅行度蜜月的人越来越多，这类客人常有“一辈子就这一次，得好好风光一回”的想法，所以花钱大方，图个舒服、顺心、吉利。

服务方式：安排安静、明亮的大床间，如有预订，应有所准备，如贴喜字，摆放鲜花。多介绍当地的旅游景点、风味餐馆和旅游商店，方便客人游玩和购物。这类客人白天多外出，客房清扫等服务要抓紧搞好，客人回来后要少进房打扰。

3）修学旅游型

青少年修学旅游是近些年出现的新事物，之前以日本、韩国的中学生为主，近年来国内修学旅游逐渐火爆起来。

服务方式：对这些小客人要在生活起居方面多给予关心照顾，遇事多提醒，态度要亲切和蔼。提供服务时要迅速，讲话单刀直入，问清要求后立即去做，讲求效率。可以多介绍图书馆、文物古迹和自然旅游景观。

4）华侨旅游型

华侨是境外来大陆旅游客人中最大的群体，一般有四类：一是政府有关部门邀请回国的教授、学者等高级知识分子和著名人士；二是旅游团队；三是回国寻求投资和经济合作的商界人士；四是自费探亲或治病疗养的老年人。欧美和日本华侨客人对住房设备设施比较讲究。老年华侨客人有怀旧情绪，喜欢到各处参观，愿意购买家乡土特产和中草药。

服务方式：服务员对华侨客人一定要热情亲切，使他们感受到“家”的温暖。对老年华侨客人更要多方关照，嘘寒问暖，多介绍家乡的建设成就，可以推荐名胜古迹、地方风味、旅游纪念品商店和中草药店，关心饮食起居，有代办需求的要尽力办好。

5）旅游疗养型

有些客人有慢性病，会借旅游机会看病或疗养。这类客人在饭店逗留时间长，活动有规律，喜欢安静，对优美恬静的自然风光、医疗处所和民间偏方感兴趣，对住房要求特殊，如房间小而舒适、光线足、安静、起居方便等。

服务方式：尽量安排位置僻静的单人房，服务周到、细心，尽快摸清客人的生活规律。客房时时保持清洁状态，经常做小整理，使客人心情舒畅。客人休息时不要打扰，保持楼道安静。多介绍食疗保健知识，推荐当地适合客人口味的饮食，或请餐厅为客人提供特殊饮食，也要为房内用餐提供方便。

6）长住型

在饭店入住超过一个月的客人，称为长住客，如公司、商社或常驻机构长期包租客房作为办事机构，派员长住办公，也有的是外国公司雇员携家属长期居住。这类客人对客房最需要的是“家”的感觉，期望得到亲切、方便、舒适的服务。

服务方式：长住客工作紧张，服务员要给予理解关照。清理房间要尽量安排在客人非办公时间，清扫时对于客人文件物品要特别注意，开窗换气时不要被风吹散，不要翻看挪动。对茶具、饮料、擦手巾、记事便笺等用品要专门配备，按客人要求及时送上。对于长住客在房内配置办公设备和生活设施的要求应尽量满足，但服务员在日常服务中要注意检查安全隐患，及时汇报领导和提醒客人。饭店应记住长住客的生日，到时送上鲜花或果篮。

学习微平台

延伸阅读 9-1

同步案例 9-4

蓝小姐的玫瑰花

背景与情境：一天，酒店前台预订部收到蓝小姐的预订电话，蓝小姐要求预订她去年跟丈夫入住过的603房，她的旅游目的是休闲散心，重拾昔日幸福的回忆。

预订部立刻将这件事通知了客房部和其他有关部门，从资料中找出蓝小姐去年的入住登记情况。酒店从蓝小姐的个人档案中发现，在去年入住期间，她每天都在房间里插上艳丽的玫瑰花以代表浪漫的爱情；床上用品不喜欢白色，而喜欢碎花图案。因此，客房部根据客史档案，安排服务员着手准备迎接工作。他们在蓝小姐预订的603房中插上了一束玫瑰花，并使用了蓝小姐钟爱的景泰蓝花瓶；床单、被罩和枕套换成了蓝小姐喜欢的粉色碎花式样；尽量将房间布置成她去年安排的模样，以便她能重拾往日的回忆。

蓝小姐如期来到了酒店。当她在服务员的指引下推开房间门时，映入眼帘的是一束艳丽的玫瑰花，在柔和的灯光下显得更加娇媚。它的每一片花瓣都像跳动的火焰，在蓝小姐的眼前跃动，蓝小姐望着眼前的玫瑰花陷入了回忆：她的丈夫送她玫瑰花那浪漫的一幕再次浮现在脑海里，她的脸上浮现出幸福的笑容。对于许多情侣来说，玫瑰花是他们节日里表达情意的礼物；但对蓝小姐来说，玫瑰花是她和丈夫爱情的象征，她和丈夫的邂逅就是在浪漫的玫瑰园。自从那天起，蓝小姐就与玫瑰花结下了不解之缘。她和丈夫幸福美满的日子里多了一道亮丽的风景，她的丈夫每天都为她送上新鲜迷人的玫瑰花，玫瑰花开在他们的幸福生活中。但幸福是如此的无常和不堪一击，像玫瑰花一样，瞬间盛开，瞬间散落。在一次意外中，她的丈夫永远地离开了她。从那以后，她就再没有收到过玫瑰花。今天她竟如此惊喜地收到酒店送的玫瑰花，最重要的是她重拾了久违的幸福感。蓝小姐的眼里闪动着泪光，握住站在旁边的服务员的手深深地说了一句“谢谢！”她的声音激动得颤抖……

在接下来的几天里，酒店根据蓝小姐的个人入住档案，提前周到地为她准备了称心的菜肴并提供了真诚细致的服务，给蓝小姐留下了美好的回忆。

一星期后，蓝小姐临走的时候，给酒店递交了一封表扬信，"在这里我得到了一个又一个的惊喜，在这里我享受到了在其他酒店没有的服务……"

资料来源 佚名．酒店服务案例心理解析［EB/OL］．［2022-11-29］．https：//wenku.baidu.com/view/3862710830687e21af45b307e87101f69e31fb2c.html.

问题：结合本案例，谈谈客房个性化服务的重要性。

分析提示：每个客人的心理需求是不同的，因客人的年龄、性别、个性、职位不同，他们所需要的产品和服务就会不同；因客人的社会文化环境、社会阶层、经济状况不同，他们也会要求提供不同的产品和服务。酒店应该了解客人的消费行为和心理特征，提供有针对性的个性化服务，甚至为某个客人"量身定做"专门的产品和服务，这样才能让客人满意，并留下美好的回忆。

教学互动9-1

互动问题：个性化服务常常体现在细微之处，事例虽小，却会给客人带来惊喜。服务员早上清扫房间时发现，客人将开夜床时已折叠好的床罩盖在了床上的毛毯上，再看空调是23℃。请问：服务员应该怎样做？

要求：同"教学互动1-1"的"要求"。

本章概要

□ 内容提要

客房服务是饭店对客服务的重要内容，服务质量是饭店的生命，要有效地控制客房服务质量，必须对客房服务质量的主要环节进行控制。在客房服务中，要充分调动基层管理人员对服务质量管理的积极性，把好客房服务质量这一关。本章介绍了客房服务组织模式；客房服务内容、基本规程和要求；客房服务质量及其控制，客房优质服务的基本含义。

□ 主要概念和观念

▲ 主要概念

送餐服务　托婴服务　私人管家服务　服务质量　优质服务　个性化服务

▲ 主要观念

客房服务的组织模式　客房优质服务

□ 重点实务

客房常规服务基本规程　对不同类型客人的服务方式

基本训练

□ 知识训练

▲ 复习题

1）客房服务中心模式的特点是什么？

2）客房服务质量的内容有哪些？

3）客房服务质量控制的主要环节是什么？

▲ 讨论题

1）比较和评价客房服务组织的两种模式。

2）如何提高客房服务质量？（查阅相关资料）

□ 能力训练

▲ 理解与评价

怎样理解与评价“客房优质服务”和“个性化服务”的基本含义？

▲ 案例题

【训练项目】

案例分析-Ⅸ。

【相关案例】

沙特阿拉伯客人前来完婚

背景与情境：某年中秋节，位于乌鲁木齐市的某宾馆住进了一位来自沙特阿拉伯的客人——木哈买提。据他本人说，他是慕名而来住这家店的。

出租车在宾馆大厅门前停下，迎宾员开门时，没有以通常的方式用手遮住车门框请客人下车，这一细节赢得了这位虔诚教徒的好感，因为按照伊斯兰国家的习惯，遮头是不被允许的。

宾馆王总经理从服务员那里得知，这位客人来乌鲁木齐市是办喜事的，于是连忙安排坐东朝西的620房给他，以便他祷告。接着趁客人去见未婚妻的间隙，组织员工布置新房。总经理亲自动手，窗帘换上了粉红色的，以增加喜庆气氛；原来驼色的地毯上盖了一块波斯地毯，使客人产生在家办婚事的感受；另外，还配备了一块小地毯，专供客人做宗教仪式时用；墙上特地挂上了挂毯，一间典型的穆斯林式的新房就这样很快布置完毕了。

两小时后，沙特阿拉伯客人回到房里，眼前的变化使他欣喜若狂，他只不过向服务员吐露过一句关于举办婚事的话，没想到宾馆竟这么大手笔，而且工作效率还那么高。他没顾得上喝茶，便直奔总经理办公室，一连几声“热合买提，热合买提（谢谢）！”沙特阿拉伯客人在宾馆举办婚礼期间，宾馆为他配备两辆专车提供昼夜服务。婚礼结束后新婚夫妇外出旅游，沙特阿拉伯客人对王总经理说：“请为我们保留这个房间，等我们回来后还要住，房费照付。”

此后，这位客人又来过乌鲁木齐市多次，每次都住在这家宾馆。

资料来源 佚名．酒店客房管理［EB/OL］．［2020-12-20］．https：//wenku.baidu.com/view/811f439e667d27284b73f242336c1eb91b37331d.html.

问题：

1）如何对不同类型、不同文化背景或具有不同宗教信仰的客人提供有针对性的服务？

2）饭店如何实施规范化服务和个性化服务？

【训练要求】

同第1章“基本训练”中本题型的“训练要求”。

▲ 自主学习

【训练项目】

自主学习-Ⅴ。

【训练步骤】

1）将班级同学组成若干“自主学习”训练团队，每队确定一人负责。

2）各团队根据训练项目需要进行角色分工。

3）通过校图书馆、院资料室和互联网，查阅“文献综述格式、范文及书写规范要求”和近三年关于“客房优质服务”研究的前沿学术文献资料。

4）综合和整理“客房优质服务”研究的前沿学术文献资料，依照“文献综述格式、范文及书写规范要求”，撰写《“客房优质服务”最新文献综述》。

5）在班级交流各团队的《“客房优质服务”最新文献综述》。

6）在校园网的本课程平台上展出经过修订并附有教师点评的各组《“客房优质服务”最新文献综述》，供学生相互借鉴。

□ 课程思政

【训练项目】

课程思政-Ⅸ。

【相关案例】

床头的百合花

背景与情境：来自加拿大的凯特女士是位奇怪的客人。她是一位研究中国古典文化的学者。或许是出于职业的原因，她性格孤僻、不苟言笑。她在饭店住了4天，每天进进出出，很是忙碌，但几乎从不开口，不跟人打招呼，更难让人看见一丝微笑。楼层服务员都觉得这位学者架子挺大，不容易相处，任凭他们如何笑脸相迎，每次得到的都是一张冷冰冰的脸。面对别人的热情，她永远都无动于衷。

第五天晚上，凯特女士打电话让服务员给她送壶热水，说完立即挂断电话。“好干脆利落！”服务员新月暗想。她丝毫不敢怠慢，马上送去。接近凯特女士房间时，一阵悠扬的乐曲——她最喜欢的《梁祝》在寂静的走廊里飘荡。新月敲门进入。此时，新月从心底由衷地觉得凯特女士并不似她表面看起来那么冷漠。

突然，凯特女士幽幽自语地说：“多美的曲子呀！”

“您喜欢这曲子吗？”新月微笑地问。

“当然！它是我的最爱，百听不厌，我每晚都听。可惜没有百合花。”

“为什么要百合花？”新月犹豫了一下，最终还是忍不住问她。

“只有百合花的高洁和清香才配得上这首曲子呀。可惜啊，这里是酒店。”说完凯特女士又缓缓地闭上了双眼。

第六天晚上，凯特女士忙完回到房里，打开灯，意外地看到床头柜上摆着的正是自己心里惦念了几天的百合花！她打电话叫来楼层服务员新月。

“凯特女士，请原谅！事先没征求您的意见。对于您的《梁祝》配百合花的见解，我觉得很独特也很美好。您每晚都听，想必一定有一束百合花陪伴在左右吧，所以我就自作主张，在您的床头柜上摆上了这束新鲜的百合花，希望它能陪您度过一个舒适的夜晚。”

虽然凯特女士没有说什么，但紧绷的脸上有了一丝的微笑，站在一旁的新月也喜上眉梢。

几个月后，凯特女士再次来到中国，再一次选择了这家饭店。在她步入房间之前，曾暗想这次是突然“袭击”，饭店一定没有百合花了。孰料一开房门，摆在床头柜上的正是一束盛开的百合花！她用询问的眼神问新月。新月嫣然一笑，告诉她昨晚总台服务员已经传达了她入住本店的信息。

“太感谢你们了！”这位“金口难开”的客人几个月来第一次向饭店表达了发自内心的感谢。

资料来源 佚名. 案例：床头柜上盛开的百合花［EB/OL］.［2022-04-13］. https：//wenku.baidu.com/view/7b6905f55322aaea998fcc22bcd126fff6055d53.html.

问题：

1）本案例中饭店服务的独特之处是什么？

2）“宾至如归”的服务宗旨是怎样体现在服务员新月的接待服务工作中的？

3）通过上网等途径收集作为思政研判的规范或标准。

4）该案例对你有何启示？

【训练要求】

同第1章“基本训练”中本题型的“训练要求”。

第10章 客房安全管理

学习微平台

思维导图
10-1

学习目标

通过本章学习，应该达到以下目标：

职业知识：学习和把握客房安全管理的基本含义和内容，客房安全管理设施的配备，客房防火、防盗及意外事故处理的基本程序以及“延伸阅读”等理论与实务知识；能用其指导本章“同步思考”、“教学互动”和“基本训练”的“知识训练”中各题型的认知活动，正确解答其相关问题。

职业能力：点评“安全是饭店一切工作的保障”，训练专业理解力与评价力；运用“客房安全管理”职业知识研究相关案例，训练对特定情境下当事者行为的“多元表征”专业能力和“与人交流”的通用能力；参加“自主学习－X”的训练，通过“客房安全管理”实训操练及实训课业的撰写、讨论与交流，训练相应专业技能。

课程思政：结合“客房安全管理”教学内容，依照相关规范或标准，对“课程思政10-1”至“课程思政10-3”，以及章后“课程思政-X”中的企业及其从业人员行为进行思政研判，培养高尚的道德情操，树立社会主义核心价值观。

引例：密码箱不见了

背景与情境：一天傍晚，某饭店总服务台的电话铃响了，服务员小姚马上接听，对方自称是住店的一位美籍华人的朋友，要求查询这位客人的入住资料。小姚迅速查阅了住房登记中的有关资料，向他报了几个姓名，对方确认其中一位就是他要找的人. 小姚未加思索，就把这位客人所住房间的号码818告诉了他。

过了一会儿，饭店总服务台又接到一个电话，打电话者自称是818房的“美籍华人”，说他有一位谢姓侄子要来看他，此时他正在谈一笔生意，不能马上回来，请服务员把他房间的钥匙交给其侄子，让他在房间等候。接电话的小姚满口答应。

又过了一会儿，一位西装笔挺的男青年来到总服务台，他自称小谢，要取钥匙。小姚毫不犹豫地把818房钥匙交给了那位男青年。

晚上，当那位真正的818房客人回房时，发现他的一只高级密码箱不见了，其中包括护照、几千美元和若干首饰。

资料来源　佚名. 酒店客房与前厅管理实务［EB/OL］.［2024-10-20］. https：//www.taodocs.com/p-5172683.html.

冒名顶替是犯罪分子在饭店作案时的惯用伎俩。相比之下，本案例中的这位犯罪分子的诈骗手法实在很不高明；但总台服务员仅根据一个电话便轻易答应别人的“委托”，明显地违反了服务规程，表现出客房安全意识的淡薄。因此，客房部应加强对员工的培训管理，提高客房安全意识。本章将介绍客房安全管理与防范。

10.1　客房安全管理概述

客人对入住客房的要求是：洁净、舒适、幽雅的客房，热情周到的服务。但这些都是以安全为前提的，当客人投宿饭店时，客房将是客人停留时间最长并存放财物的场所，因此客房安全最为客人所关心，客房安全管理也成了客房部管理的重要工作内容。

10.1.1　客房安全的含义

客房安全不仅包括客人的人身、财产安全，而且包括客人的心理安全及员工和饭店的安全。它有两层含义：

（1）客房区域应保持良好的秩序和状态。在客房范围内，客人、员工的人身和财物以及饭店的财产安全不受侵犯。

（2）客房区域应当处于一种既没有危险，也没有可能发生危险的状态。如果客房存在一些不安全的因素，又没有相应的防范措施，即使暂时没有发生事故，也不是真正意义上的安全。例如，客房内的电源插头损坏、电线裸露，浴缸无防滑措施，客房的门锁没及时修好，钥匙管理混乱等。所有这些因素都可能会在一定条件、一定场合、一定时间内突然引发危险，造成人身伤亡和财产损失。因此，客房安全是指不发生危险以及对潜在危险因素的排除。

同步思考10-1

客房安全的含义是什么？

理解要点： 客房安全不仅包括客人的人身、财产安全，而且包括客人的心理安全及员工和饭店的安全。它有两层含义：（1）客房区域应保持良好的秩序和状态。（2）客房区域应当处于一种既没有危险，也没有可能发生危险的状态。

课程思政10-1

客房数字安全防护

背景与情境： 某五星级饭店为了提高客房安全性，决定采用一套全面的数字安全系统。采用指纹识别、密码验证和动态密码等多种开锁方式，确保只有授权人员能够进入客房。同时，门锁系统能够记录每一次的开锁记录，方便饭店管理人员追踪和查询。在客房外安装了高清摄像头，实现对客房全方位的监控。监控画面能够实时传输到饭店安保中心，方便安保人员随时掌握客房情况。监控系统还支持远程回放和取证，为事后调查提供有力支持。客房内设有紧急报警按钮，客人在遇到紧急情况时可以快速触发报警信号。报警信号会立即传至饭店安保中心和前台，确保安保人员能够迅速响应并处理紧急情况。该系统能够实现对客房内各种设施设备的远程控制，如灯光、空调、窗帘等。

通过数字化管理，首先，客房安全管理工作更加高效和精确，提高了饭店的服务质量和客户满意度。其次，通过远程监控和数据分析，饭店管理人员能够及时发现并解决潜在的安全隐患，降低了安全事故发生的风险。最后，该系统还为饭店提供了丰富的数据资源，为饭店的决策支持和业务拓展提供了有力支持。

问题： 饭店数字化管理具有怎样的现实意义？

研判提示： 本案例展示了一个饭店客房安全数字解决方案的实例。通过整合智能门锁、高清摄像头监控、紧急报警装置和自动化控制系统等多种技术手段，饭店实现了对客房安全的高效管理和实时监控。这一解决方案不仅提高了客房的安全性，也为客人提供了更加便捷和安全的住宿体验。同时，数字化管理也为饭店带来了诸多好处，包括提高服务质量、降低安全风险和拓展业务等。因此，对于饭店行业而言，采用数字化手段加强客房安全管理具有重要的现实意义和广阔的发展前景。

课程思政10-2

小疏忽酿成大错误

背景与情境： 某饭店客房服务员小张正在809房间打扫卫生，房门开着，这时一位男子走了进来，此人身材魁梧，衣着讲究，一副生意人的派头。他一进来就冲小张喊道："怎么我的房间卫生还没搞好？一会儿我的客人要来，快点打扫！"说着随手打开冰箱，拿出一瓶饮料泰然自若地喝了起来。在这位"客人"的催促下，小张急急忙忙地打扫完卫生就离开了房间。下午，住在809房间的客人前来报案，说在客房内丢失了5 000元人民币和一件名牌T恤衫。通过饭店内部的监控录像发现有一男子曾多次在饭店客房闲逛，最后在8楼客房找到了偷盗作案目标。经服务员小张辨认，此人正是她碰到的那位“客人”。

资料来源　佚名．客房安全管理培训［EB/OL］．［2022-07-08］．https：//wenku.baidu.com/view/ef1fcb266f175f0e7cd184254b35eefdc8d31598.html.

问题：楼层服务台值班员在客房安全方面应该加强哪些方面的责任意识？

研判提示：

（1）作为服务员，任何时候都不能放松警惕，要多记忆、多思考、多观察、多质疑，在遇到类似情况时，一定要先委婉地核对对方的身份，验证房卡或请其出示有效证件，切忌过于主观，盲目判断。

（2）楼层服务员应当记住住客的外貌和房号，提高识别判断能力，饭店客房管理部门要健全和落实客房钥匙管理制度。为了防止类似的案件发生，管理员应多提醒员工密切关注安全工作开展，一旦发现有行为可疑人员应及时通知保安部监控中心进行跟进。

安全设施是指一切能够预防、发现违法犯罪活动，保障安全的技术装备，由一系列机械、仪表、工具等组成。

1）饭店安全设施

目前，饭店常采用的安全设施有：

（1）安全报警系统

安全报警系统是由多类报警器组成的自动报警系统，常用的是微波报警器、红外线报警器、声控报警器等，一般设置在饭店的关键部位，如收银处、贵重物品和财物集中处、消防通道等。其作用在于防盗、防抢、防暴等。

（2）电视监控系统

电视监控系统是由摄像镜头、控制器、监视器和录像机等组成的闭路电视系统。电视监控系统是饭店必备的安全设施，其摄像镜头主要分布在前厅大堂、客用电梯、楼层过道、公共娱乐场所和贵重物品集中场所。配备电视监视系统可以提高饭店处理问题的效率，同时可以发现不法分子，及时做好防范措施，以确保饭店及客人的安全。

（3）消防监控系统

消防监控系统一般由火灾报警器（烟感器、热感器、手动报警器）、灭火设施（消防给水系统、化学灭火器材）和防火设施（防火墙、防护门、排烟系统）组成，主要安置在客房、餐厅和走廊等处。

（4）通信联络系统

通信联络系统是指以安全监控中心为指挥枢纽，即通过电话、传呼机、对讲机等通信器材而形成的联络网络。这个简单的网络系统使饭店的安全工作具有快速反应能力，对保障饭店的安全起着十分重要的作用。

（5）钥匙系统

钥匙系统是饭店最基本的安全设施，其作用在于防止饭店钥匙的被盗、遗失和复制，以确保安全。现在饭店一般采用电子磁卡钥匙系统。作为钥匙使用的磁卡在一面涂有可存储密码信息的磁条，由总台使用计算机和配备的刷卡器将房间信息记入磁条。将磁卡插入门锁读卡器，经计算机芯片运算判断为“合法磁卡”后，通过电磁铁控制锁的开关。钥匙卡不慎丢失，到总台重新设置密码、制作新卡即可。

磁卡用途很多，可以作为客房节能开关卡，也可以用来签单消费等。作为工作钥匙使用时可设置主控卡、楼层卡、清洁卡、禁止卡等，分级管理。这种钥匙系统有双重保险和换电池提示功能，可以储存200次开锁信息，并能随时提取，还具有防撬和记录使用次数的功能。

2）客房安全设施

（1）客房消防设施的配备

客房内的消防设施用品主要有：设于屋顶的烟感报警器；自动喷淋灭火装置；贴在门后的安全通道出口示意图；摆放在床头柜上的“请勿在床上吸烟”的中英文标志。

烟感报警器的作用是：当室内烟雾达到一定程度时自动鸣叫报警，饭店消防中心监控器同时显示报警位置。

自动喷淋灭火装置的作用是：当室内温度达到一定程度时，堵在喷头出水口的水银球受热膨胀炸裂，喷头向房间喷水灭火。有烟才有火，因此有的饭店客房只设烟感报警器。

安全通道出口示意图是指示客人所在位置和发生火灾时的安全撤离路线。

设置“请勿在床上吸烟”的中英文标志是国际饭店业的通行做法。另外，给予吸烟客人经常的提示是有益的。

以上各类安全设施都自成系统，但在实际的运转中，是相互联系发挥作用的。

（2）客房防盗设施的配备

在安全方面，客人最关心的要属客房防盗。防盗设施首先是门。门上应安装警眼、能够双锁的门锁，并装有安全链。门锁系统是客房防盗的关键环节，使用高科技产品对于增强客房安全极为有效。

10.2 客房防火管理

火灾是饭店的头号安全问题。根据国内外饭店火灾统计，发生在客房内的火灾占饭店火灾的比例最高。客房是一个封闭的空间，在发生火情时，往往不易被发现。当火情发展到一定程度形成灾害时，组织扑救相当困难。因此，客房部日常防火工作显得非常重要。

10.2.1 火灾形成的原因与种类

1）客房火灾形成的原因

客房发生火灾的主要原因一般有以下几种：

（1）客人卧床吸烟引起火灾。例如，1969年1月美国芝加哥山楂饭店的火灾，这场火灾烧死了4人。

（2）酗酒后吸烟引起火灾。例如，1985年4月19日哈尔滨天鹅饭店发生的特大火灾，造成10名中外宾客死亡，7人重伤。这场大火是因肇事者酒后躺在床上吸烟入睡，不慎将燃着的烟头掉在床上而引起的。

（3）乱扔烟头、火柴棒引起火灾。例如，1988年元旦，泰国曼谷第一大酒店发生大火，烧死13人，事后查明这场大火就是由于客人乱扔烟头引起的。

（4）客房内电器设备故障引起火灾。据统计，因电器设备故障而引起的饭店火灾占整个饭店火灾总数的22%。例如，1987年1月27日，拥有3 000间客房的俄罗斯大饭店发生的特大火灾就是由于客房内的电视机发生故障而引起的。

（5）长住客无限度地增加电器设备，超负荷用电，造成电源短路，引起火灾。

2）火灾的种类

火灾是指在时间和空间上失去控制的燃烧所造成的灾害。依照国家标准，火灾按物质燃烧特性可分为以下四大类：

（1）A类火灾，是指固体物质火灾，这种物质往往具有有机物性质，一般在燃烧时能产生灼热的余烬，如木材、棉、毛、麻、纸张等。

（2）B类火灾，是指液体火灾和可熔化的固体物质火灾，如汽油、煤油、柴油、原油、甲醇、乙醇、沥青、石蜡等引发的火灾。

（3）C类火灾，是指气体火灾，如煤气、天然气、甲烷、乙烷、丙烷、氢气等引发的火灾。

（4）D类火灾，是指金属火灾，如钾、钠、镁、钛、锆、锂、铝镁合金等引发的火灾。

这种分类法对防火和灭火，特别是对选用何种灭火器扑救火灾有指导意义。客房火灾通常属于A类，即固体物质火灾。

10.2.2　客房服务中的防火措施

针对以上几种情况，客房部应在员工的工作程序与职责中把防火责任明确下来。客房防火应注意以下几点：

（1）服务员要熟悉住店客人的情况，要勤看、勤听、勤检查，善于发现存在的火灾隐患。注意饮酒过量和吸烟的客人，发现异常情况立即汇报。

（2）在日常打扫客房卫生时，要把烟缸内没有熄灭的烟头用水浸湿，然后再倒入垃圾桶内，不能将未熄的烟头直接倒入垃圾桶内。

（3）客房内禁止使用电磁炉、电饭锅等危险用具，要在《宾客注意事项》中注明客房内禁止使用这些用具。如果发现客人使用危险用具，要立即阻止，并报告有关部门处理。

（4）要及时清理本楼层和客人房间内的易燃物品，如看过的报纸杂志、废纸木箱等，以减少火灾隐患。

（5）每日打扫卫生时注意检查房内的电器、电线和插头等，如有短路、漏电、超负荷用电、线头脱露等现象，应及时采取措施并上报有关部门。

（6）各楼层过道、楼梯、安全疏散通道不准堆放各种物品，确保在任何时候都畅通无阻。

（7）客房内所有的装饰材料应尽可能地采用不燃材料或阻燃材料，如地毯、床罩、灯罩、窗帘等尽可能使用阻燃材料。

（8）在客人离开房间后，要认真检查房内有无火患等不安全因素。

课程思政 10-3

麻痹大意酿火灾

背景与情境：早晚、节假日易造成管理松懈，是管理漏洞的多发时间段，也是火灾隐患较多之时；疏于对相关人员进行管理也是酿成火灾的原因之一。

例如：1997年1月29日，燕山酒家保安员使用酒精炉煮东西吃，违反操作规程发生火灾，造成40人死亡，27人重伤，62人轻伤，烧毁建筑面积997平方米，直接经济损失92万元。

2003年2月2日17时59分，黑龙江省哈尔滨市天潭大酒店，一名酒店服务员用汽油代替煤油燃料添加取暖炉引发特大火灾，造成33人死亡，10人受伤，其中服务员有7人死亡，2人重伤，他（她）们都是来自农村的年轻人，进酒店之后未曾接受过消防知识的培训。

2008年1月3日2时15分，吉林省通化市东珠宾馆发生火灾，造成24人死亡（跳楼摔死4人）、14人受伤，烧毁建筑面积1 680平方米及物品一批，直接财产损失31.6万元。火灾系宾馆保安员使用电暖器取暖时长时间离位，电暖器烤燃附近可燃物所致。

资料来源　佚名. 酒店火灾案例分析［EB/OL］.［2013-02-24］. https://wenku.baidu.com/view/06ae10a3adf8941ea76e58fafab069dc51224752.html.

问题：怎样增强员工的消防安全意识和工作责任心？

研判提示：血的教训告诉我们，消防安全无小事，麻痹大意酿火灾。饭店消防工作必须实施全员、全时空、全过程的严格管理。首先，要加强对员工的消防知识培训，增强员工的防火意识，树立对企业、对客人高度负责的工作态度。其次，要定期组织应急疏散演习，完善应急处置预案，确保突发情况下能够及时有效进行处置。

10.2.3　客房部防火工作要求

（1）加强防火工作的组织管理。设立防火安全领导小组，由客房部负责人担任组长。建立完善的防火组织，制定防火制度和火灾应急方案。

（2）加强员工消防安全培训工作。利用各种形式布置和组织本部门的防火宣传教育工作，使客房部员工增强防火安全意识，熟悉消防制度和灭火常识，掌握各种灭火器材的使用方法。

（3）配合保安部、消防中心定期检查防火、灭火设施设备，提出维修保养和更换的要求。

（4）加强对住客的防火宣传和客房安全检查，尤其是对长住客擅自使用电器的不安全因素加强防范。要通过各种形式向客人宣传：不要在床上吸烟；烟头和火柴棒不得乱扔；入睡前或人离开房间时，要关闭房内电器开关。

（5）加强对安全疏散通道的管理，确保任何时候都能畅通无阻，发挥其应有的作用。

同步资料 10-1

据了解，进了客房，半数以上的客人不会注意门后的“逃生路线图”。它一般是一张印有本楼层平面示意的图纸，对本房间的位置和房号清晰地做出标识，同时有一个箭头（通常是红色）自房间的位置沿走廊指向最近的疏散部位——高层饭店建筑中通常不走的疏散用的楼梯间。因为发生火灾时，电梯是不能使用的，除非有特别标识。逃生路线图是客房设计中必备的，它虽不起眼，却能在关键时刻起作用，在发生火灾等意外事件的时候，通过逃生路线图可以比较容易并且迅速地找到出路。所以，在入住饭店的第一时间就读懂这张图很有必要。

10.2.4　客房发生火灾的应急处理

客房楼层一旦发生火情，客房部员工要以高度的责任心，沉着冷静，按平时消防训练的规定要求迅速行动，确保客人的人身、财产和饭店财产的安全，努力把损失降到最低程度。应采取的行动是：

1）及时发现火源

当听到自动报警装置发出火警信号或闻到烟味时，应停止一切工作，迅速到场查明情况。要根据平时掌握的住客情况，有针对性地查找火源。

2）及时报警

如发现火情，要查明火源的准确位置以及燃烧物质，立即向有关部门报告。报警时一定要镇静，口齿清楚，讲清情况。

3）及时扑救

如果火源燃烧面积不大，可用水桶、灭火器材等及时进行扑救，同时注意客人的安全。

4）疏散客人

发生火灾时，一定要有组织、有计划、有步骤地疏散客人，要迅速打开安全门、安全梯，组织疏导客人撤离，一定不能乘用电梯。在各层楼梯口、路口、大门口都要有人指挥把守，为客人引路。为防止大量客人集中在一个出口造成拥堵，应合理确定疏散路线，分配人流，使客人迅速脱离险境。同时，指定人员逐一检查客房，确定无人后在门上做记号或挂“已检查过”的牌子，并将门关好，以阻止火势蔓延。

同步案例 10-1

六分钟，生命无法回天

背景与情境： 2011 年 1 月 13 日凌晨 1 时许，长沙市河西枫林一路西娜湾宾馆发生火灾，经调查火灾是西娜湾宾馆一楼夹层私自改装的电烤炉引燃被套起火造成的。

湖南省消防部门在查看监控录像时发现，在火灾发生的初期到猛烈阶段的五六分钟时间内，已经有房客闻到烟味并通知前台，但服务员没有仔细查看，自认为可能是有人抽烟，轻易放弃了发现和扑救初起火灾的最佳时机。

同时，从监控录像可以看到，当宾馆管理人员及服务员发现明火后，没有一个人组织灭火和疏散，而是只顾自己逃命。宾馆的消防设施也形同虚设，自动报警和喷淋系统全部处于关闭状态，发生火灾后没有发挥应有的作用。

本次火灾事故造成 10 人死亡，4 人受伤，直接经济损失 500 多万元。

资料来源　佚名．“1·13”长沙西娜湾火灾［EB/OL］．［2019-05-18］．https：//wenku.baidu.com/view/07a55b5af71fb7360b4c2e3f5727a5e9846a2740.html.

问题：

1）案例中发生火灾的原因是什么？

2）应采取怎样的措施防范火灾事故？

分析提示： 事故原因在于：（1）宾馆员工缺乏消防安全意识和消防知识；（2）宾馆内建筑消防设施形同虚设。

事故防范措施：（1）加强员工培训；（2）严禁私拉乱接电线及使用不合格的消防产品；（3）建立每日安全检查及巡查制度；（4）确保消防设施设备在发生火灾时能够正常运行。

10.2.5 常用灭火器的使用

灭火器是一种轻便的灭火工具，它可以用于扑救初起火灾，控制蔓延。不同种类的灭火器适用于不同物质的火灾，其结构和使用方法也各不相同。灭火器的种类较多，常用的主要有泡沫灭火器、二氧化碳灭火器、干粉灭火器和1211灭火器等。常用灭火器的适用范围及使用方法见表10-1。

表10-1 常用灭火器的适用范围及使用方法

种类	适用范围	使用方法
泡沫灭火器	主要适用于扑救各种油类火灾，木材、纤维、橡胶等固体可燃物的初起火灾	（1）先用手指堵住喷嘴将筒体上下颠倒两次，就有泡沫喷出 （2）对于油类火灾，不能对着油面中心喷射，以防着火的油溅出，应顺着火源根部的周围向上侧喷射，逐渐覆盖油面
二氧化碳灭火器	主要适用于各种易燃、可燃液体、气体火灾，还可扑救仪器仪表、图书档案、工艺品和低压电器设备等的初起火灾	（1）鸭嘴式的先拔掉保险销，压下压把即可 （2）手轮式的要先去掉铅封，然后按逆时针方向旋转手轮，药剂即可喷出 （3）接近着火点，向上风方向喷射
干粉灭火器	主要适用于扑救各种易燃、可燃液体和气体及带电设备的初起火灾	（1）先拔掉保险销（或拉起拉环），再按下压把，干粉即可喷出 （2）要接近火焰喷射，喷射前要选择好喷射目标 （3）不宜逆风喷射
1211灭火器	主要适用于扑救易燃、可燃液体、气体及带电设备的初起火灾；扑救精密仪器仪表、贵重物资、珍贵文物、图书档案等的初起火灾；扑救非饭店等场所固体物质的表面初起火灾	（1）先拔掉保险销，然后握紧压把开关，即有药剂喷出 （2）灭火器筒身要垂直，不可平放和颠倒使用 （3）站在上风，接近着火点，对着火源根部扫射，向前推进，要注意防止复燃

10.3 客房防盗管理

盗窃案件是发生在饭店内最普遍、最常见的犯罪行为之一，而客房又是失窃最多的地方。盗窃案件对饭店造成的后果也较为严重，不但会使客人和饭店的财物受到损失，还会使饭店的声誉受损。客房部必须采取有效措施，预防盗窃案件的发生。

10.3.1 盗窃者的类型

客房部员工应掌握盗窃者的类型和作案手段，以利于在工作中识别和防范。盗窃者的类型大致有以下三种：

1）外部行窃

外部行窃，即社会上的不法分子混进饭店进行行窃，这些人往往装扮成客人蒙骗店方，盗取住店客人及饭店的财物。从饭店发生的盗窃案情况来看，除了一般的撬门扭锁、偷配钥匙、翻墙入室行窃外，还有多种作案手段：

（1）冒充饭店人员行窃

例如，作案分子以饭店经理或主管的身份出现，以征求客人住店意见为名，由前面的人挡住客人的视线，后面的人趁机用废弃的磁卡钥匙将插在取电器上的客房房门磁卡钥匙换掉（磁卡设置的延时功能，使10秒钟之内电源不会切断，不易被客人发现）。随后，在楼道内守候，待客人离开后，立即进入客房进行盗窃。

（2）骗取开门行窃

作案分子利用客房服务员防范意识不强，以找客人为由，或冒充住店客人，让服务员打开房门堂而皇之地进入房间盗窃物品。

同步案例10-2

一起高智能盗窃案

背景与情境：早上8时许，某酒店客房服务员小张正准备去做房，走廊中有两名男子吩咐给1303房加两条浴巾，这两人并未进房，而是说完话后，即告知小张，他们要去餐厅用早餐了，与小张擦肩而过。小张则遵照其指示，到1303房为其增配两条浴巾，并顺手将床上凌乱的东西进行了清理，此时这两名男子又忽然返回，看见小张正在清理，忙说："不用清理了，不麻烦你了，我们自己整理就行了。"小张看他们这时已在收拾物品了，就暂时退出。这两名男子几分钟后从房间走出，刚离开不一会儿，又来了两名男子，持IC卡进入房间后，即发现房间被盗了，损失了相当重要的财物。原来前两个人是犯罪嫌疑人，后两位才是真正的客人！

资料来源 佚名. 加强员工酒店安全管理责任心的重要性［EB/OL］.［2022-05-25］. https://wenku.baidu.com/view/53dd8b2eb4360b4c2e3f5727a5e9856a56122608.html.

问题：犯罪嫌疑人的偷盗行为为什么能够得逞？

分析提示：这是一种相对高智能性质的犯罪，犯罪嫌疑人利用了心理上的不设防（因为增配浴巾是一个合理的要求，而且客人并不进房，故无须防范），然后又返回，告知不用麻烦服务员，造成心理上的先入为主，使服务员一时失去判断力，误以为对方是客人，因而犯罪嫌疑人有了可乘之机。

（3）混入房内行窃

有些作案分子在楼层徘徊时，发现房内的客人一时外出房门未锁，或者客人在卫生间或里屋，便乘机进房盗窃。也有些作案分子乘服务员在客房内清扫卫生时，谎称是该房间的客人，进入客房行窃。

(4) 在房门上做手脚

有的作案分子趁客人或服务员不备，用粘胶、橡皮膏等填充房门锁库，客人出门时随手一带，认为已经锁好，待客人离开后进入室内行窃。

(5) 尾随客人伺机行窃

有些作案分子尾随住店客人潜入饭店的咖啡厅、餐厅、健身房、桑拿洗浴场所，拎包盗窃或撬开更衣柜后，盗取客房钥匙进入房间大肆盗窃。

2）住客行窃

住客行窃，即住客中的不良分子盗取饭店物品，或者伺机窃取同饭店其他房间住客的财物。为避免此类案件的发生，饭店应加强安保措施，或要求客人将贵重物品存放在饭店的保险箱内。

3）员工内盗

员工内盗，即饭店员工利用工作之便盗取客人及饭店的财物，或者内外勾结作案。这种偷盗行为在整个偷盗事件中占很大比例。俗话说：家贼难防。由于内部员工对饭店的各种情况、工作程序及客情比较熟悉，作案手段更具隐蔽性，会给破案工作带来一定的困难。

学习微平台

延伸阅读10-1

10.3.2 盗窃事件的防范

为有效防范客房失窃事件的发生，客房部应从以下三个方面采取防范措施：

1）加强对员工的管理

客房部的员工平时能够接触到饭店和客人的财物，因此客房部应加强对员工的管理，要从实际出发制定有效的措施，防范员工偷盗行为的发生。

(1) 严把招工关。聘用员工时，要严格进行人事审查，看是否品行不端、有过偷盗前科。

(2) 对员工进行职业道德教育，提高员工的素质，增强员工遵纪守法的自觉性。

(3) 严格管理制度，加强教育培训。要采取各种有效的办法、手段，如合理排班、加强员工通道的检查，设置检举箱等，以杜绝管理漏洞，不给作案者以可乘之机。

(4) 严禁在工作时间会客、串岗或擅自离岗。

(5) 一旦发现有人偷盗，要予以严肃处理。要让每一位员工都明白：任何偷盗行为，无论窃取物品的价值大小，都要受到严厉的处罚，情节严重者还要受到法律的制裁。

同步案例10-3

酒店服务员监守自盗　偷窃客人财物获刑

背景与情境：某日，外地商人赵某入住某商务酒店，该酒店服务员刘某在引领客人入住时，见赵某穿戴奢华，便心生伺机偷盗之念。晚上8时，刘某趁赵某外出之际，利用房卡偷偷打开房门，将客人存放在衣橱内的9 000元现金盗走。盗窃得手后，刘某害怕东窗事发，经过激烈的思想斗争后，主动向经理交代了盗窃事实，并主动退回所盗钱款，跟随单位经理到公安机关接受处理。

法院审理后认为，刘某作为酒店服务人员，监守自盗，盗窃客人现金9 000元，数额巨大，虽积极退赃，但其行为已构成盗窃罪，综合刘某的自首情节，依法判处其有期徒刑1年，并处罚金1万元。

资料来源 佚名. 监守自盗案例［EB/OL］.［2022-04-04］. https://wenku.baidu.com/view/1411cd495bfafab069dc5022aaea998fcc224067.html.

问题：酒店应如何防范员工的监守自盗行为？

分析提示：严把招工关，重点考察是否品行不端、有过偷盗前科；对员工进行职业道德教育，增强员工遵纪守法的自觉性；严格管理制度，杜绝管理漏洞，不给作案者以可乘之机。

2）做好客房房卡的管理

饭店的房卡主要有以下几种：

（1）住客用房卡，供客人使用，只能开启该房号房门。

（2）通用房卡，供客房服务员打扫房间使用，可开启十几个房门。

（3）楼层卡，供楼层领班使用，可开启该楼层所有房门。

（4）总控卡，专供客房部及工程部经理使用，可开启各楼层及公共区域所有房门。

客房房卡是客房安全管理的重要环节，绝不能马虎大意。房卡丢失、随意发放、私自复制或被盗都会给客人的生命财产安全和饭店本身安全带来威胁。因此，必须严格控制和管理客房房卡。一般应采取以下措施：

（1）做好房卡的交接记录。

（2）禁止随便为陌生人开启客人的房间，确因工作需要，如工程部员工维修房间设备设施、餐饮服务员收拾餐具等，应由客房服务员陪同进入房间，并做好记录。

（3）服务员在清扫房间时，必须随身携带房卡，不得随处丢放，也不得交他人保管。

（4）严禁将工作房卡带出饭店。

（5）对于把房卡忘在房中的住客，能够确认的可用工作房卡为其开门，并嘱咐下次出门别再忘记；不能确认的要礼貌查验证件，并与服务台记录核对无误，方可开门。

3）加强对访客的管理

（1）凡住客本人引带的访客，台班要做好记录。

（2）对于独自来访者，要问明情况，必要时可礼貌查验证件，并应先征得客人同意，再陪访客到门口，待其与客人握手后再离开。

（3）如住客不在房间又没有亲自留言，不得让访客进房等候。

10.3.3 失窃的处理

防盗工作必须坚持以防范为主，但这样可能仍无法完全杜绝盗窃事件的发生。因此，一旦发生此类事件，一定要正确处理好。

客人在住店期间财物丢失、被盗或被骗后，会向饭店反映情况，或者直接报告当地公安机关，前者叫报失，后者叫报案。无论报失还是报案，饭店都应该积极协助客人或公安机关调查失窃原因，寻找线索，尽快破案。

1）报失的处理

（1）客房部服务员接到客人报失后，应立即报告上级，由部门经理与大堂副理、保安部取得联系，共同处理。

（2）向客人了解丢失物品的时间、地点及详细情况，并帮助客人回忆物品丢失的前后经过，分析是否确实属于失窃。

（3）将客人丢失物品的情况做好详细记录。

（4）征得客人同意后，由保安员与客房服务员共同在房间帮助查找。

（5）如果客人丢失的财物属于贵重物品或金额较大，应立即向总经理汇报，保护好现场，并经总经理同意向公安机关报案，由公安机关进行处理。

2）报失处理的注意事项

（1）客人报失后，服务员只能听取客人反映的情况，不能随意对客人做出任何猜测，以免为以后的调查工作增加困难。

（2）服务员接到报失后，不能擅自进房间查找。

（3）客人报失后，进入过该房间的服务员也要接受询问。服务员要予以积极协助，不要有委屈不满情绪，更不可为逃避责任而有意隐瞒真实情况。

教学互动 10-1

学习微平台

延伸阅读 10-2

互动问题： 客人史密斯向饭店报失：在客房内丢了一枚金戒指和500美元，要求饭店查找。请问：饭店应怎样处理？

要求： 同“教学互动 1-1”的“要求”。

10.4 其他事故的处理与防范

除了火灾、盗窃之外，客房中还会发生一些其他事故。任何能导致对客人造成伤害的不安全因素都应该加以重视，加以防范，一旦事故发生，要妥善处理。

10.4.1 伤病客人的处理

客人在饭店居留期间，身体可能会偶有不适或突发疾病。客房服务员要及时发现，及时汇报处理，这是一件细致的工作。

1）一般性疾病

客人可能会偶感风寒或有其他小恙，服务员发现后可询问情况，帮助客人请驻店医生。在此后的几天中应多关心该客人，多送些开水，提醒客人按时服药。

2）突发性疾病

客人患突发性疾病（如心脑血管病、肠胃疾病、食物中毒等）服务员要立即请医生来，同时报告管理人员，绝对不能自己擅作主张救治病人，那样可能会导致更严重的后果。在没有驻店医生的情况下，如果患者头脑尚清醒，请服务员帮助购药服用，服务员应婉言拒绝，劝客人立即到医院或请医生到饭店治疗，以免误诊。

客人病情严重，客房部要立即与同来的家属、同伴或随员联系。若客人独自住在饭店，客房部经理应立即报告饭店经理或大堂副理，请饭店派车送客人去医院救治，必要时还要设法与客人家人或公司联系。

3）传染性疾病

如果发现客人患的是传染性疾病，必须立即向饭店总经理（夜间向大堂值班经理）汇报，并向卫生防疫部门汇报，以便及时采取有效措施，防止疾病传播。对患者使用过的用具、用品要严格消毒，并在客人离店后对房间、卫生间严格消毒。对接触过患者的服务员，要在一定时间内进行体检，防止疾病扩散。

10.4.2 醉酒客人的处理

饭店经常发生客人饮酒过量的现象，此时客人处于不能自控状态，处理起来要格外谨慎。处理方法如下：

（1）对轻度醉酒的客人，可婉言劝导，安置其回房休息。

（2）对重度醉酒不听劝导的客人，要协助保安员将其安抚住，送回客房，以免其打扰其他住客或伤害自己。

（3）对醉酒客人的房间要特别注意观察，防止客人在失去理智时破坏房间设备或因吸烟引起火灾。

（4）若服务员在楼层走廊遇见醉酒的客人，不要单独扶其进房，甚至为其宽衣休息，以免客人酒醒后发生误会。

10.4.3 自然灾害的处理

自然灾害常常是不可预料或无法抗拒的，包括地震、台风、暴风雪（雨）、水灾等。饭店应针对所处地区的地理、气候、水文特点和周围环境特点，制订出预防及应对可能发生的自然灾害的安全计划。客房部相应的安全计划包括：

（1）客房部及其各工作岗位在发生自然灾害时的职责与具体任务。

（2）应当准备的各种应对自然灾害的设备器材，并定期检查，保证其处于完好适用状态。

（3）必要时的紧急疏散计划（类似火灾的紧急疏散计划）。

10.4.4 侵害骚扰事件的处理与防范

外来人员对住客侵害骚扰事件，是客房安全管理中很棘手的问题，不但影响饭店的声誉和正常经营，而且也干扰客人在饭店中的正常活动和休息，甚至威胁客人的安全。这些骚扰者往往以住店客人的名义进入饭店，所以管理起来难度较大，可采用一些灵活的方法加以防范。

（1）保安员和服务员可进行暗中监视，一旦有可疑人员准备乘电梯上楼，保安员应立即用对讲机或电话通知楼层服务员，告知其特征，注意对可疑人员的“接待”。

（2）当可疑人员走出电梯时，客房服务员可让其办理访客登记手续，并以巧妙的方式提问试探，必要时可委婉地请其离开。

（3）客房服务员应尽量记住住客和访客，特别是一些可疑人员的特征，如发现异常情况应及时向管理人员或保安部门报告。

（4）可在饭店总机房安装电话来电显示器，如发现有相同号码的电话经常打往不同客房时，可采取预防措施。

10.4.5 意外事故的防范

由于设施设备故障或违反常规操作等原因，也会经常导致客人或工作人员受伤，因此对意外事故要加以防范。

为尽量减少客房内意外事故的发生，客房及卫生间要采取一切可能的安全防范措施。在平时的工作中，服务员要增强责任心，提高安全意识，细心观察，严格执行岗位职责和操作规程，管理人员查房时也要认真仔细，不走过场，把一切不安全因素消灭在萌芽状态。

一旦发生客人负伤的紧急情况，必须向管理人员报告，同时应立即采取救护行动。

教学互动10-2

互动问题：有一位客人在客房卫生间摔倒，经医院检查左小臂轻微骨裂，客人要求酒店赔偿医疗费用。酒店的卫生间内贴有“小心地滑”的贴纸，并铺有地巾，淋浴房铺有防滑垫。酒店接到客人投诉后，决定免去该住客的1天房费作为补偿，但是客人不依不饶，要求酒店全额赔偿医疗费用并且要求免去其2天的房费。请问：酒店应该怎样处理？

要求：同“教学互动1-1”的“要求”。

本章概要

□ 内容提要

安全是客人入住饭店需要考虑的一项重要因素。客房部必须在安全工作上加强管理，必须让全体员工加强安全意识，让客人住得放心；以预防为主，内紧外松，让客人在轻松、愉快的环境中高兴而来、满意而归。客房安全管理工作主要包括防火、防盗、防意外事故的发生。

□ 主要概念和观念

▲ 主要概念

安全设施　安全报警系统　电视监控系统　消防监控系统　通信联络系统　钥匙系统

▲ 主要观念

客房安全

□ 重点实务

消防措施　防盗措施　安全事故防范

基本训练

□ 知识训练

▲ 复习题

1）简述安全是饭店一切工作的保障。

2）客房服务工作中的防火注意事项有哪些？

3）盗窃者的类型有哪些？

4）如何对待醉酒客人？

5）如何处理与防范侵害骚扰事件？

▲ 讨论题

1）客房部应如何做好防火与防盗工作？

2）接到有客人在房间内进行违反消防规定的行为（如烧香、存放易燃易爆物品等）的报告时，客房管理人员应如何处理？

□ 能力训练

▲ 理解与评价

怎样理解安全是饭店一切工作的保障？

▲ 案例题

【训练项目】

案例分析-X。

【相关案例】

“送”开水的骗局

背景与情境：住在某酒店412房的刘某，见隔壁413房间的客人衣着光鲜穿戴时尚，待该客人离开房间后，打电话到413房证实房间没有人，于是站在413房间门口，打电话到服务中心，要求楼层服务员送一壶开水到413房。服务员很快将水送到413房，见刘某站在门口，便将水递给她，这时刘某谎称房卡忘带出来，请服务员开一下门，该服务员见状，为刘某打开了413房间，然后离去。刘某进房后，立即将该房客人携带的贵重物品拿走，并马上到总台办理退房手续。413房客人回来后，发现自己的贵重物品不见了，便向服务中心报失。服务中心告知，曾有一位客人说413房要开水。该客人立即明白他的东西已经被偷走。

资料来源　佚名．客房案例：对客服务既要用心也要用脑［EB/OL］．［2024-10-25］．https：//www.docin.com/p-1564706033.html.

问题：

1）酒店怎样才能防止类似的盗窃事件发生？

2）结合本案例，谈谈饭店客房安全工作的特点和重要性。

【训练要求】

同第1章“基本训练”中本题型的“训练要求”。

▲ 实训操练

【训练项目】

饭店安全管理。

【训练要求】

将班级学生分成若干小组，在校实训基地或实习饭店分别就训练项目进行情境设计、角色分工和操作体验，完成各自的实训课业。

【训练步骤】

1）将班级学生分成若干组，每组确定一人负责。

2）各组学习和讨论重点实务教学内容，作为本次实训的知识准备。

3）各组结合校实训基地或实习饭店的实际情况，就训练项目进行“情境设计”和“客房安全管理”角色分工。

4）各组以相关实务教学内容为规范，进入角色，体验本项目模拟实训的全过程。

5）各组学生交换角色分工，再次体验本项目模拟实训的全过程。

6）各组学生记录本次模拟实训的主要情节，总结实训操练的成功经验、存在的问题及解决的办法，在此基础上撰写实训课业。

7）在班级讨论交流、相互点评与修订各组的实训课业。

8）在校园网的本课程平台上展出经过修订并附有教师点评的各组实训课业，供学生相互借鉴。

【训练课业】

《客房安全管理实训报告》。

▲ 课程思政

【训练项目】

课程思政-X。

【相关案例】

胆大心细，智勇擒贼

背景与情境：晚上8点钟，值班经理接到总机话务员电话：1608房客人，某公司的李先生称门外有一不明人士敲其房门。值班经理接到电话后，立即与客人联系并了解当时的情况。

据李先生陈述，有一不明男子自称管家部服务员，以送水为由敲门，要求进入房间。李先生从房门猫眼望出去观察，此人身高约1.7米，身着黑色夹克衫，未穿制服，手上也没有水壶，便打电话通知总机。听完李先生的陈述后，值班经理觉得事有蹊跷，便马上采取行动。他与保安部主管、管家部主管上16楼巡查，并通知其他部门留意是否出现同一特征男子。在楼层展开巡查的同时，继续询问李先生具体细节。

当问到不明男子在入房未遂后朝哪个方向行进时，李先生指出是向右边。值班经理仔细分析了地形，左边是电梯出口，右边是客房。如果该男子是向左边行进，则可能已经离开楼层；如果该男子是向右边行进，则可能还停留在楼层里，并会伺机再向其他客房下手。值班经理将搜索范围缩小，目标锁定16楼，同时通知前台接待处停售此楼层。

16楼共25间客房，其中2/3的客房已经售出。如果一间间地进行查房，不但会给住客带来影响，而且可能会打草惊蛇。值班经理请李先生再回忆一下是否还有其他可疑的事情，李先生提起他曾经听到过隔壁1606房有奇怪的声音传出，但分辨不出是什么声音。李先生所说的情况立即引起了值班经理的警觉，经查，1606房的住客是一位王先生。值班经理与保安主管交换意见后，决定以检查烟感报警器为由致电1606房。电话长时间响铃后，终于有一位男子接听，回应已经入睡，不需要检查。值班经理分析当时才晚上8点多，不可能这么早就睡觉，而且检查烟感报警器是为了防患火灾，一般客人都会予以配合。这时候，1606房的门突然"吱"一声打开，一名男子走出来，保安部主管随即上前去与客人对话，该男子称他现在要外出，没有他的许可不得进入房间。

值班经理仔细观察该男子说话时的反应，发现其额头冒出细密的汗珠，并且身着黑色夹克衫，身高也与李先生的描述相符。此人快步朝电梯走去。值班经理记下其所乘电梯的号码后，马上进入1606房查看，只见1606房的客人被反绑在椅子上，嘴里塞着一团毛巾，手机及5 000元现金被抢走。值班经理马上通知保安部抓人并报警。1606房客人因惊吓过度，全身发抖，值班经理指派一名管家部服务员陪伴客人到楼层工作间暂时休息，并封锁现场，布置完毕后随即冲下楼层协助保安部抓人。当该男子乘电梯到大堂时，大堂保安员已收到拦截通知，而该男子不顾保安员的拦截，强行向门口冲去并跳上门口一辆候客的计程车，企图离开酒店。大堂保安员迅速通知车场保安员再次拦截。保安部领班奋不顾身地冲到已经启动的计程车前拦车，要求乘客下车。该男子见乘车离店无望，遂打开车门向外逃窜，外围岗的保安员火速赶来增援并将其拦住，该男子还想反抗，保安员一脚踢去，正中其腰间，一把手枪跌落在地，其他保安员飞奔而来将其擒住，此时警察也赶至。值班经理在协助警察录完口供，将疑犯转交警方处理后，安排1606房客人转入套房2220房，并送上水果篮。事后经警方证实案犯所携带的手枪为假枪，但其抢劫的性质与携带真枪一样。警方在现场取证调查后，于23：00收队离开。

资料来源　佚名．宾客关系［EB/OL］．［2024-10-29］．https：//www.docin.com/p-544526699.html.

问题：

1）该酒店的安全防范工作有哪些值得称道之处？

2）结合本案例，谈谈如何增强客房部员工的安全意识。

3）通过上网等途径收集作为思政研判的规范或标准。

4）该案例对你有何启示？

【训练要求】

同第1章“基本训练”中本题型的“训练要求”。

第11章 客房部设备用品管理

● 学习目标

通过本章学习，应该达到以下目标：

职业知识：学习和把握客房设备用品管理的意义、任务和基本方法，客房设备选择、使用保养以及客房布件和客房用品的管理方法以及“延伸阅读”等理论与实务知识；能用其指导本章“同步思考”、“教学互动”和“基本训练”的“知识训练”中各题型的认知活动，正确解答其相关问题。

职业能力：点评“客房设备用品管理是全过程管理”的管理思想，训练专业理解力与评价力；运用“客房部设备用品管理”职业知识研究相关案例，训练对特定情境下当事者行为的“多元表征”专业能力和“与人交流”的通用能力；参加“自主学习-Ⅺ”的训练，通过收集、整理与综合关于“客房设备用品管理的任务与方法”前沿知识，依照“文献综述格式、范文及书写规范要求”撰写、讨论与交流《“客房设备用品管理的任务与方法”最新文献综述》，培养“自主学习”、“团队协作”和“与人交流”的通用能力。

课程思政：结合“客房部设备用品管理”教学内容，依照相关规范或标准，对“课程思政11-1”、“课程思政11-2”和章后“课程思政-Ⅺ”中的企业及其从业人员行为进行思政研判，培养高尚的道德情操，树立社会主义核心价值观。

学习微平台

思维导图
11-1

引例：空调坏了吗

背景与情境： 盛夏7月，骄阳似火。客人从外面回到客房后，便打开房间里的空调，欲吹冷风降温。可是怎么拨弄都不管用，于是他拨通了酒店工程修理中心的电话报修。

不一会儿，修理工小乔满身大汗地赶来了。只见小乔来回拨动了几下空调开关，空调通风口便吹出冷气——或许是刚刚空调机发生间歇性故障，小乔赶来检修时空调机已恢复了正常；或许是客人刚刚使用空调开关不当，出现空调坏了的假象。小乔便随口老实地告诉客人："先生，这空调没有坏，您看，这不好了吗？""什么？没有坏？那我为什么还要打电话报修？莫非我没事找事？"客人听了小乔的话很不高兴，带着不满的情绪责问小乔。

小乔觉察自己的话使客人误会了，马上冷静下来，改口说："哦，您说得对，这空调刚刚是有点毛病，现在好了。""这就对了，感谢您啦！"客人脸色马上由阴转晴，高兴地送小乔离开房间。

资料来源　根据相关资料整理。

饭店的硬件设施难免会发生故障，工程部承担设施故障的抢修任务，同时饭店其他部门也有责任帮助客人解决困难。本案例中，饭店空调之类设备偶尔发生小故障即自行恢复的状况，有时是难免的；客人因使用不当而造成设备坏了的假象，也是可以理解的。无论属于以上哪种状况，维修人员都应第一时间解决故障，同时注意不要挫伤客人的自尊心，体现出良好的服务意识和工作态度。要真正提高客房服务质量和管理水平，满足住店客人需求，必须做好设备用品的日常维修保养工作，确保设备用品始终处于完好状态和正常运转，并努力降低成本。本章将介绍客房设备用品管理的任务和方法，客房设备的选择与保养，以及布件管理、日用品管理等。

11.1　客房设备用品管理的任务和方法

客房设备用品管理是全过程的管理，即对饭店客房商品经营活动所必需的基本设备和用品的采购、储备、保养和使用等各环节所进行的一系列组织和管理工作。

客房设备用品是保证客房部正常运转必不可少的物质条件，对这些设备用品的使用、保养是否合理，直接反映了一个饭店的管理水平。作为一名客房管理人员和服务人员必须有高度的责任心，在对客房服务的过程中，应加强设备用品的保养维修，使之始终处于良好的状态。

11.1.1　加强客房设备用品管理的意义

现代饭店客房管理系统的基本设备和用品种类繁多，包括房屋及其附属设备、家具设备、电器设备、地毯、机器设备、生活用品和装饰用品等。这些设备用品的质量和配备的合理程度，装饰布置和管理的好坏，是客房商品质量的重要体现。

设备用品管理是客房管理工作中的一个十分重要的组成部分。加强设备用品管理对客房商品营销活动及提高经济效益等具有十分重要的意义。

（1）加强客房设备用品管理可以保证饭店客房商品经营活动的正常进行。客房商品经营活动就是通过提供客房、设备和用品以及员工的服务性劳动，满足客人的住宿需要。因此，只有管好、用好各种设备和用品，使它们始终处于完好状态，才能为客人提供起码的住宿条件。

（2）加强客房设备用品管理是提高客房服务质量的必要物质条件。客房服务质量在很大程度上依赖于完善的服务设施设备和用品。否则，客房服务质量就是无源之水、无本之木，提高服务质量就无从谈起。

同步案例 11-1

硬件不行软件补

背景与情境：入夏，正值海滨城市的旅游旺季，某三星级酒店多年来以服务热情周到而闻名，其提出了“三星级酒店，五星级服务”的口号，但近来常因设施设备老化而引起客人抱怨。这几天，酒店中央空调又运转失灵，使得房间闷热，客人身体不适。于是，客人纷纷投诉，有些客人入住当晚就要求退房，给酒店造成了经济上和声誉上的损失，也影响了酒店未来的客源市场。

资料来源　根据相关资料整理。

问题：你怎样看待设施设备在酒店提供优质服务中的作用？

分析提示：设施设备的有效运行是酒店提供优质服务的物质基础和支撑条件。“硬件不行软件补”是有限度的，没有完善的服务设施设备，提高服务质量就无从谈起。

（3）加强客房设备用品管理是饭店提高经济效益的重要途径。客房属于高级消费品，设备价格一般比较昂贵，随着饭店设施设备的现代化，与设备有关的各项费用，如折旧费、维修费、能源消耗费等在服务费用中的比重不断增加。虽然低值易耗品和物料用品价值较低，但是需求量大、适用范围广，加上客人和员工共同使用，不易控制，容易造成浪费，增加费用。加强客房设备用品管理，可以在保证服务规格、满足客人需要、增加经营成果的前提下，减少浪费，降低能源消耗，从而降低成本费用，提高经济效益。

（4）加强客房设备用品管理，做好现有设备的技术改造，适时地更新设备，有利于加速实现饭店客房服务手段的现代化，提高饭店等级。

课程思政 11-1

Ⅰ：住客房间内的电视机

背景与情境：一日，楼层领班在检查中班服务员开的夜床时，发现一间房间的客厅里电视机还打开着。领班觉得很奇怪，找来中班服务员询问过后才知道，原来中班服务员在开夜床时，进来时房间内的电视机就是开着的，于是她便认为这是客人打开的，不能乱动，所以没有将它关掉，而是让电视机在没有人的房间里继续开着。

问题：此酒店在厉行节约方面做得是否到位？在员工管理上还存在哪些问题？

研判提示：

（1）酒店在厉行节约方面做得不到位，服务员对于节能降耗仍然不够重视。酒店的每一位员工都应该有为酒店节约每一分钱的意识，为酒店节约一分钱就是在为酒店赚一分钱，只有酒店的效益好了，员工的福利才能好。要真正地把酒店当成自己的家，相信员工在自己的家中出门时不可能让电视机打开、电灯亮着的。

(2) 此案例还反映出服务员的灵活性不够。对于哪些是客人的物品不能动，哪些是在打扫卫生时应该去整理的物品分辨不清楚。如果按照上述服务员的思路，在为客人整理房间时，是不是客人睡过的床也不能动呢？

Ⅱ：一件晾在窗户上的衣服

背景与情境：一日，领班在查夜床的时候，发现一间房间的窗帘未拉，打开灯一看，明白了，原来客人有衣服晾在窗户上，当时外面的天气是很好的。第二天查夜床的时候，外面下着小雨，查到一间房间时发现又有一扇窗户没有关，原来窗户上又晾着客人的衣物。

问题：针对客人的个性化需求，应该如何对待？

研判提示：

(1) 服务员在工作的过程中渐渐注意到客人的个性化需求，这非常值得肯定。

(2) 在工作的时候，还有一些细节需要我们去注意。比如，客人晾晒的衣服已经干了，我们是不是就可以将它收回来，放入衣柜里，避免夜晚窗户开着蚊虫飞入客人的房间；若外面下着雨，我们是不是可以将客人的衣物收回来，以免被雨水淋湿。

(3) 服务是一种很灵活的工作，需要在实际工作中不断地去摸索，只有细心、耐心、关心，才能做到与众不同。

Ⅲ：2517房间的牙膏

背景与情境：一日，在查2517的夜床时，服务员小王发现卫生间内有很多牙刷，但是看起来都像没用过的。因为这是一间长住房，小王想是不是客人牙膏不够用了，所以就拆开牙具，只用其中的牙膏而不用牙刷呢？于是她从仓库中领了一支牙膏放在了客人的卫生间。果然，客人第二天就使用了。

问题：长住房的打扫需要注意哪些方面？

研判提示：

(1) 长住房在日常的清洁打扫时，更应留意客人的行为习惯。

(2) 为客人配一支牙膏，在为酒店节约成本的同时，也能让客人感受到更贴心的服务。

资料来源　根据相关资料整理。

11.1.2　客房设备用品管理的任务

客房设备用品管理的任务集中到一点，就是要为客房配备与其等级相适应的优良设备和物品，使客房经营活动建立在良好的物质技术基础之上。具体来说，有以下四个方面：

1）编制客房设备用品采购计划

客房部各业务部门提出增加设备用品的计划，客房部再根据实际需要进行综合平衡后加以确定，报请饭店财务及采购供应部门，购买所需要的各种设备用品，以保证客房经营活动的正常进行。

2）制定客房设备用品管理制度

这主要包括设备用品分级归口管理制度、设备管理岗位责任制度、安全操作规程，以及设备工具的使用、维修、保养等各项规章制度。制度一经制定，就要认真执行，任何人都不得违反，执行过程中要奖罚分明。

3）加强客房设备用品的日常管理

为满足客人需求，必须在设备用品的日常管理工作上下功夫。要加强客房设备维护保养，使客房设备始终处于良好状态；及时供应客房用品，尽量减少损失浪费。

4）对现有设备进行更新改造

客房部要根据设备使用状况，及时提出设备更新改造计划，报饭店批准，在饭店的统一领导下，做好客房设备的更新和改造工作。

11.1.3 客房设备用品管理的方法

饭店客房设备用品种类繁多，价值相差悬殊，必须采用科学的管理方法。为了便于管理，客房设备用品可分为两个大类：一类是设备部分，属于饭店的固定资产，即使用期限超过一年的生产经营用房屋、机器设备、家具设备、工具器具等；另一类是用品部分，属于饭店的低值易耗品和物料用品。低值易耗品，是指单位价值未达到规定限额，或者使用年限不到一年的不能作为固定资产的各种物品，如工具及管理用品等。在饭店中使用的一些高价值易损坏的玻璃器皿也可归属于低值易耗品，以利于其价值尽快收回。物料用品，是指除原材料、燃料、商品以外的饭店经营服务用品，如各种棉织品、清洁用品、纪念品、办公用品等。

1）核定需要量

饭店设备用品的需要量是由业务部门根据经营状况和自身的特点提出计划，由饭店设备用品主管部门进行综合平衡后确定的。客房设备用品管理首先必须科学合理地核定其需要量。

（1）客房设备部分。客房部根据客房等级、标准和数量，分别核定设备的品种、规格、数量和质量，统一造册，最后计算出客房设备需要量和所需资金，报饭店审批购买。

（2）生活用品部分。客房部根据客房等级、标准和房间数量核定消耗定额，包括储备定额和周转需要的用品定额。由于各种用品更新期和周转期不同，对低值易耗品部分要分别核定，物料用品则根据实际需要量大致测算，最后形成总的定额需要量。

2）设备的分类、编号及登记

为了避免各类设备之间互相混淆，便于统一管理，要对每一件设备进行分类、编号及登记。客房部管理人员对采购供应部门所采购的设备必须严格审查。

客房设备按其用途分类，可分为房屋及建筑物、机器设备、家具设备、地毯、家用电器设备和其他固定资产等类；按使用状况分类，又可分为在用设备和未使用设备。大型饭店的设备分类可更细些，即在每一大类中，再进一步分为若干小类。

设备的编号没有统一的规定和要求，一般可采用三节号码法。第一节号码标明设备的种类，第二节号码标明设备所在位置，第三节号码标明设备的组内序号，如有附属设备可用括号内的数字表示。

经过分类、编号后，需要建立设备台账和卡片，记下品种、规格、型号、数量、价值、位置，由哪个部门、班组负责等。

3）分级归口管理

客房设备用品的日常使用和管理，是由各部门、各班组共同完成的。各部门、各班组既有使用设备用品的权利，又有管好用好设备用品的责任，因此对客房设备用品必须实行**分级归口管理**。*分级就是根据饭店内部管理体制，实行设备主管部门、使用部门、班组三级管理，每一级都有专人负责设备管理，都要建立账卡。归口是将某类设备归其使用部门或班组管理，如客房的电器设备归楼层班组管理。*几个部门、多个班组共同使用的某类设备，归到一个部门或班组，以它为主负责面上的管理，而由使用的各个部门、各个班组负责点上的使用保管、维护保养。

分级归口管理有利于调动员工管理设备的积极性，有利于建立和完善责任制，切实把各类设备管好。

同步思考 11-1

什么是分级归口管理？

理解要点：分级就是根据饭店内部管理体制，实行设备主管部门、使用部门、班组三级管理；归口就是将某类设备归其使用部门或班组管理。

4）建立和完善岗位责任制

设备用品分级归口管理，必须有严格明确的岗位责任作保证。岗位责任制的核心是责、权、利三者的结合。既要明确各部门、各班组以及个人使用设备用品的权利，更要明确他们用好管好各种设备用品的责任。责任定得越明确，对设备用品的使用和管理越有利，也就越能更好地发挥设备用品的作用。

5）客房用品的消耗定额管理

客房用品的消耗定额管理，*就是以一定时期内，保证客房经营活动正常进行所必需消耗的客房用品的数量标准为基础，将客房用品消耗数量定额落实到每个楼层，进行计划管理，用好客房用品，达到增收节支的目的。*

11.2　客房设备的选择与保养

客房设备管理是全过程的管理，即从设备的选择开始，到设备的使用、保养和维修的每个环节都要加强管理，认真做好各项工作。

11.2.1　客房设备的选择

设备的选择，是客房设备管理的第一个环节。客房部的设备主要包括两大类，即清洁设备和客房设备，主要包括家具、电器、洁具及一些配套设施。

1）客房设备的选择标准

每个饭店要根据自身的特点，确定客房设备的选择标准，这是进行客房设备管理的基础。

客房设备的选择标准是：技术上先进、经济上合理、适合饭店档次的最优设备，有利于提高工作效率和服务质量，满足客人需求。在选择时要综合考虑以下几个主要因素：

（1）适应性

适应性是指客房设备要适应客人使用的需要，而且要适应饭店等级，与客房的格调一致，造型美观，款式新颖。

（2）方便性

方便性是指客房设备的使用要方便灵活。客房设备主要是供客人直接使用的，使用简便尤为重要。同时，要选择易于维修保养、工作效率高的设备。

（3）节能性

节能性是指能源利用的性能。设备的选择要考虑节能效果，即选择那些能源利用率高、消耗量低的客房设备。

（4）安全性

安全是饭店客人的基本要求，在选择客房设备时要考虑是否具有安全可靠的特性和装有防止事故发生的各种装置，如家具饰物的防火阻燃性、冷热水龙头的标识、电器设备的自动切断电源装置等。此外，商家提供售后服务也是设备安全的重要保证。

（5）成套性

成套性是指设备的配套。客房本身就是由房间、空调设备、家具设备、电器设备、卫生设施、装饰用品和生活用品等几个部分组成的。这些设备用品的有机组合，构成客房商品的硬件部分。客房设备用品要求布局合理，配置得当。一个服务项目、一项服务设施所需的各种设备也要配套，如闭路电视、音响系统等都要求配套。

以上是选择客房设备要考虑的主要因素，对于这些因素要统筹兼顾，全面权衡利弊。

同步业务11-1

客房设备的选择要综合考虑的主要因素有哪些？

业务解析：（1）适应性。（2）方便性。（3）节能性。（4）安全性。（5）成套性。

2）客房主要设备的选择

（1）家具的选择

客房家具的使用率很高，损坏率也很高，选购家具必须细致，家具的表面要耐火、耐高温、耐污染、防水、防刮划和撞击。家具的拉手和铰链必须简单、坚固，使用时无噪声。

客房用床的要求：

① 尺寸合适。各种类型的客房用床应1.95m长，床底面离地净空21.5cm，主要考虑使用吸尘器和检查方便；床高55~66cm，主要考虑客人的舒适度和服务员的工作方便。

② 使用舒适，安静无声。

③ 经久耐用。床头柜的高度要与床的高度相配套，通常为60~70cm。床头柜上应安装客房内的主要电器设备开关。

组合柜要求抽屉不宜过多，否则客人容易遗忘东西，拉手要简单、牢固、开启无响声。

衣柜的深度以55~60cm较为理想，衣柜宽度平均每个不小于60cm，衣柜最好采用拉门或折叠门。

(2) 卫生间设备的选择

客房卫生间是客人的盥洗空间，它的面积一般为4~7m²，主要设备是浴缸、马桶和洗脸盆三大件。

浴缸有铸铁搪瓷、铁板搪瓷和人造大理石等多种，以表面耐冲击、易清洁和保温性良好为最佳。浴缸按尺寸分大、中、小三种，大型浴缸长168cm，宽80cm，深45cm；中型浴缸长150cm，宽75cm，深45cm；小型浴缸长120cm，宽70cm，深45cm。一般饭店多采用中型浴缸，高档饭店一般采用大型浴缸。浴缸底部要采用凹凸或光毛面相间的防滑构造。

近年来，一些高档饭店的豪华客房选用了各种按摩式、冲浪式浴缸，这种浴缸的四周与下部设有喷头，当喷头的水流对人体肌肉冲射时能起到按摩的作用。

马桶尺寸一般为宽36cm，长72~76cm，前方需要有50~60cm的空间，左右需有30~35cm的空间。

洗脸盆有瓷质、铸铁搪瓷、钢板搪瓷、人造大理石等多种，使用最多的是瓷质洗脸盆，它具有美观且容易清洁的优点。洗脸盆尺寸一般为55×44cm，盆面离地面76cm左右。

卫生间的三大件设备应在色泽、风格、材质、造型等方面相协调。

(3) 地毯的选择

地毯主要有纯毛地毯、混纺地毯、化纤地毯和塑料地毯四种。不同种类的地毯有着不同的特点。纯毛地毯色泽鲜艳，质地厚实，柔软舒适，装饰艺术效果强，但价格较高。混纺地毯具有纯毛地毯质感舒适的特点，价格又低于纯毛地毯。化纤地毯外表与触感均像羊毛地毯，阻燃、耐磨，且价格低廉。塑料地毯则质地柔软、耐用、耐水、可用水冲洗。

选用地毯时，首先，要考虑与饭店的等级、客房的档次相一致，根据不同等级、不同类型的客房选择地毯。其次，要在材质和色彩上下功夫，体现装饰艺术效果，使客人进入房间有一种舒适、安宁、温暖的感受。最后，要考虑不同的场所。客房宜选用柔软、富有弹性、保暖、触感好的较高档次的纯毛地毯或混纺地毯，色彩最好采用中性色调，构图应力求平稳、大方、淡雅，太花哨、色彩过于强烈、图样较复杂的不宜采用。

11.2.2 客房设备的保养

1) 客房家具的保养

(1) 床

为了避免床垫有局部凹陷，应定期翻转床垫，每周应将床头、床尾调换一次，每月把床垫翻转一次，这样可使床垫各处压力和磨损度相同，保持平整完好，延长使用寿命。

经常注意检查床垫弹簧的固定钮是否脱落，如果脱落，弹簧会移动，必须及时报修。

(2) 木质家具

衣柜、写字台、床头柜、行李架等木质家具，由于木材本身具有的特点，如容易变形、易被腐蚀、易燃、质地结构不均匀、各方面强度不一致等，在使用中应根据其特性，注意加以保养，如防潮、防水、防热、防虫蛀等。

家具放置一般要距墙5~10cm，并要注意经常通风换气，平时要注意不要把潮湿的物品，如湿毛巾、湿衣服等搭放在木质家具上，不能用带水的抹布擦拭家具，更不能让家具接触碱水，以免家具失去光泽、漆皮脱落或木质缩裂。过热的器皿不要放置在上面，要用托盘或垫碟，以免家具受热变色、留有烫痕或掉漆。应避免烈日暴晒或靠近暖气片，以免受热后收缩破裂。壁柜、抽屉底层宜放些防虫香料或喷洒防虫剂，以防虫蛀。

使用时间较长的家具，必须定期打蜡上光，保养的办法是将油性家具蜡倒在家具表面或干布上擦拭一遍，15分钟后再擦一次。第一遍在家具表面形成一层保护层，第二遍则可达到上光的效果。

2）地毯的保养

吸尘是保养地毯的首要程序。吸尘工作做得越好，地毯需要清理的次数就越少。

纯毛地毯的纵横底线是由棉线编织成的，很容易遭虫蛀，因此在使用时应在地毯底下放些药物以防虫蛀。如果地毯大面积湿了要及时放在通风处晾晒，不能阴干；否则，底线很容易霉烂，使地毯破碎。

化纤地毯除每天用吸尘器吸尘外，还可以采用的清洁方法有：一是由于化纤材料遇到果汁等饮料会起化学变化，当地毯上不小心滴上果汁产生污点，且面积不太大时，应即时用盐水泡湿抹布，拧得半干擦拭污点，即可除掉。二是当地毯大面积脏污时，把清洁剂溶于水中，用洗地毯机清洗，洗后很多污物和泡沫浮在地毯上，然后用吸水机吸掉，晾半天后即可使用。对于很脏的地方，不要试图一次洗净，应等地毯干后再重复清洗，直至清洁。

客房部要根据地毯放置的位置及使用的情况，制订出地毯保养计划，安排好地毯吸尘、除渍、干洗、清洗的具体时间。

3）客房主要电器的使用与保养

(1) 电视机

电视机是客房必备电器设备之一。为了更好地为客人提供服务，延长电视机的使用寿命，对电视机的使用和保养应注意以下几点：

① 电视机应放在通风良好的地方，放置位置要距墙5cm以上，切勿将电视机置于高温、潮湿的地方，要避免阳光直射到电视屏幕上。

② 要将各频道播放的节目调至最佳效果，使客人按键即可收看。客房服务员应学会简单的检修方法，若遇到图像或声音不清的情况，可自行检查调试。若不见改善，要立即通知维修人员。

③ 电视机的各种接线、插座要安全可靠，电源线不能有裸露的地方。注意保护电源线不受损伤，如有不安全的地方应及时通知维修人员。

④ 非专业人员不得打开机箱后盖，否则有电击危险。

⑤ 雷雨天气最好不要打开电视机，要将天线和电源插头拔下。

⑥ 电视机长期不使用时，夏季应每月通电一次，时间在2小时以上；冬季3个月通电一次，时间在3小时以上，以驱逐湿气。

⑦ 清扫房间擦灰时，对电视机要轻搬轻放，切勿碰撞。要用柔软的干布擦净机壳和屏幕上的灰尘，若要使用清洁剂，应选用中性清洁剂。

（2）电冰箱

用于饭店客房mini-bar的电冰箱一般为单门冰箱，以冷藏为主，冷冻室采用铝板复合制成，容积较小，供制冰或冷冻少量食品用。电冰箱的使用和保养应注意：

① 搬动电冰箱时要防止剧烈的震动，要使箱体平稳直立，箱体斜角不可小于60°，更不允许将电冰箱倒置。

② 电冰箱要放在通风的地方，不要让太阳直射。电冰箱背部与墙要有10cm以上的距离，以保证散热。

③ 冰箱顶部严禁放置其他电器和物品。

④ 物品不能热着放入冰箱内，以免冰箱内温度升高加大压缩机的负担。要尽量减少开箱门的次数和缩短开门的时间。

⑤ 要经常保持清洁。箱体外表可用柔软干布蘸上中性清洁剂擦拭，并用干布擦净。箱体内部要经常清理，以防产生异味。

⑥ 断电后不能马上通电，要等来电5分钟后再通电，以保证压缩机正常运转，延长使用寿命。

⑦ 电冰箱使用要保持连续性，不可采取日开夜停的方法，因为这样会增加压缩机的电机工作量，影响电冰箱的寿命。

⑧ 蒸发器表面结有一定厚度（约5mm）的冰霜时，应及时除霜，否则会影响制冷效果。

4）卫生间洁具的保养

（1）坚持经常清洁，要用专门的清洁剂来保洁，不可用去污粉等粗糙的物品擦拭，因为去污粉不仅容易使洁具表面失去光泽，而且对下水管道的畅通有很大的影响。

（2）对洁具的配件一定要用干抹布擦拭，以保持其光泽。注意不可用腐蚀性强（如硫酸之类）的物品擦拭。

同步业务11-2

如何保养客房用床？

业务解析：为了避免床垫有局部凹陷，应定期翻转床垫。每周应将床头、床尾调换一次，每月把床垫翻转一次，这样可使床垫各处压力和磨损度相同，保持平稳完好，延长使用寿命。

11.2.3　建立客房设备档案

客房设备一旦划归客房部管理和使用，就应为其登记，建立档案。建立设备档案，能为客房设备的使用、保养、维修和更新改造工作创造方便条件。

1）客房装修资料

这些资料主要包括：

（1）客房装饰情况表

把家具什物、地毯织物、建筑装饰和卫生间材料等分类记录下来，并注明规格特征、制造商及装饰日期等。

（2）楼层设计图和照片资料

这些资料表明饭店共有多少类型的客房，其确切的分布情况和功能设计等。

每一类型的客房都应具有如下照片资料和设计图资料：各种房间的设计图；床和床头柜的布置；座椅安排格局；写字台、行李柜布置；卫生间布置；套房的起居室和餐室、厨房的布置。

以上资料要根据新的变化予以补充和更新，否则将逐渐失去其意义。

2）客房历史档案

所有客房、公共区域都应设有历史档案，包括家具什物的安装期或启用期；规格特征、历次维修记录等。

3）工作计划表

客房部应编制工作计划表，具体安排客房设施设备的大修理和更新改造项目、房号或区域、日期等。

4）电器设备档案

该档案包括电器设备的购买日期、供应商、价格、规格特征、维修日期、维修费用、修理方法等内容。其作用在于说明设备的使用寿命，强调对设备保养的重要性，以拟订设备的更新方案。

教学互动 11-1

互动问题： 科技的发展及客人要求的日益提高，促使饭店客房的设备配置出现了一些新的变化。请问：这些新的变化主要应体现在哪些方面？

要求： 同“教学互动 1-1”的“要求”。

11.3 布件管理

布件，又称布草、布巾或棉织品，在饭店的经营活动中，布件不仅是一种日常生活必需品供客人使用，也是饭店客房装饰布置的重要物品，对室内气氛、格调、环境起着很大的作用。

11.3.1 布件的分类和质量要求

1）布件的分类

按照用途划分，饭店的常用布件可分为四大类：

（1）床上布件，如床单、枕套等。

（2）卫生间布件，包括方巾、面巾、浴巾和地巾。由于它们基本上属毛圈织物，因此都可称为毛巾。

（3）餐桌布件，如台布、餐巾等。

（4）装饰布件，如窗帘、椅套等。

2）布件的质量和规格要求

这里，我们仅就床上布件和卫生间布件的质量和规格要求予以简要介绍。

（1）床上布件

床上布件有很多种，主要是床单和枕套，其质量主要取决于以下因素：

① 纤维质量。纤维要求长，纺制出来的纱比较均匀，条干好、强力高，使用上耐洗、耐磨。

② 纱的捻度。纱纺得紧，这样使用中不易起毛，强度也比较好。

③ 织物密度。密度高且经纬分布均匀的织物比较耐用。用作床单的织物密度一般为288×244根/10cm²，高级的可超过400×400根/10cm²。

④ 断裂强度。织物的密度越高，其强度越大。

⑤ 制作工艺。卷边平齐，尺寸标准，缝线平直、耐用。

⑥ 纤维质地。常用的床单和枕套的质地有棉质、人造纤维和棉与人造纤维混纺（俗称“混纺”）。棉质床单和枕套柔软透气、吸水性能好，使用舒适，但易皱不耐用。人造纤维不具有棉质的优点，但具有耐磨、耐用、耐洗涤的特点。混纺吸取了二者的优点，因而目前一般客房多使用混纺床单和枕套。

床单的规格选择要根据床垫的规格尺寸来确定，枕套的规格尺寸一般要求比枕芯宽2~5cm，长20~30cm。

无论哪种规格和质地的床单、枕套，其颜色均选用白色。因为白色有纯洁、素雅、卫生、清爽、明快之感。

（2）卫生间布件

对卫生间布件（这里仅指毛巾）的质量要求是：舒适、美观、耐用，而要达到这一要求则主要取决于以下因素：

① 毛圈数量和长度。毛圈多而且长，则柔软性好、吸水性佳，但毛圈太长又容易被钩坏，因此一般毛圈长度在3mm左右。

② 织物密度。毛巾组织是由地经纱、纬纱和毛经纱组成的。地经纱和纬纱交织成地布，毛经纱和纬纱交织成毛圈，因此纬纱越密则毛圈抽丝的可能性就越小。

③ 原纱强度。地经纱要有足够的强度以经受拉扯变形，因此较好毛巾的地经纱用的是股线，若毛经纱是双根无捻纱的，则可提高吸水性和耐用性。

④ 毛巾边。毛巾边应牢固平整，每根纬纱都必须能包住边部的经纱，否则边部容易磨损、起毛。

⑤ 缝制工艺。缝制工艺主要是看折边、缝线、线距是否符合要求。

11.3.2　布件的消耗定额管理

客房布件的配备定额是布件管理工作中的一个重要问题。定额不合理，布件过多或过少会影响客房经营活动的正常运转。制定客房布件消耗定额，是加强布件科学管理、控制客房费用的重要措施之一。客房布件消耗定额的确定方法，首先应根据饭店的档次规格，确定单房配备数量，然后确定损耗率，最后核定消耗定额。

1）确定单房配备量

各饭店由于档次和洗涤设施条件不同，布件的配备数量有所差异。要考虑饭店的档次、资金情况以及维护正常的布件运转所必需的数量来确定单房配备量。以床单为例，三星级饭店应配备3~4套（每套4张），其中一套在客房，一套在楼层布件房，一套在洗衣房，一套在中心库房。配备完成后，只有到了更新周期才陆续补充和新购床单。确定单房配备量后，整个客房部的各种布件总数要按客房出租率为100%的需求量配备。

2）确定损耗率

损耗率，是指布件的磨损程度。饭店要对破损或陈旧过时的布件进行更换，以保持饭店的规格和服务水准。确定损耗率要考虑两点：

（1）布件的洗涤寿命。不同质地的布件有着不同的洗涤寿命。例如，棉质床单的耐洗次数为250~300次，而混纺床单大于此数，毛巾约为150次。

（2）饭店的规格等级要求。不同规格等级的饭店对布件的损耗标准是不同的。例如，豪华型饭店对6成新的布件即进行淘汰，改作他用；而经济型饭店则可能直到布件破损才淘汰。

根据布件的洗涤寿命和饭店确定的损耗标准，可计算出布件的损耗率。

例如，某饭店床单的单房配备量为3套，每套4张，床单每天一换，其洗涤寿命为350次，试确定该饭店床单的年度损耗率。

计算如下：

（1）每套床单实际年洗涤次数为：

$360\div3=120$（次）

（2）床单的有效使用年限为：

$350\div120=2.9$（年）

（3）床单的年度损耗率为：

$1\div2.9\times100\%\approx34.5\%$

3）核定消耗定额

客房布件消耗定额的计算公式为：

$A=B\times x\times f\times r$

式中：A表示单项布件年度消耗定额；B表示布件单房配备套数；x表示客房数；f表示预计的客房年平均出租率；r表示单项布件年度损耗率。

例如，某饭店有客房400间，床单单房配备量为3套（每套4张）。预计客房年平均出租率为75%，在更新周期内，床单年度损耗率为35%，求床单的年度消耗定额。

根据上述公式计算得：

A［床单］$=B\times x\times f\times r$

$=3\times400\times75\%\times35\%$

$=315$（套）

11.3.3 布件的日常管理

由于布件是分散在各处的，使用的好坏、定额标准的掌握，必须依靠日常的管理。

1）布件存放要定点定量

在用布件除在客房一套外，楼层布件房应存放多少，工作车上放置多少，中心布件房存放多少，各种布件摆放位置和方式等，都应有规定，使员工有章可循。

2）建立布件收发制度

布件收发制度包括数量控制和质量控制两个方面的内容。

（1）以脏布件换取干净布件。通常由楼层杂工将脏的布件送交洗衣房，由洗衣房指定人员清点复核，在"布件换洗单"（见表 11-1）上签字认可。杂工凭此单即可去中心库房领取相同数量的干净布件。

表11-1　**布件换洗单**

项目 / 数量	床单	枕套	面巾	小浴巾	浴巾	地巾	方巾
收到数							
发还数							
备注							

收发员：　　　　值台员：

（2）如果使用部门需要超额领用，应填写借物申请，经有关人员核准后方可领用。如果中心库房发放布件有短缺，也应开出欠单作凭证。

（3）收点或叠放布件时，应将破损、有污迹的拣出，单独处理。

3）建立布件报废和再利用制度

对破损的、有无法清除污迹的、使用年限已满的布件应定期、分批进行报废。

布件报废应有严格的核对审批手续。一般由中心库房主管核对并填写"布件报废单"（见表 11-2），洗衣房主管审批。对可再利用的，可改作其他用途。

表11-2　**布件报废单**　年　月　日

品名______ 规格______ 申报人______ 批准人______		
报废原因	数　量	处理意见
无法除迹		
无法修补		
年限已到		
其　　他		
合　　计		

4）控制员工使用布件

要严格禁止员工对布件的不正当使用，如用布件做抹布，或私自使用客用毛巾。这样既违反了相关行业卫生规范，又使劳动纪律无法得到保证。对不正当使用布件的员工要严肃处理。

5）建立盘点制度

对布件需要定期进行全面盘点，通过盘点，了解布件的使用、消耗、库存情况，发现问题及时处理。盘点工作通常为一月一小盘，半年一大盘（“布件盘点表”见表11-3）。大盘点由客房部会同财务部进行。

表11-3　　**布件盘点表**　　年　月　日

使用情况 项目	客房内	楼层服务间	洗衣房	地下仓库	上次盘点	本月投放量	总计	报废	应存数	实存数	盘盈	盘亏	备注
床单													
枕套													
面巾													
方巾													
浴巾													
地巾													
浴袍（黄）													
浴袍（白）													
小白毛巾													

11.3.4　布件的保养和储存

1）布件的保养

布件的保养必须贯穿使用和储存的全过程。

（1）尽量减少库存时间，因为存放时间过长会使布件质量下降，所以备用布件不宜一次购买太多，同时应遵循“先进先出”的原则使用。

（2）新布件应洗涤后再使用，这样有利于提高布件的强度。

（3）洗涤好的布件应搁置一段时间后再使用，这样可以散热透气，延长布件的使用寿命。

（4）切勿将布件随便摆放，以防污染和损坏布件。

2）布件的储存

布件的储存主要有下列几项要求：

（1）具有良好的温湿度和良好的通风条件。库房的温度以不超过20℃为佳；湿度不大于50%，最好在40%以下。

（2）要经常查库，通风晾晒，并放入干燥剂和防虫剂，以免变质，特别是在盛夏伏天或雨季时。

（3）防止外来人员随意出入，并要经常清洁整理和定期进行安全检查。

（4）布件要分类上架，布件房不应存放其他物品，特别是化学药剂、食品等。一些长期不用的布件用布兜罩住，以防积尘、变色。

同步业务 11-3

对布件储存的温湿度要求是什么？

业务解析： 库房的温度以不超过 20℃为佳；湿度不大于 50%，最好在 40% 以下。

11.4 日用品管理

客房日用品是为客人使用方便而设的，这类物品数量大、品种多、消耗快，难以掌握和控制。加强对客房日用品管理，确保客人需要，降低消耗是客房管理的一项重要工作。

11.4.1 客房日用品的选择原则

不同档次的饭店所提供的客房日用品是有差别的，客用品的消耗量也不相同。鉴于客房日用品种类繁多，在选择时应遵循以下几项原则：

1）实用

客房日用品是为方便住店客人生活而提供的，因此必须首先具有实用性。

2）美观

客房日用品要具有观赏性，要体现饭店的档次，要与客房的装饰水准相协调。美观大方的客房日用品能使客人产生舒适悦目的感觉。

3）适度

客房日用品的质量及配备的数量应与客房的规格档次相适应。星级饭店必须按照我国旅游行业标准《星级饭店客房客用品质量与配备要求》（LB/T 003—1996）配置客房用品。

4）价格合理

客房日用品消耗量大，价格因素很重要，要在保证质量的前提下，尽可能控制好价格，以降低成本费用。

5）环保

客房日用品品种多，使用的频率高，消耗大，尤其是一次性用品多由塑料及其他化学物质制成，在自然界中降解速度非常缓慢，会对环境造成很大污染。这就需要饭店在采购日用品时要以环保为原则。

客房中配备的一次性用品俗称“六小件”，指的就是一次性牙膏、牙刷、沐浴液、洗发液、梳子、拖鞋。“六小件”在为客人提供了方便的同时，也造成了很大的浪费和污染。现行《旅游饭店星级的划分与评定》（GB/T 14308-2023）中增加了“不主动提供一次性塑料用品”的要求。

同步思考11-2

客房日用品的选择原则是什么？

理解要点：（1）实用。（2）美观。（3）适度。（4）价格合理。（5）环保。

11.4.2 客房日用品的消耗定额管理

客房日用品品种多，而且在不断地筛选和改进中。我们在选择时应遵循上述几项原则，并根据客人需求的变化和饭店的具体情况来进行。

1）消耗定额的制定

客房日用品的分类方法很多，其中一个最基本的分类方法是按消耗的方式不同，把客房日用品分为两类，即一次性消耗品和多次性消耗品。一次性消耗品是一次消耗完毕，完成价值补偿的，如茶叶、卫生纸、信封、香皂、浴液、牙具等。多次性消耗品可连续多次供客人使用，价值补偿在一个时期内逐渐完成，如玻璃器皿、瓷器等，布件也属于多次性消耗品。

一次性消耗品消耗定额的制定方法是以单房配备量为基础，确定每天需要量，然后根据预测的年平均出租率来制定年度消耗定额。其计算公式为：

$$A=B\times x\times f\times 365$$

式中：A表示单项日用品的年度消耗定额；B表示每天的单房配备量；x表示客房数；f表示预测的年平均出租率。

例如，某饭店有客房400间，年平均出租率为80%，茶叶、牙具的每天单房配备量分别为3包、2支。求茶叶、牙具的年度消耗定额。

根据上述公式计算得：

$$A[茶叶]=B\times x\times f\times 365 =3\times 400\times 80\%\times 365 =35.04（万包）$$

$$A[牙具]=B\times x\times f\times 365 =2\times 400\times 80\%\times 365 =23.36（万支）$$

多次性消耗品的消耗定额，可参照前面所述布件的消耗定额方法制定。

2）消耗定额落实到楼层班组

制定消耗定额是客房日用品管理的基础。客房日用品消耗是逐日、逐月在每个楼层的接待服务中实现的，因此饭店必须将各种日用品的消耗定额落实到每个楼层、每个班组。在制定年度消耗定额的基础上，根据季节变化和业务量的变化，分解同楼层、班组的季节、月度消耗定额，并加强日常控制，这样才能真正把消耗定额管理落到实处。

以消耗定额为基础，决定楼层、库房等各处的配备或储存标准。一般说来，楼层工作车上的配备以一个班次的耗用量为基准。楼层小库房通常备有本楼层一周的使用量，具体品种、数量应用卡条列明，并贴在库房内，以供领用和盘点时对照。中心库房的日用品储存量通常以一个月的消耗量为标准，既可以定期对楼层进行补充，又可以应付临时的意外需要。

11.4.3　客房日用品的发放与使用控制

1）客房日用品的发放

由中心库房日用品发放员或客房服务中心负责各楼层的客房日用品的发放工作。一次性消耗品（如香皂、洗发液、牙具等）需要每天补充，但为了方便工作，并使各楼层的工作有条不紊、减少漏洞，客房日用品的发放应根据楼层小库房的配备量、楼层的消耗量明确规定一个周期和时间。在发放日之前，楼层服务员应将本楼层库房的消耗及现存情况统计出来，按楼层小库房的配备标准填好客房日用品申领表，报领班审批，凭申领单到中心库房领取，或由中心库房日用品发放员发送到各楼层，请领班验收。

中心库房根据客房日用品的消耗发放情况和仓库最高库存量，定期填写日用品的申购单，经主管或经理批准，交采购部门办理，从采购部门领取物品。

2）客房日用品的使用控制

（1）制定客房日用品的消耗标准

客房日用品是每天按客房物品的配备标准进行配备的，但并不是所有日用品都可在当天消耗掉，可能有的日用品被全部消耗掉，而有的日用品没有消耗或没有全部消耗掉。所以，在实际工作中，客房部管理人员要注意查验，根据日用品消耗情况的统计资料，掌握各种日用品的消耗标准。

客房日用品消耗标准可按下列公式计算：

单项日用品消耗标准=客房出租间天量×每间客房配备量×平均消耗率

例如，某饭店客房的茶叶，每间客房每天配备量为4包。统计分析表明，平均每间客房每天的消耗量为3包，即平均消耗率为75%。如果某一楼层本月客房出租量为336间/天，则该楼层本月茶叶消耗标准应为：

336×4×75%=1 008（包）

（2）每日统计，定期分析

服务员每天按规定数量和品种为客房配备和添补日用品，并在服务员工作表上做好登记，楼层领班负责本楼层的客房日用品的管理，每天汇总本楼层消耗用品的数量，填写主要日用品的耗用统计表，并向客房部汇报。各种客房日用品的使用主要是在楼层进行的，所以楼层领班是管好、用好客房日用品，掌握定额标准的关键。

客房部根据每日统计资料，定期（通常是一个月）对各楼层客房日用品消耗进行汇总，并以经过整理、汇总的统计资料（即客房日用品月度消耗汇总表，见表11-4）为基础，对客房日用品的消耗情况进行分析。分析的方法主要是采用对比分析法。

① 与消耗标准比较分析，即用月度各主要客房日用品的实际消耗量与制定的消耗标准对比，找出差别产生的原因。

② 动态对比分析。根据出租间天量和总消耗量或消耗金额，计算出平均消耗量或平均消耗金额指标，然后与上期同类指标对比，计算增减量和增减幅度，说明主要客房日用品消耗的动态变化，并分析变化原因。除按月份对比外，也可作季度、年度情况对比。当用金额指标进行对比时，要注意价格因素的变化。

表11-4 **客房日用品月度消耗汇总表** 年 月

楼层	开房数（间天）	香皂		卫生纸		圆珠笔		购物袋		品名		品名		品名	
		总耗量（块）	平均量（块/间天）	总耗量（卷）	平均量（卷/间天）	总耗量（支）	平均量（支/间天）	总耗量（个）	平均量（个/间天）	总耗量	平均量	总耗量	平均量	总耗量	平均量
总计															

制表人： 审核者：

③ 控制前后对比分析。在客房日用品的使用消耗过程中，如客房部发现问题、漏洞，应及时采取新的控制措施。那么，措施是否行之有效，要通过控制前后的间天平均消耗量或消耗金额指标的对比分析来说明。

通过分析研究，要不断总结经验，摸索管理规律，提高管理水平，降低成本消耗，保证客房经营活动顺利进行，为饭店获得更多的经济效益。

（3）做好员工的思想工作

服务员在整理房间，为客房更换和补充日用品时，多是单独作业，能否做到尽量减少日用品的浪费和损坏，除要加强领班、主管的现场检查和督导外，在很大程度上取决于员工的职业道德水准、工作责任心和经营意识。所以，要加强员工的思想教育工作，在员工中提倡勤俭节约的精神，爱护物品，做好废物利用、旧物利用的工作，杜绝员工野蛮操作（比如，个别员工在做房时图省事，将一些客人未使用过的用品当垃圾倒掉，或乱扯乱扔客房日用品等），尽量减少浪费和人为的破坏。要教育员工不私自使用客房日用品，同时为员工创造不使用客房日用品的必要条件。例如，更衣室和浴室应配备员工用衣架、香皂及消毒用品等。这些用品要有明显的标识与客房日用品相区别。

（4）建立管理制度

①楼层员工上班不能带私人用包，同时控制饭店其他部门人员随意上楼层。

②员工上下班必须走员工通道，并主动接受值班保安员的检查。

③定期公布各楼层的客房日用品耗用量，实行奖惩制度。对增收节支者，给予表扬和奖励；对超控浪费者，扣发班组和个人奖金。

④建立严格的赔偿制度。住客将客房内的物品损坏或带走，要按饭店规定的价格赔偿或付款（房间物品损坏通知单，见表11-5，此单一式三联，收银处、库房、楼层各一联）。服务员工作中不慎将物品损坏，或走客房日用品丢失而服务员又没能及时查明，须由服务员予以赔偿。

表11-5　　**房间物品损坏通知单**

序号＿＿＿＿＿＿日期＿＿＿＿＿＿时间＿＿＿＿＿＿

损坏物品	处理意见	金额
合计		

服务员（签字）：　　　　　　　　客人（签字）：

⑤楼层员工利用工作之便私自将客房日用品携带出去据为己有，或送给其他部门员工者，须视情节轻重，给予罚款、警告、开除的处罚。

⑥建立月末盘点制度。

学习微平台

延伸阅读11-1

课程思政11-2

“六小件”带来的浪费与污染

背景与情境：饭店客房中配备的一次性用品俗称“六小件”。每天每个饭店的客房都要扔掉大批的一次性用品。

“六小件”在为客人提供方便的同时，也造成了很大的浪费和污染。统计数据显示，2014年，全国星级饭店有1万多家，每天消耗的一次性洗漱用品为120万套，高达22亿元。许多已拆封的牙刷、香皂、梳子都会被饭店当作垃圾扔掉，其有效利用率之低大家心知肚明。同时，“六小件”的很多包装都是塑料制品，目前对于塑料的处理，并没有特别有效的办法，塑料制品只会造成更多的白色污染，破坏环境。

资料来源　根据相关资料整理。

学习微平台

延伸阅读11-2

问题：客房部一次性用品如何做到最大限度地环保节约？

研判提示：客房部应努力将一次性用品的消耗量降低，做到科学管理、加强环保、提升服务质量、减少饭店成本，具体措施包括：严格申领和使用制度，明确责任人；按标准配发；实行奖惩制度，调动员工积极性；设立“环保节约”奖，对不用饭店一次性用品的客人给予奖励；及时盘存；管理人员抓好物品的节省和再利用工作等。

本章概要

□ 内容提要

客房设备用品是客房部正常运转必不可少的物质条件。加强客房设备用品管理，对保证客房优质服务，提高经济效益和社会效益具有十分重要的意义。本章讲述了客房设备用品管理的意义、任务和方法；介绍了客房设备的选择标准、要求和主要设备的保养方法；研究探讨了客房布件和其他日用品的选择、使用和控制的有效方法。

□ 主要概念和观念

▲ 主要概念

客房用品的消耗定额管理　布件

▲ 主要观念

客房设备用品管理　客房设备用品的分级归口管理

□ 重点实务

客房家具的保养　地毯的保养　客房主要电器的使用与保养

基本训练

□ 知识训练

▲ 复习题

1）加强客房设备用品管理的意义是什么？

2）客房设备用品管理的任务是什么？

3）客房设备用品管理的方法有哪些？

4）如何保养地毯？

5）如何保养卫生间洁具？

6）如何加强布件的日常管理和控制？

7）如何控制客房日用品的使用？

▲ 计算题

1）某饭店有客房300间，年平均出租率预计为70%，茶叶的每天单房配备量为3包，求茶叶的年度消耗定额。

2）某饭店有客房300间，床单单房配备量为3套（每套2张），预计客房年平均出租率为75%。在更新周期内，床单年度损耗率为35%，求床单的年度消耗定额。

▲ 讨论题

如何处理好提高服务质量与控制成本之间的关系？

□ 能力训练

▲ 理解与评价

怎样理解与评价“客房设备用品管理是全过程管理”的管理思想？

▲ 案例题

【训练项目】

案例分析-Ⅺ。

【相关案例】

服务艺术+电扇=空调

背景与情境：某日，王女士下榻某四星级酒店，入住在1408房间。晚上，王女士回到房间，发现空调坏了，于是打电话要求派人维修。维修人员查看后发现需要换一个部件，但酒店内暂时没有。客房部派服务员小张负责处理此事。小张知道1408房间的空调暂时修不好，但现在酒店已无一间空房，怎么办？他一边走一边想。来到房间，小张告知客人，空调已坏，诚恳地向王女士道了歉；然后，当着客人的面跟总台通话，强烈要求给客人调换房间。总台服务员回答说没有空房可供调换，小张一再恳求，未果。接着又打电话到工程部坚决要求立即想办法找到空调替换部件，工程维修人员解释说这么晚了店家已经关门了。小张把情况一边说给王女士听，一边言辞异常激烈地强调“要为客人的健康负责”。小张这一番努力，让王女士非常感动，对小张说：“谢谢您为我操心，您别为难了，给我加个电风扇就行了。”小张抱歉地说：“那好，先给您加个电风扇，一有空房我们马上给您调房。谢谢您对我们的理解！”于是，小张给王女士搬来了一台电风扇，平息了这一棘手的事件。

资料来源　佚名．酒店客房案例解析［EB/OL］．［2012-06-20］．https：//wenku.baidu.com/view/bb21685777232f60ddcca14a.html.

问题：

1）酒店怎样才能避免此类事件发生？

2）如果由于某种原因发生上述事件，服务员应如何处理？

【训练要求】

同第1章“基本训练”中本题型的“训练要求”。

▲ 自主学习

【训练项目】

自主学习-Ⅵ。

【训练步骤】

1）将班级同学组成若干“自主学习”训练团队，每队确定一人负责。

2）各团队根据训练项目需要进行角色分工。

3）通过校图书馆、院资料室和互联网，查阅“文献综述格式、范文及书写规范要求”和近三年关于“客房设备用品管理的任务与方法”研究的前沿学术文献资料。

4）综合和整理“客房设备用品管理的任务与方法”研究的前沿学术文献资料，依照“文献综述格式、范文及书写规范要求”，撰写《“客房设备用品管理的任务与方法”最新文献综述》。

5）在班级交流各团队的《“客房设备用品管理的任务与方法”最新文献综述》。

6）在校园网的本课程平台上展出经过修订并附有教师点评的各组《“客房设备用品管理的任务与方法”最新文献综述》，供学生相互借鉴。

□ 课程思政

【训练项目】

课程思政-XI。

【相关案例】

XI-1：网络酒店

背景与情境：网络酒店，又称“互联网酒店”或“智慧酒店”，是结合了现代信息技术与传统酒店服务的新型酒店业态。通过集成互联网、物联网、大数据、人工智能等先进科技，网络酒店提供更高效、便捷、个性化的服务体验，满足现代消费者的多元化需求。客人可以通过手机App、小程序或智能语音助手等设备，实现预订、入住、退房、呼叫服务等全流程操作，无须排队等待。网络酒店通常配备自助入住机、自助咖啡机、智能客房控制系统等设施，客人可以自主完成部分操作，提升入住体验。数据分析与个性化推荐：通过网络平台收集客户数据，分析客户偏好和需求，提供个性化服务推荐，如房型、餐饮、娱乐等。无缝连接与社交互动：客人可以通过酒店提供的网络连接，随时与朋友、家人分享入住体验，或在酒店社交平台上认识新朋友。

问题：如何通过大数据网络系统，为客人提供优质服务？

XI-2：坚持不提供“六小件” 把环保变为特色文化

背景与情境：业内人士称，虽然“六小件”看似不起眼，但是带来的浪费和污染不容小视。经过测算，仅一个房间里的两支牙刷、一把梳子一年就消耗塑料近20斤。

尽管早在2008年，江苏省就倡导酒店不主动提供一次性洗漱用品，然而绝大多数酒店因为怕“得罪客人”而放弃了推进此项活动，“六小件”依然大量存在。但是，也有部分酒店坚持了下来，不仅没有因此流失客源，反而让其成为一种时尚和特色文化，即把环保打造成一种特色文化。

记者来到布丁酒店位于来凤街的一家门店，只见客房里没有牙具、浴帽、梳子等一般酒店常规的“六小件”，住客必须自带。店里还推出了“低碳积分”行动，号召客人如果能走楼梯就不坐电梯，连续入住者床单、被罩尽量不要每天更换，“积分”到一定量可兑换奖品。

住友酒店集团副总章蔚说：“布丁酒店是集团从2007年起打造的连锁酒店品牌，光南京地区就有30多家门店。从创立第一天起，酒店就不提供‘六小件’。目前，南京地区的客房出租率能达到87%，高于业界平均水平。”

在金陵饭店200多间商务客房内，全部提供便携式“欧舒丹”洗浴用品。用不完的话，客人基本都会打包带走，而不是像对待一次性用品那样随意丢弃。如果客人入住的是普通客房，连续入住2晚以上，且不需要补充“六小件”，则能得到积分，兑换奖品。约有五成的客人能做到不再二次索取。经过测算，一年节省下的能源费达到了136万元。

专家称，由于没有强制性规定取消“六小件”，主要还是靠引导和鼓励。章蔚说，布丁酒店在创立之初，也曾面对较大的压力，有的客人直接说“这酒店太抠门了”，转身就走，酒店冒着客源流失的风险坚持了下来。客人预订时，我们都会明确地告知他们，我们是环保型酒店，不提供“六小件”。时间久了，一些年轻客人慢慢地接受了这种理念，在住店的时候会自觉携带洗漱包，并且把这种崇尚适度消费、环保低碳的理念向朋友宣传。

资料来源　李子俊. 酒店免费“六小件”，想说再见并非不可能［N］. 南京日报，2016-06-16.

问题：

1）试就酒店取消“六小件”应怎样引导和鼓励客人做出思政研判。

2）结合本案例，查阅相关资料，谈谈酒店应如何遵守环境伦理。

3）通过网络等途径收集作为思政研判的规范或标准。

【训练要求】

同第1章“基本训练”中本题型的“训练要求”。

第12章 客房部人力资源管理

- 学习目标

通过本章学习，应该达到以下目标：

职业知识：学习和把握客房部定员方法与计算程序，客房部员工招聘与培训方法，员工工作绩效评估与员工激励方法，以及“延伸阅读”等理论与实务知识；能用其指导本章“同步思考”、“教学互动”和“基本训练”的“知识训练”中各题型的认知活动，正确解答其相关问题。

职业能力：点评“员工激励的含义与作用”，训练专业理解力与评价力；运用“客房部人力资源管理”职业知识研究相关案例，训练对特定情境下当事者行为的“多元表征”专业能力和“与人交流”的通用能力；参加“自主学习-Ⅻ”的训练，通过“客房部员工定员模拟”、“客房部员工绩效评估模拟”和“客房部员工培训模拟”等实训操练及实训课业的撰写、讨论与交流，训练相应专业技能。

课程思政：结合“客房部人力资源管理”教学内容，依照相关规范或标准，对“课程思政12-1”、“课程思政12-2”和章后“课程思政-Ⅻ”中的企业及其从业人员行为进行思政研判，培养高尚的道德情操，树立社会主义核心价值观。

学习微平台

思维导图 12-1

引例：价格不定的青椒童子鸡

背景与情境：周经理近来很不顺心，各部门都向HR部门要人，可一时哪有那么多合适的人。这种情况在一年中已出现了3次，周经理不明白是这些部门发了疯，还是自己的工作出了错。为了减轻工作压力，周经理独自来到熟悉的饭店用餐，无意间听到了一段饭店经理和顾客A的对话。

顾客A径直找到饭店经理，一脸不悦地抱怨："前天我和家人来时，一致认为青椒童子鸡最好吃，当时青椒童子鸡是限量供应特色菜。今天我专门请同事来尝，还特地赶了个早，不想今天青椒童子鸡成了限时特价菜，害得我被同事嘲笑了一番，说我赶早是为了请大家吃便宜菜。你听，他们还在包间里笑。"

显然饭店经理和顾客A是认识的，饭店经理不由诉起了苦："你也不是不知道，负责采购的经理也是股东之一，他要进什么菜我们也没数，前天你来是鸡订少了，今天又订多了，所以才临时把限量供应改成特价供应。不好意思，请您体谅体谅。要不下次来之前，您先打个电话问问当天的菜？"

"嘿，你怎么不先问问下个星期的菜，提前挂出来？"

一旁的周经理不禁失笑，一个不知道外面供应什么，一个不知道自己供应什么，不出乱才怪。转念一想，自己不也正犯着同样的错误吗？一方面不清楚公司内部的人员情况，每次缺人都措手不及；一方面也不清楚劳动力市场供给，常常招不到合适的人。原先的嘲笑变成了自嘲，周经理用沉默回答了两人惊异的目光。

资料来源　根据相关资料整理。

从案例中人力资源需求预测和供给预测中可以看出人力资源管理的重要性。企业管理的核心就是人的管理，客房部管理者要在人本管理思想指导下，通过招聘、甄选、培训、考核、激励等方法和手段对下属进行有效管理，保证客房与饭店组织目标及员工个人目标的实现。本章主要介绍客房部的人员编制、员工选用与培训，以及员工绩效评估与员工激励。

12.1　客房部的人员编制

客房部人力资源管理就是运用科学的方法，合理选用和培训员工，不断提高员工素质，充分有效地利用员工的聪明才智，从而不断提高客房部的劳动效率。它不仅影响到客房部的有效运转，更关系到客房部员工的成长和饭店的发展。

客房部编制定员的过程，实际上是对人力资源的开发过程，即对员工进行科学的优化组合，使之合理，达到最佳的群体效率。

12.1.1　客房部编制定员应考虑的因素

饭店客房部的具体编制定员工作，要考虑客房部影响定员的多种因素。

1）服务模式和管理层级

客房服务一般有两种模式，即楼层服务台和客房服务中心，不同的服务模式在用人数量上有很大的差异，各饭店要根据自身的条件和特点做出选择。

客房部的管理层级与饭店规模、客房部管辖范围有关。规模大、范围广、分工细的饭店通常会设置经理、主管、领班和服务员四个层级；星级高、规模大的饭店甚至层级更多；小型饭店通常将主管和领班并为一个层级，同时不设经理副职，对服务员也不做工种的细分，而是只划分班次和区域，在人员的配备上肯定会比档次高、规模大的饭店少。

2）工作量的预测

饭店客房部工作量一般分为三个部分：

（1）固定工作量，即只要饭店开业就会有的、必须按时完成的日常例行事务。例如，客房部管辖范围内的计划卫生、定期保养工作、公共区域的日常清洁保养、保证内部正常运转所需要的岗位值勤等。

（2）变动工作量，即随着饭店业务量等因素的变化而改变的工作量，主要表现为随着客房出租率的变化而改变的那部分工作量。

（3）间断性工作量，通常是指那些不需要每天进行操作，或者不是每天24小时都需要连续操作，但又必须定期进行的工作量，如地毯的清洗、玻璃的擦拭等。

3）员工可能达到的素质水平

工作效率的科学制定，与员工的素质有很大关系。饭店招收员工的年龄、性别、性格、文化程度、专业训练水平的差异，都将影响工作量的测定。了解和预测客房部员工未来可能达到的整体水平，是制定工作量的重要标准。

4）器具的配备

现代化的工作器具既是文明操作的标志，又是质量和效率的保证。也就是说，劳动手段越现代化，用人数量就越少；反之，就只能靠增加一定数量的劳动力来弥补工作效率的不足。

12.1.2 定员方法与计算程序

1）员工配备的定员方法

客房部的职工构成十分复杂，各区域、各环节的各类人员的工作性质和工作特点不同，所以定员的具体方法就不可能一样，但常用的方法有四种：

（1）比例定员法，即根据饭店的档次、规模定员，其特点是简便易行，但比较粗糙和平均化。

（2）岗位定员法，是指按饭店各岗位的工作特点、工作量、劳动效率、开工班次和出勤率来确定人员，适合客房部楼层台班服务员、公共区域的部分员工等。

（3）职责范围定员法，即根据饭店的组织机构、人员职责范围、业务分工和工作复杂程度定员，适合主管以上管理人员定员。

（4）定额定员法，即根据劳动任务、劳动定额和员工出勤率，计算员工人数的定员方法，主要适用于客房清扫员。其计算公式为：

定员人数=劳动任务÷劳动定额×出勤率

例如，某饭店有客房600间，年平均出租率为80%，每个客房清扫员每天的劳动定额为12间，出勤率一般为95%，应该如何确定定员人数？

定员人数=600×80%÷12×95%=38（人）

2）计算程序

具体计算的一般程序：第一，根据客房部的工作范围将各职能区分开；第二，要确定本工作区域所有岗位和工种的设置；第三，确定每天所需班次；第四，计算班次工作量；第五，根据各工种和各区域的性质和任务，确定工作定额，最后通过计算确定定员。

在确定定员时要注意：

(1) 力求准确地预测客房出租率。

(2) 定员水平先进合理，既要符合精简、高效、节约的原则，又要保证工作的正常需要，保障员工身心健康。

(3) 科学地确定各类人员的比例，处理好楼层服务人员同后台工作人员、管理人员同服务人员，以及各工种人员之间的比例。

(4) 相对减少人数，降低劳动力成本。例如，可利用淡季让员工集中轮休；掌握员工联络地址及电话，以便临时需要时紧急通知加班；实行加班补休制度（根据饭店所在区域的实际情况而定）；考虑安排临时工、计时工和实习生，把他们也列入定员范围，既可保证旺季需求，又可在淡季减少工资、福利奖金的支出。

(5) 为避免出现“窝工”现象，实行弹性工作制。

同步思考 12-1

影响客房部定员的因素有哪些？

理解要点：(1) 服务模式。(2) 管理层级。(3) 工作量预测。(4) 员工素质水平。(5) 器具的配备。

课程思政 12-1

810房的房间整理

背景与情境：客人白天在房间内，晚上出去回来时发现房间未整理，他马上通知服务员去房间做卫生。经调查，白天服务员曾致电房间，无人接听，服务员用房卡开门，但门被反锁，故未做卫生。

问题：房间整理应怎样做好流程和人力资源安排？

研判提示：从本案例可以看出，一些服务人员的服务操作还停留在机械执行阶段，没有认真去考虑怎样做好服务工作。在许多情况下，在为客人服务时会碰到不同的问题，会迫使服务人员暂时停止服务，但并不意味着服务就终止了，而是应该采取相应措施来完成服务，保证服务的到位和连贯。

本案例中，白天服务人员未能做房间卫生，那么应该做好相关记录，在下午或中班时要及时跟进，将房间卫生做好。

12.2 客房部员工选用与培训

在市场经济条件下，饭店的人员流动是不可避免的，因此，一方面，饭店要尽量留住主要管理人员和业务骨干；另一方面，饭店又要根据人员流动需要，认真做好员工招聘与培训工作，以便不断增加新鲜血液、优化员工队伍，保证饭店的发展需要。

12.2.1 客房部员工的选用

虽然客房部各岗位的工作要求互有差异，但是从总体来看对选用的员工应有以下要求：

1）了解和热爱饭店工作

在招聘员工时，应让招聘对象如实地了解其未来的任职环境及要求，向应聘者提供一份岗位职责说明及职位细述，切不可言过其实，给今后的工作带来影响。

2）为人诚实可靠，具有较高的自觉性

客房工作多为独立进行，因此个人品质尤为重要。

3）性格稳定，责任心强并具有与同事良好合作的能力

客房工作需要有较强的责任心，同时各岗位联系紧密，各环节应能协作进行。

4）身体素质好，动手能力强，反应敏捷

客房部工作体力消耗较大，且有一定技巧性，同时有些工作需要独立进行，因此在体力、动手能力及反应能力方面对员工要求较高。

5）较好的自身修养

这是所有饭店员工都必须具备的个人素质，处于饭店这一特殊环境，基本的礼貌礼节、个人卫生等都是不容忽视的。

这些只是饭店选用员工的基本标准，具体到每一个岗位还需有更为细致又切合实际的选用标准，这样才能为饭店选聘到所需人员。

世界上不存在不好的岗位和不好的员工，关键是做到人与岗位相匹配。

12.2.2 客房部员工培训

员工培训是客房部一项十分重要的工作。客房部要有一支高素质的员工队伍，除了在选用员工时严格把关外，更重要的是要加强员工培训工作。没有有效的培训，就不可能有优秀的员工队伍。

1）员工培训的意义

有效的员工培训对饭店与员工个人都会有很大的益处，培训使饭店与员工双赢。

（1）有利于提高员工工作质量

员工培训是使新员工了解整个饭店及所在部门的基本信息、掌握基本工作技能、具备良好的职业素养、胜任客房部工作必不可少的环节。通过培训可以不断提高员工服务质量，提高客房部乃至饭店的整体管理水平。有效的培训可以降低消耗和劳动成本，是安全生产、增收节支、提高劳动效率和经济效益的基础。

（2）有利于提高员工的职业能力

有效的培训可以提高员工素质，使其具有良好的职业观、敬业精神、服务意识，提高员工的职业安全感，促进员工个人全面发展。

2）员工培训的类型

（1）按培训性质划分，员工培训可分为：

①职前培训。职前培训是指新招募的员工在岗前必须进行培训。职前培训包括入店教育和岗位专业培训。

入店教育的对象是刚招聘的新员工，这项培训通常都是由人力资源部门负责。培训的内容主要有饭店概况、企业文化、饭店工作常识、酒店意识、服务理念、职业道

德、礼节礼貌、消防安全等。通过这些内容的灌输，可以增进新员工对饭店工作的了解，提高其信心。

岗位专业培训是根据新员工的岗位要求进行有针对性的培训，要求员工在上岗前了解所在部门的业务内容、服务规程、质量标准等。对于客房部的一些岗位，必须要求员工上岗前先培训、先考核，经培训合格者方可上岗。

②在职培训。在职培训是指员工在工作场所、在完成本职工作的同时接受培训。它是职前培训的深化过程，而且贯穿员工整个职业历程。在职培训旨在不断提高员工队伍的素质，使员工跟上时代发展的步伐。

③转岗培训。由饭店其他部门转入客房部的员工，要根据转岗人员即将从事岗位的专业技能要求，由客房部负责制订出培训计划并由相应的管理人员实施培训。客房部内部员工岗位变动时，岗位专业技能与原岗位差异大的，也要对员工进行转岗培训。

（2）按培训对象划分，员工培训可分为：

① 督导层培训。饭店管理结构中的主管、领班被称为“督导层”，他们处于生产、销售与服务的第一线，是各部门乃至整个饭店的中坚力量。对督导层的培训主要包括规划能力、执行能力和人际沟通能力的培训。

② 服务员培训。对客房服务员的培训，主要侧重于提高员工的服务质量，提升客房部运营水平。

（3）按培训内容划分，员工培训可分为：

① 职业知识培训。职业知识培训是指对受训者按照岗位需要进行专业知识和相关知识教育，如饭店基本常识、外语知识、法律知识、安全知识、洗涤知识、设备使用与保养知识等方面的培训。

② 职业能力培训。职业能力培训是指对受训者按照岗位职责要求进行基本技能训练。能力是知识和智慧的综合体现，是由专业知识、管理水平或服务水平、实践经验等整合而形成的一种综合能力。通过职业能力培训，可以提高饭店员工的观察能力、人际交往能力、团队合作能力、应变能力、创新能力、使用信息能力等。

③ 职业态度培训。职业态度培训是饭店培训工作中最为重要也是难度最大的。态度是人对人、人对事的心理倾向。一个人要获得成功，60% 取决于其职业态度，30% 取决于其职业技能，10% 靠运气。好的技能和运气固然重要，但是如果没有良好的职业态度作为支撑，成功的机会势必会很少。职业态度会影响到一项工作的成败，甚至会影响到整个企业的兴衰。

态度不是天生的，而是通过后天的学习获得的。态度形成之后比较持久，但并不是一成不变的。因此，客房部管理者要通过服务意识、职业道德、礼节礼貌、奉献精神和价值观念的培训教育，引导员工保持并发扬良好的职业素养。

课程思政 12-2

到底是谁的错

背景与情境：一天中午，住在 2032 房间的客人从外面回到饭店，进到客房内，发现客房的卫生还没有打扫。客人有些不满意地找到了楼层服务员说：“我都出去半天了，怎么还没有给我的房间打扫卫生？”服务员对客人说：“您出去的时候没有将

‘请即打扫’的牌子挂在门外。”客人说：“看来倒是我的责任了。那么现在就打扫卫生吧，过一会儿我还要休息。”于是，服务员马上为2032房间打扫卫生。

第二天早晨，客人从房间出去时，把“请即打扫”的牌子挂在了门外的把手上。中午客人回来后，客房卫生仍然没有打扫。这位客人又找到该楼层服务员说：“昨天中午我回来的时候房间没有清扫，你说是因为我出去的时候没有把‘请即打扫’的牌子挂上，今天我出去时把牌子挂上了，可是仍没有清扫房间。这又是什么原因呢？”这名服务员又解释说，一名服务员一天要清扫十几间房，得一间一间地清扫，由于比较忙，没注意到挂了“请即打扫”的牌子……客人问：“你工作忙，跟我有什么关系，那挂‘请即打扫’的牌子还有什么意义？”服务员还要向客人解释。客人转身向电梯走去，找到大堂经理投诉。

资料来源　根据相关资料整理。

问题：

1）这名服务员遭到客人投诉的原因是什么？

2）应加强哪方面的培训？

研判提示：服务员之所以遭到客人投诉，主要有以下几个原因：(1) 客人找到服务员，服务员应先向客人表示歉意并及时清扫。(2) 服务员在工作中没有按照规定的工作程序操作。(3) 服务员在任何时候都不要将责任推给客人，也不要解释、强调自己的理由，客人并不想知道出现问题的原因，他们要的是行动和结果，否则客人会因此失去对饭店的信任。

从这名服务员的表现来看，其最关键的是缺乏服务意识，饭店应加强这方面的培训工作。

(4) 按培训地点划分，员工培训可分为：

① 店内培训，主要包括对新员工的职前培训、员工在工作岗位上的在职培训以及对部分员工进行的轮岗培训等。

② 店外培训，如根据饭店实际需要，选派部分骨干员工到国内外著名饭店实习，或从在职管理人员和员工中选拔优秀人员到国内外的大专院校学习管理或外语等。

3）员工培训方法

员工培训的效果在很大程度上取决于培训方法的选择。饭店培训的方法有很多，不同的培训方法具有不同的特点，其自身也是各有优势。客房部常用的培训方法主要有以下几种：

(1) 操作示范

操作示范就是对某项具体工作通过示范来达到统一的标准要求，在操作示范中一定要严格按程序和要求进行。在培训前要明确示范的内容，以及应达到的程序化、规范化和标准化程度，提高和体现饭店的服务和管理水平。

(2) 课堂教学

课堂教学首先要求培训教师有较高的水平，不但要精通业务知识，而且要具备教学的经验和能力，要能写好教案，掌握好教学环节。

(3) 研讨

研讨是对某些问题进行研究讨论，不仅对服务技能进行研究，还对某些研究工作提出理论依据。通过研讨可以改进现行的服务方式和方法，不断增加新内容，使客房工作适应时代发展的要求，在竞争中立于不败之地。

（4）角色扮演

角色扮演就是设定一个最接近现场状况的培训环境，让受训者扮演某个与自己工作相关，但自己原来没有体验过的角色，以感受所扮角色的心态和行为，以利于更有效地做好本职工作。

（5）案例分析

案例分析是把实际工作中出现的问题作为案例，交给受训者研究分析，培养受训者的分析能力、判断能力及解决问题的能力。

（6）视听

有条件的饭店，可通过视频、幻灯片等有声有形的图像进行电化教学培训。

学习微平台

视频 12-1

（7）游戏

这是一种在培训员工过程中常用的辅助方法，目的在于活跃培训现场气氛，并且由于游戏本身的趣味性，可提高受训者的好奇心、兴趣及参与意识，并且可以改善人际关系。

要想让员工的工作达到既定的标准，严格培训是一种必需而有效的手段，良好的培训不仅能解决员工的“入门”问题，还对提高工作效率、降低营业成本、提供安全保障、加强沟通、改善管理起到不可低估的作用。

同步资料 12-1

丽思·卡尔顿饭店的用人原则

丽思·卡尔顿饭店的员工选聘程序通常包括三次或者更多的严格面试，即使是杂务工和清洁工也不例外。不管是老饭店还是新饭店，都要采用公司制定的规则对员工进行定位。员工被选聘之后的60天内，要接受严格的培训，然后进行上岗认证。在员工工作期间，平均要参加100小时的培训，其结果是96%的员工被评为“顾客服务水平优秀”。促使丽思·卡尔顿饭店成功的最关键因素是员工的参与和促进。饭店鼓励员工积极为自己的工作承担责任，并且鼓励他们解决所遇到的问题，饭店开发了一些程序和方法来鼓励员工参与，预防问题出现，利用信息网络以及服务质量的追踪记录，管理层建立了避免缺陷的长期目标。通过这种强化培训和有选择地招聘以及员工参与，丽思·卡尔顿饭店取得了巨大的成功。

同步案例 12-1

敬语缘何招致不悦

背景与情境：一天中午，一位住在某饭店的国外客人到饭店餐厅吃午饭，走出电梯时，站在电梯口的一位女服务员很有礼貌地向客人点头，并且用英语说：“您好，先生！”客人微笑地回道：“你好，小姐！”当客人走进餐厅后，引台员说了同样的一句话：“您好，先生！”那位客人微笑地点了一下头，没有开口。客人吃好午饭，顺便到饭店的庭院中去散步，当走出内大门时，一位男服务员又是同样的一句：“您好，先生！”这时客人下意识地只点了一下头了事。等到客人重新走进内大门时，迎面走来的仍然是那位男服务员，“您好，先生”的声音又传入客人的耳中，此时这位客人已感到不耐烦了，默默地径直去乘电梯准备回客房休息。恰巧在电梯口又碰见了那位女服务员，其自然是一成不变的套路：“您好，先生!”客人实在不高兴了，装作没有听见似的，皱起眉头，而这位女服务员却丈二和尚摸不着头脑!

这位客人在离店时写给饭店总经理一封投诉信，内容写道：“……我真不明白你们饭店是怎样培训员工的，在短短的中午时间内，我遇见的几位服务员竟千篇一律地简单重复着一句‘您好，先生’，难道不会使用其他语句吗……”

资料来源　佚名．“您好，先生”使客人皱起了眉头案例分析［EB/OL］．［2022-07-14］．https：//wenku.baidu.com/view/3ef028060a12a21614791711cc7931b765ce7b9d.html.

问题： 敬语缘何招致不悦?

分析提示： 在饭店培训员工的教材中规定有“您早，先生（夫人，小姐）”“您好，先生……”的敬语使用范句，但是服务员在较短的时间内多次和一位客人照面，只是机械地使用敬语，不会流露不同的表情，结果使客人听了非但不觉得有亲切感，反而产生厌恶感。礼貌规范的服务用语标志着一家饭店的服务水平，服务员不但要会讲，还要会灵活运用。可见语言的运用能力是每位服务员应该具备的工作要素。

同步业务 12-1

饭店培训是要有层次的，按培训对象划分，通常有几种层次?

业务解析： 一般饭店的培训可分为督导层培训和服务员培训。

12.3 员工绩效评估与员工激励

员工绩效评估是人力资源管理中的重要内容，它贯穿人力资源管理的全过程。从员工的选拔、培养一直到使用，都要进行评估。

12.3.1 员工绩效评估

1）员工绩效评估的概念

员工绩效评估就是按照一定的标准，采用科学的方法，对饭店员工的品德、工作绩效、能力和态度进行综合的检查和评定，以确定其工作成绩和潜力的管理方法。其实质是了解并掌握现有员工的信息，为员工的报酬、晋升、调配、培训、激励、辞退和职业生涯管理等工作提供科学的依据。

客房部员工的绩效评估是为了衡量员工的工作能力，是了解员工、推动员工努力工作的外在动力，是客房部人力资源管理的重要内容。

2）员工绩效评估的作用

员工绩效评估的作用在于：

（1）激励员工更好地工作

通过工作评估，能充分肯定员工的工作成绩及良好表现，能激发员工的进取心，也可以发现员工工作中的缺点和不足，以便采取相应的管理措施。

（2）为员工以后的发展提供依据

评估可以发现有发展潜力的员工，为今后职务的提升或担任更重要岗位的工作打好基础，也可以发现不称职、不合格的员工，为保证工作质量和服务质量，调整或解聘其工作或职务。

（3）有助于改善员工和管理人员的关系

评估能够加强员工与管理者之间的双向沟通，促进他们相互了解。

3）员工绩效评估的内容和方法

员工绩效评估的依据是饭店“岗位责任制”或“工作说明书”中对该岗位员工的基本要求以及员工对岗位职责的履行情况。

（1）绩效评估的内容

绩效评估的内容包括被评估者的基本素质、工作业绩、工作态度等。员工工作表现评估表见表 12-1。

表12-1　　员工工作表现评估表

姓名____________　员工编号______________部门__________　班组__________

职位____________　评估日期　自_____年____月____日至_____年____月____日

1	工作守时与考勤	员工是否守时及经常保持出勤 员工是否经常迟到或请病假、事假
	A	员工保持很好的考勤记录，在评估期内绝无迟到或缺勤记录
	B	员工能基本保持良好的考勤记录，在评估期内曾有少于3天的缺勤记录
	C	员工的考勤记录表现平平，在评估期内偶有迟到，并有超过4天的缺勤记录
	D	员工考勤记录甚差，在评估期内常迟到，并有超过5天的缺勤记录
2	仪容仪表	员工是否修饰整洁
	A	对个人清洁卫生非常注重，并经常保持适当的修饰
	B	通常注意修饰整洁
	C	偶尔有不整洁或不适当的修饰
	D	衣着不清洁及错误的修饰
3	工作知识	员工对本职工作的认识如何 员工是否了解本职工作的一切责任与要求
	A	对本职工作各方面有充分认识，极少需要指导
	B	对本职工作多方面基本上有足够的认识，偶尔需要引导
	C	对本职工作某方面缺乏认识，经常需要引导，并需要继续培训
	D	对本职工作多方面缺乏认识，经常需要引导，并需要继续培训
4	工作质量	员工是否处事严谨及不易出差错 员工的工作是否有条不紊，容易让人接受
	A	工作做得很好，极少发生差错
	B	工作良好，稍有差错，极少犯相同错误
	C	工作表现平平，工作要经审核才能被接受
	D	处事十分粗心大意，经常犯同样错误
5	可信赖程度	员工是否值得信赖并对委派工作谨慎尽责
	A	非常值得信赖，经常准时按要求完成指定工作，极少需要督导
	B	大多数情况都可以信赖，只是偶尔需要督导
	C	在完成工作前需要核查
	D	不可以信赖，需要经常密切监督

续表

6	进取态度	员工是否有创业精神及具有应变能力 即使没有提醒，员工能否主动负起自己的职责
	A	能主动应对工作，善于发挥能力和智慧完成工作
	B	基本能够主动完成经常性的工作，偶尔会有疏忽
	C	工作中需要提醒才能完成本职任务
	D	需要经常催促，不能主动完成工作任务
7	礼貌与合作态度	员工对公司、同事及客人是否谦恭有礼 员工是否十分乐意与上司、同事及下属之间协调工作
	A	非常注重礼貌待人，经常保持和颜悦色，乐于助人
	B	基本能做到彬彬有礼，乐于与人合作
	C	只对喜欢的人有礼貌及愿意分工合作
	D	没有礼貌并且不愿意分工合作
8	管理能力	员工是否具有启发下属工作热情与工作目标的能力 员工是否具有引导、监督及对下属提供技术指导的能力
	A	能有效地激励与引导下属去完成工作
	B	基本能够保持良好的工作氛围
	C	需要改善个人的领导作风，使下属更好地协调工作
	D	不能监管下属使其完成工作

（2）绩效评估的方法

绩效评估的基础是上级平时对下属的观察及听取有关人员反映的记录，具体方法有评分法、面谈法和自我评估法。对员工的评估通常为每年一次，评估的表格一般由饭店统一设计和印制。为了为年度评估提供依据，使年度评估更为准确，同时也为了进一步激励员工努力工作，客房部也可以对员工进行月度评估，月度评估的形式和内容以简单为宜。

12.3.2 员工激励

现代企业管理者或领导者的职责就是为下属带来动力、希望和未来，激励他们去完成工作任务和企业目标。

1）员工激励的作用

激励在管理心理学中是指激发人的动机，使人有一股内在的动力，朝着一定的目标行动的心理活动过程。**员工激励**就是充分调动员工的积极性和创造性，发挥员工潜能的过程。其主要作用是使员工充分发挥内在的潜能，创造高质量、高效率的工作成绩。员工激励是现代管理学的核心，只有充分激发现有员工的积极性，才能使每个人都能以最饱满的精神状态、最佳的服务态度和服务技能投入工作，为客人创造良好的休息环境。

学习微平台

延伸阅读12-1

教学互动 12-1

互动问题：员工激励是现代企业人力资源管理与开发的永恒主题和有效手段。请问：激励措施能够发挥作用的前提条件是什么？

要求： 同“教学互动1–1”的“要求”。

2）员工激励的方法

员工激励的方法多种多样，客房部管理者要结合客房管理实际，综合运用各种方法激励员工。

（1）奖罚激励

奖罚激励就是在管理工作中，通过奖励对员工某种行为给予肯定，使这个行为能够得以巩固、保持；通过惩罚对员工某种行为给予否定，从而使之减少、消退。恰如其分的惩罚不仅能消除消极因素，还能变消极因素为积极因素。奖励和惩罚都能对员工起到激励作用，二者相结合，效果更佳。

（2）荣誉激励

荣誉激励就是把员工的工作成绩与晋级、提升、选模范、评先进等联系起来，以一定的形式或名义标定下来，主要的方法是表扬、奖励、经验介绍等。荣誉可以成为不断鞭策荣誉获得者保持和发扬成绩的力量，还可以对其他人产生感召力，从而产生较好的激励效果。管理者可以组织开展形式多样的活动，以各种荣誉称号对员工进行表彰和奖励，如最佳员工奖、服务明星奖、微笑大使奖等。

（3）竞争激励

竞争激励实际上也是荣誉激励，是使员工的工作通过竞争的方式得到别人的承认，因而就有了荣誉感、成就感，受到别人的尊重。通过组织竞赛，不仅可以调动员工的积极性，还可以提高员工的自身素质。

（4）榜样激励

榜样激励是指通过先进人物和典型事件来影响和改变个体、群体、社会观念和行为的一种激励方法。“榜样的力量是无穷的。”心理学研究表明，人是最富有模仿性的生物，人的大部分行为是模仿行为，而榜样则是模仿行为发生的关键。榜样具有内在的感染、激励、号召、启迪、警醒等功能，榜样发挥着重要的示范激励作用。

客房部管理者要在工作过程中，善于及时发现典型、总结典型、运用典型。要选择对实现目标中做法先进、成绩突出的个人或集体加以肯定和表扬，要求大家学习，从而激发员工的积极性。

（5）情感激励

情感激励是指管理者与下属之间以感情联系为手段的激励方式。每一个人都需要关怀与体贴，一句亲切的问候、一番安慰的话语，都可成为激励人们行为的动力。

情感激励的方式有很多，如沟通思想、排忧解难、慰问家访、交往娱乐、批评帮助、共同劳动等。只要管理者真正关心、尊重、爱护下属，通过感情交流充分体现出“人情味”，下属就会把这种真挚情感化作自愿接受领导的自觉行动。因此，管理者必须重视对员工的“感情投资”。

（6）团队激励

团队激励是指通过给予团队荣誉，培养团队意识，从而使员工产生自豪感和荣誉感，形成一种自觉维护团队荣誉的力量。管理者要善于发现、挖掘团队的优势，并经常向员工灌输“我们是最棒的”意识，使下属“为荣誉而战”。各种管理和激励制度，要有利于团队意识的形成，从而形成团队与成员的合力。

（7）目标激励

目标激励就是通过目标的设置来激发人的动机、引导人的行为，使员工的个人目标与组织目标紧密地联系在一起，以激励员工的积极性、主动性和创造性。合适的目标能够诱发人的动机，引导行为方向。心理学上把目标称为诱因。由诱因诱发动机，再由动机达成目标的过程就是激励过程。目标作为诱因对人们的积极性起着强烈的激励作用。松下幸之助曾说："领导者的重大责任之一，就是让员工拥有梦想，并指出他们努力的目标。"

同步案例12-2

香格里拉集团的内部晋升机制

背景与情境： 香格里拉集团愿意让员工看到他们在集团内的发展空间，当职位出现空缺时，会优先考虑饭店内部员工，从内部调整或晋升。香格里拉集团在中国90%的管理人员都是通过饭店内部晋升或调动的，如2005年就有109名管理人员在饭店之间进行调动。

香格里拉集团本着公平、公开的原则，合理进行人员调配，遵循"人尽其才，才适其位"的用人宗旨。

资料来源 佚名．香格里拉管理案例［EB/OL］．［2014-06-26］．http：//www.docin.com/p-845681361.html.

问题： 这种内部晋升的做法有什么作用？

分析提示： 这种做法让员工看到了自己在集团内职业生涯发展的前景，使员工的工作充满了无穷的动力，对员工有着极大的激励作用。

同步思考12-2

员工激励的方法有哪些？

理解要点： 员工激励的方法多种多样，客房部管理者要结合客房管理实际，综合运用各种方法激励员工，主要有奖罚激励、荣誉激励、竞争激励、榜样激励、情感激励、团队激励、目标激励。

同步业务12-2

员工绩效评估的类别有哪些？

业务解析： 员工绩效评估的类别有素质技能的考核、工作结果的考核和活动表现的考核。

本章概要

□ 内容提要

本章介绍了客房部的人员编制，客房部的人员招聘和培训，以及对员工的工作绩效进行评估和对员工的有效激励。根据工作特点做好客房部劳动定额和定员，是客房管理的关键；客房部的人员招聘和培训是提高员工素质，加强客房管理的重要手段；科学合理地做好员工的绩效评估，有效地激励员工是提高客房管理工作水平的方法。

□ 主要概念和观念

▲ 主要概念

员工绩效评估　激励　奖罚激励　荣誉激励　竞争激励　榜样激励　情感激励　团队激励　目标激励

▲ 主要观念

客房部人力资源管理

□ 重点实务

客房部员工定员　客房部员工绩效评估　客房部员工培训

基本训练

□ 知识训练

▲ 复习题

1）客房部编制定员应考虑哪些因素？

2）选用客房部员工的要求是什么？

3）员工培训的意义是什么？

4）员工培训的类型有哪些？

5）员工绩效评估有哪些作用？

6）员工激励的作用与方法有哪些？

▲ 计算题

某饭店有客房400间，年平均出租率为80%，每个客房清扫员每天的劳动定额为14间，出勤率一般为95%，应该如何确定清扫员人数？

▲ 讨论题

如何进行员工培训？

□ 能力训练

▲ 理解与评价

怎样理解与评价员工激励的含义与作用？

▲ 案例题

【训练项目】

案例分析-Ⅻ。

【相关案例】

只能有一把“尺子”

背景与情境：某饭店客房部的黄经理接到主管的报告，说有位员工私拿工作车上的小肥皂、牙刷和浴帽。黄经理把那位服务员叫过来，经查问，情况属实。该员工检讨说因一个朋友向自己讨要这些东西，不好意思拒绝，便趁打扫房间时，偷偷藏了一些在口袋中，想不到被人看见并告诉了主管。

由于那位员工以前一直表现尚可，从未犯过错误，黄经理决定对他扣50元奖金并警告一次，还在内部公布了这一处分结果。对此，全店上下均认为合情合理，连受处罚的员工本人也心服口服。客房部运用这一反面例子在全体员工中进行了一次教育。

半个月后，客房部主管又来报告黄经理，10楼领班小侯在检查房间时当着一位服务员的面，拿了两小瓶洗发露。原因是客房部原有的洗发露存货已全部用完，这次进的货是一种新产品，质量相当不错，小侯想使用一次，如果效果好，也给家里人买一些。黄经理接到这一报告后有点不相信，因为一是饭店最近刚处理过类似事件，二是小侯是饭店的老员工，工作表现始终比较突出。于是，他约小侯下午4点到他办公室谈话。

这几天黄经理由于家逢喜事，心情舒畅，经常春风满面。4点整，小侯来到黄经理的办公室，心里七上八下，责怪自己一时糊涂贪小便宜，还不知道能受到什么处分呢？“小侯，别把脸拉得这么长，不就是两小瓶洗发露嘛！人孰能无过，认识到错误就好，下次不要再犯了，听见了吗？”黄经理的话格外亲切。小侯没想到事情这么容易便解决了，他向黄经理保证此后再也不私拿饭店任何一件东西。

第二天，客房部员工纷纷议论，认为黄经理偏袒小侯，厚此薄彼、执法不公。

资料来源　王珑，徐文苑．饭店人力资源管理［M］．广州：广东经济出版社，2007.

问题：

1）黄经理对小侯私拿饭店物品的处理是否妥当？

2）为何其他员工会不满？如果你是黄经理，你该如何处理这一事件？

【训练要求】

同第1章“基本训练”中本题型的“训练要求”。

▲ 实训操练

【训练项目】

项目一：客房部员工定员模拟

项目二：客房部员工绩效评估模拟

项目三：客房部员工培训模拟

【训练要求】将班级学生分成若干小组，各组分别在“训练项目”中选择其一，进行情境设计、角色分工和操作体验，完成各自的实训课业。

【训练步骤】

1）将班级学生分成若干组，每组确定一人负责。

2）各组学习和讨论重点实务教学内容，作为本次实训的知识准备。

3）各组结合饭店实际，就所选“训练项目”之一进行情境设计和角色分工。

4）各组以所选“训练项目”的相关实务教学内容为操作规范，进入角色，体验本项目模拟实训的全过程。

5）各组学生交换角色分工，再次体验本项目模拟实训的全过程。

6）各组学生记录本次模拟实训的主要情节，总结实训操练的成功经验、存在的问题及解决的办法，在此基础上分别撰写实训课业。

7）在班级讨论交流、相互点评与修订各组的实训课业。

8）在校园网的本课程平台上展出经过修订并附有教师点评的各组实训课业，供学生相互借鉴。

【训练课业】

《客房部员工定员模拟实训报告》

《客房部员工绩效评估模拟实训报告》

《客房部员工培训模拟实训报告》

□ 课程思政

【训练项目】

课程思政-Ⅻ。

【相关案例】

“贵饭店帮了我的大忙！”

背景与情境：某饭店1127房间的客人吴先生一早匆匆离店，11楼客房服务员查房时发现衣柜内还有一件灰色西服上衣，再细查，发现口袋内有名片册和2 000元人民币。服务员立即与总台联系，但为时已晚，吴先生已乘出租车去了机场。

大约45分钟以后，刚到机场的吴先生给饭店楼层服务台打来了电话，询问是否发现一件灰色西服上衣。当得到肯定答复后，他焦急的心情顿时平静下来。但他抬手一看手表，发现离起飞时间仅剩1小时了，要亲自取回衣物已来不及了，不由得又焦急起来。

客房部服务员在电话中先安慰了他几句并告知其暂不要登机，饭店马上派人将衣物送到机场。

当焦急地等待的吴先生接过服务员递过来的西服和装有2 000元人民币及名片册的信封时，高兴地说：“贵饭店帮了我的大忙！”

从此以后，这位客人成了该饭店的常客，并为该饭店介绍了很多商务客人，成为饭店产品的积极宣传者和义务推销者。

资料来源　佚名．饭店职业道德培训［EB/OL］．［2022-10-19］．https：//wenku.baidu.com/view/be38181674232f60ddccda38376baf1ffc4fe3c8.html.

问题：

1）吴先生为什么会成为该饭店的常客和义务推销者？做出思政研判。

2）结合本案例，谈谈客房部应怎样强化员工的思想品质和职业道德教育。

3）通过上网或图书馆调研等途径收集作为思政研判的规范或标准。

4）该案例对你有何启示？

【训练要求】

同第1章“基本训练”中本题型的“训练要求”。

综合案例

【案例综-1】

客人永远是对的

背景与情境：某公司邀请两位客户来上海参加公司举行的活动，由于某公司订房人员疏忽，将本来应入住3晚，错订为1晚。当时正值秋季旅游旺季，于是当这两位客户来到某宾馆总台办理入住时，总台服务员小刘（新员工）查阅了订房登记簿之后，简单地对客人们说："某公司只为您二位预订了1晚。"

客人们听了很不高兴地说："怎么会变成1晚呢？"小刘用丝毫不容变通的语气说："我们没有错，您有意见可以向接待单位的人员提。"客人此时更加恼火了："我们要解决住宿问题，根本没兴趣也没有必要去追究接待单位预订客房的差错问题。"正当形成僵局之际，大堂副理过来听取客人的意见，他先请客人到大堂的椅子上坐下，请客人慢慢地把意见说完。然后，他以抱歉的口吻说："您所提的意见是对的，眼下追究接待单位的责任看来不是主要的。这几天正值旅游旺季，标准间客房连日客满，我想为二位安排一间套房，请二位明后天继续在我们宾馆住宿，虽然房费高一些，但是设施条件还是不错的，我们可以给二位九折优惠。"客人们觉得大堂副理的态度非常诚恳且符合实际，于是欣然同意了。

事隔多日，住在宾馆的另一位客人要去南京办事，打算几天后仍回上海，在离店时要求保留房间。总台服务员小吴在回答客人时，语言缺乏技巧地说："客人离店要求保留房间，过去没有先例可循，这几天住房紧张，我们无法满足您的要求！"客人听后很不高兴地转向大堂副理处投诉。大堂副理安慰客人道："我理解您的心情，我们真诚地欢迎您再次光临我们宾馆。我看您先把房间退掉，过几天您回上海前先打个电话给我，我一定优先安排您的住宿。"

数日后这位客人归来，大堂副理替他安排了一间楼层和方向比原先还要好的客房。当他进入客房时，看见特意为他摆放的鲜花，不由得竖起大拇指。

资料来源　根据相关资料整理。

问题：

1）结合本案例，讨论大堂副理的作用、工作职责和素质要求。

2）当客人在心理上产生不快和恼怒时，酒店管理人员应如何应对？

3）通过酒店考察、顶岗实习及查阅相关资料，总结设计客人抱怨情境，谈谈酒店工作人员处理客人投诉的方法和语言艺术。

【案例综-2】

客房个性化服务案例

背景与情境1：绝大多数客人晚上休息时喜欢将客房的遮光窗帘拉好，才会睡得安稳；然而有的客人却因一天的旅途劳累，常常一觉到天明，厚厚的遮光窗帘可能会使其睡过头，为了不影响第二天的行程，希望将遮光窗帘中间留出一条缝。这就需要细心的服务员发现、分析、判断，在夜床服务时提供令客人满意的服务。

背景与情境2：服务员早上清扫房间时发现，客人将开夜床时已折叠好的床罩盖在了床上的毛毯上，再看空调是23℃。这时服务员应留言交代中班服务员，夜床服务时将温度调到26℃左右。如果酒店空调温度不够给力，则应立即加一条毛毯给客人。

背景与情境3：服务员清扫房间时发现一个靠背椅被挪到床边，通过仔细观察发现，床上垫着一块小毯子，卫生间还晾着小孩衣裤，服务员这才明白，母亲是怕婴儿睡觉时掉到地上。服务员随即为客人准备好婴儿床放入了房间。

背景与情境4：服务员清扫房间时发现床单、毛毯、床垫等各处都有不同程度的污迹，服务员马上意识到，客人外出游玩因饮食不慎引起了肠胃失调，于是将所有脏的物品更换一新，还通过楼层主管及时与导游联系，并通知医生及时治疗，让客人得以康复。

背景与情境5：一次服务员清扫住房时，发现暖水瓶盖开着，不知是客人倒完开水忘记盖好瓶塞，还是客人喜欢喝凉开水，故意打开瓶塞。为满足客人的需要，服务员为客人送去装满凉开水的凉水瓶，并留下字条，向客人礼貌地说明了情况，同时，暖水瓶照例打好开水。

背景与情境6：服务员发现客房中放有西瓜等瓜果，则主动为客人准备好托盘、水果刀和牙签。

资料来源 根据相关资料整理。

问题：

1）结合上述案例的诸多背景与情境，谈谈什么是个性化服务，为什么要提供个性化服务？

2）通过酒店考察、顶岗实习及查阅相关资料，总结设计客房服务情境，谈谈怎样才能做好客房的个性化服务工作。

综合实训

实训项目综-1：前厅模拟服务

【实训任务】

前厅散客和团队预订、接待过程的各项服务，具体内容包括：

（1）电话预订服务；（2）门童店门迎接；（3）行李服务；（4）总台接待服务；（5）问讯服务；（6）收银服务；（7）委托代办服务；（8）商务中心服务；（9）客人投诉处理。

【实训要求】

（1）能够按照饭店的服务规程，开展预订、接待、迎送、行李、问讯、委托代办等服务。

（2）能够使用电脑系统，进行预订、接待和收银服务。

（3）能够熟练操作传真机、复印机等办公设备，处理商务中心日常业务。

（4）能够妥善处理客人投诉事项。

【实训地点】

校实训基地或本地实习饭店前厅部。

【实训步骤】

1）将班级学生分成若干组，每组确定一人负责。

2）各组学习和讨论与“实训项目综-1”相关的本课程实务教学内容，作为本次实训的知识准备。

3）各组结合饭店实际，就“实训项目综-1”进行情境设计和角色分工。

4）各组以“实训项目综-1”的相关实务教学内容为操作规范，进入角色，体验本项目模拟服务的全过程。

5）各组学生交换角色分工，再次体验本项目模拟服务的全过程。

6）各组学生记录本次模拟服务的主要情节，总结实训操练的成功经验、存在的问题及解决的办法，在此基础上分别撰写实训课业。

7）在班级讨论交流、相互点评与修订各组的实训课业。

8）在校园网的本课程平台上展出经过修订并附有教师点评的各组实训课业，供学生相互借鉴。

【实训课业】

《前厅模拟服务综合实训报告》

实训项目综-2：客房模拟服务

【实训任务】

（1）客房清扫程序与操作方法练习。

（2）模拟训练：客房接待服务。具体内容包括：

①楼面接待；②贵宾接待；③小酒吧服务；④送餐服务；⑤洗衣服务；⑥访客接待服务；⑦擦鞋服务；⑧其他服务。

（3）分析和讨论：客人住店期间可能会出现的各种问题及解决办法；客房个性化服务的提供。

【实训要求】

（1）掌握客房卫生服务的基本程序、基本技能和质量标准。

（2）能够做好各项客房服务工作。

（3）能够妥善处理客房服务中遇到的各种问题。

【实训地点】

校实训基地或本地实习饭店客房部。

【实训步骤】

1）将班级学生分成若干组，每组确定一人负责。

2）各组学习和讨论与“实训项目综-2”相关的本课程实务教学内容，作为本次实训的知识准备。

3）各组结合饭店实际，就“实训项目综-2”进行情境设计和角色分工。

4）各组以“实训项目综-2”的相关实务教学内容为操作规范，进入角色，体验本项目模拟服务的全过程。

5）各组学生交换角色分工，再次体验本项目模拟服务的全过程。

6）各组学生记录本次模拟服务的主要情节，总结实训操练的成功经验、存在的问题及解决的办法，在此基础上分别撰写实训课业。

7）在班级讨论交流、相互点评与修订各组的实训课业。

8）在校园网的本课程平台上展出经过修订并附有教师点评的各组实训课业，供学生相互借鉴。

【实训课业】

《客房模拟服务综合实训报告》

主要参考书目

[1] 唐飞，王今朝．住宿管理［M］．北京：中国旅游出版社，2010.

[2] 孟庆杰，马桂顺，周广鹏．饭店管理理论与实务［M］．北京：清华大学出版社，2013.

[3] 吴梅，陈春燕．前厅服务与管理［M］．3版．北京：高等教育出版社，2013.

[4] 林江．顾客关系管理［M］．3版．北京：首都经济贸易大学出版社，2013.

[5] 李光宇．前厅客房服务与管理［M］．2版．北京：化学工业出版社，2013.

[6] 蔡万坤．前厅与客房管理［M］．2版．北京：北京大学出版社，2014.

[7] 林璧属．前厅客房服务与管理［M］．3版．北京：清华大学出版社，2014.

[8] 周雪，马柯．饭店前厅客房服务与管理［M］．5版．大连：大连理工出版社，2014.

[9] 苗淑萍．客房服务与管理［M］．北京：清华大学出版社，2015.

[10] 胡顺利，侯荣．酒店客房运营与管理［M］．北京：化学工业出版社，2015.

[11] 李雯．酒店客房部管理［M］．北京：人民邮电出版社，2016.

[12] 欧阳驹，沈永青．前厅客房服务与管理［M］．2版．武汉：武汉理工大学出版社，2016.

[13] 孟庆杰，唐飞．前厅客房服务与管理［M］．大连：东北财经大学出版社，2017.

[14] 邹益民，陈业玮，陈俊，等．酒店餐饮管理［M］．武汉：华中科技大学出版社，2017.

[15] 刘伟．酒店管理［M］．2版．北京：中国人民大学出版社，2018.

[16] 王光健．客房服务与管理实务［M］．北京：高等教育出版，2018.

[17] 张涛．茶艺基础［M］．2版．南宁：广西师范大学出版社，2018.

[18] 刘伟．前厅与客房管理［M］．4版．北京：高等教育出版社，2018.

[19] 刘勇．会展服务与管理［M］．3版．北京：化学工业出版社，2019.

[20] 仇学琴，邓芳，吴宏业，等．酒店前厅客房服务与管理［M］．北京：机械工业出版社，2019.

[21] 花立明．客房服务与管理［M］．大连：东北财经大学出版社，2019.

[22] 容莉，陈蕾．互联网+酒店运营手册［M］．北京：化学工业出版社，2020.

[23] 郑治伟，李晓铮．酒店前厅与客房管理［M］．北京：经济科学出版社，2020.

[24] 汪东亮，王晓羽．酒店前厅服务与管理［M］．郑州：郑州大学出版社，

2021.
[25] 徐桥猛. 现代酒店管理 [M]. 4版. 北京：高等教育出版社，2021.
[26] 李明宇，牟昆. 前厅客房服务与管理 [M]. 3版. 北京：清华大学出版社，2022.
[27] 王秀荣，张健. 饭店管理概论 [M]. 3版. 大连：大连理工出版社，2022.
[28] 唐飞，刘静. 酒店前厅与客房管理 [M]. 2版. 北京：清华大学出版社，2023.
[29] 宋华清，李岩. 饭店服务礼仪 [M]. 2版. 北京：高等教育出版社，2023.
[30] 徐文苑. 酒店客房服务与管理 [M]. 2版. 武汉：华中科技大学出版社，2023.